会计与财务管理专业实务操作系列教材
会计类产教融合规划教材

集团财务管控综合实验

JITUAN CAIWU GUANKONG ZONGHE SHIYAN

主　编　赵　燕　龙凤好　梁燕瑜

副主编　何双希　李建全　黄琳琳
　　　　齐　涛　杨丹虹　孟晓轩
　　　　郑　箐

首都经济贸易大学出版社
Capital University of Economics and Business Press
·北京·

图书在版编目(CIP)数据

集团财务管控综合实验 / 赵燕, 龙凤好, 梁燕瑜主编. -- 北京：首都经济贸易大学出版社, 2023.10
ISBN 978-7-5638-3599-7

Ⅰ.①集… Ⅱ.①赵… ②龙… ③梁… Ⅲ.①财务软件—教学系统—实验—教材 Ⅳ.①F232

中国国家版本馆 CIP 数据核字(2023)第 187648 号

集团财务管控综合实验
主　编　赵　燕　龙凤好　梁燕瑜

策划编辑	潘秋华
责任编辑	陈雪莲
封面设计	风得信·阿东 FondesyDesign
出版发行	首都经济贸易大学出版社
地　　址	北京市朝阳区红庙(邮编 100026)
电　　话	(010)65976483　65065761　65071505(传真)
网　　址	http://www.sjmcb.com
E - mail	publish@ cueb. edu. cn
经　　销	全国新华书店
照　　排	北京砚祥志远激光照排技术有限公司
印　　刷	唐山玺诚印务有限公司
成品尺寸	170 毫米×240 毫米　1/16
字　　数	342 千字
印　　张	16.5
版　　次	2023 年 10 月第 1 版　2023 年 10 月第 1 次印刷
书　　号	ISBN 978-7-5638-3599-7
定　　价	45.00 元

图书印装若有质量问题,本社负责调换
版权所有　侵权必究

前　言

随着数字经济的快速发展,数字财务在企业财务管理中的作用日显突出。为了培养适合社会需求的管理用财务人才,我国高校在教育管理部门的指导下积极探索并建立健全数字化财务人才的培养机制。集团财务管控综合实验课程建设既要充分体现当代财务的数字化、智能化、信息化特点,又要符合"业财税一体化"的时代要求;教学内容既要充分体现难易适中,又能够深入浅出地引导学生掌握集团财务管控的基本理论、基本知识和基本技能,培养学生的财务管理思维,提高学生专业知识和专业技能的综合运用能力。

本教材是由广东理学院与金蝶精一信息科技服务有限公司共同开发的,以"集团财务管控实验教学平台-金蝶 EAS"为依托,是集团财务管控综合实验课程的配套教材。本教材围绕"强化基础、提升技能、突出综合应用"的思路,以集团财务管理等岗位所需的核心能力为出发点精心设计教材内容。

本教材根据"集团财务管控实验教学平台-金蝶 EAS"并结合当前社会集团企业的特点构建教材框架,分成两大部分。第一部分是集团搭建,第二部分分成九大模块进行业务实操,具体包括预算管理模块、费用管理模块、资金结算管理模块、现金池管理模块、投融资管理模块、出纳管理模块、总账管理模块、合并报表模块以及财务分析模块。其中,出纳管理模块未单独成章,分散在其他模块中。通过模块训练,让实操者熟悉集团内的各业务的流程,真实感受集团型企业的业务特点。因此,本书是一本实操性和应用型都很强的实训教材。

本教材有三个主要特点:

一是仿真性强。本教材依托"集团财务管控实验教学平台-金蝶 EAS"的实验案例鑫弘机械集团以及平台上的共享资源,通过仿真实验,进行角色扮演,结合实验流程处理展示各种应用场景,帮助学生更好地操作此平台完成相关项目实验,真实感受集团业务的处理流程。

二是通俗易懂。本教材在实验项目设计与安排上,选取集团管理关联性比较强的业务,有机地把九个模块结合起来,对于每一个典型业务,分步骤进行介绍并提出需要注意的事项,降低学习难度,提高学生的学习兴趣。

三是适用性广。"集团财务管控实验教学平台-金蝶 EAS"被广泛应用于集团企业中,EAS 的多层级架构帮助集团企业解决组织扩张、层次增加、信息倍增、内部控制复杂化、管理难度提高等问题,让集团企业更好地适应现代经济的发展。通过本教材,读者可以更好地了解该软件的使用。

本教材可以作为高校财务管理、会计等专业的集团财务管控课程的实验指导书,也可以作为集团财务管控综合实验平台的培训教材。

本教材为广东理工学院教学成果,教材的编写得到了金蝶精一信息科技服务有限公司的大力支持。本书在编写的过程中,参阅了大量的文献,在参考文献中已经尽量列出,在此一并表示诚挚的感谢!

　　尽管编者在编写过程中做了大量的工作,但限于学识和水平,书中难免存在疏漏与不足,恳请各位读者及时反馈意见,以便将来予以修订。

目 录

1 总论 ·· 1
  1.1 集团管控概述 ··· 1
  1.2 集团财务管控概述 ·· 4
  1.3 集团财务管控发展现状及趋势 ··· 5

2 集团财务管控实验平台介绍及设置 ··· 9
  2.1 集团财务管控实验平台介绍 ·· 9
  2.2 集团财务管控实验平台设置 ·· 11

3 集团搭建 ·· 29
  3.1 集团搭建概述 ··· 29
  3.2 集团搭建实验整体流程 ··· 30
  3.3 业务实操 ·· 31

4 预算管理 ·· 65
  4.1 预算管理概述 ··· 65
  4.2 预算管理实验整体流程 ··· 65
  4.3 业务实操 ·· 66

5 费用管理 ·· 113
  5.1 费用管理概述 ··· 113
  5.2 费用管理实验整体流程 ··· 114
  5.3 业务实操 ·· 114

6 资金结算管理 ·· 138
  6.1 资金结算管理概述 ·· 138
  6.2 资金结算实验整体流程 ··· 142
  6.3 业务实操 ·· 143

7 现金池管理 ·· 171
  7.1 现金池管理概述 ··· 171
  7.2 现金池管理实验整体流程 ··· 174

7.3 业务实操 …………………………………………………………… 175

8 投融资管理 ……………………………………………………………… 197
8.1 投融资管理概述 ……………………………………………………… 197
8.2 投融资管理实验整体流程 …………………………………………… 200
8.3 业务实操 …………………………………………………………… 200

9 总账管理 ………………………………………………………………… 223
9.1 总账管理概述 ………………………………………………………… 223
9.2 总账管理实验整体流程 ……………………………………………… 223
9.3 业务实操 …………………………………………………………… 224

10 合并报表 ……………………………………………………………… 236
10.1 合并报表概述 ……………………………………………………… 236
10.2 合并报表实验整体流程 …………………………………………… 237
10.3 业务实操 …………………………………………………………… 237

11 财务分析 ……………………………………………………………… 254
11.1 财务分析概述 ……………………………………………………… 254
11.2 财务分析实验整体流程 …………………………………………… 255
11.3 业务实操 …………………………………………………………… 255

参考文献 ………………………………………………………………… 258

1 总论

1.1 集团管控概述

1.1.1 集团内涵

自20世纪90年代初期我国实施"集团化"战略以来,集团型企业无可争议地成为我国经济活动中的重要力量。它以远低于单体企业的数量创造了绝大部分的社会财富,并日渐改变着我们的生活方式和消费习惯,成为区分发达国家与发展中国家的重要衡量标准。

何谓集团？集团是指以一家实力雄厚的大企业为核心,建立在企业法人股份制基础上,通过控股、参股等资本纽带联结组成的,多层次、多法人的企业联合体。集团并不是一个法人,而是一个多法人联合体。其中,集团由集团母公司、子公司以及下属分公司组成,其中集团中的母公司也称为集团公司或集团母公司,子公司指母公司绝对控股(一般持股50%以上)的下属企业,关联企业则指母公司只拥有一般持股关系的参股企业,以及有各种固定性合作关系的企业。

与单体公司相比,集团企业确实具有更强大的竞争力,在创造协同效应、挖掘经营潜力、提升管理水平方面都有显著优势。但随着我国集团公司做大做强、快速扩张发展、集团下属企业数量不断壮大,各下属企业特性的差异及所处地域性的多样化使集团管控的难度进一步增大,集团公司迫切需要实现高效率的集中化管理,如资金的集中管理、建立集团统一的账套核算体系、集团统一的财务报表等,从而有效降低集团与下属企业间信息不对称的程度,提高集团总部对下属企业经营透明度的了解和对财务与经营活动实时监控的能力,以实现集团财务、业务流程管理的一体化。因此,对集团管控的需求也应运而生。

1.1.2 集团管控内涵

集团管控是指一种以确保集团战略一致性和协同性,充分发挥集团优势为目的的集团企业对各级分子公司的有效管理活动。集团管控是一门系统的管理科学,是一个系统的、动态的、专业性的有机整体,其精髓是系统解决集团的协同管理和控制问题。

集团管控应当以什么为核心？或者说管控应当以什么为前提和依据？正确理解集团管控的本质,将决定企业集团管控体系搭建的成功与否。从历史沿革来看,关于集团管控本质的认识主要存在以下误区。

1.1.2.1 治理论

广泛地存在于20世纪90年代的"治理论"强调"治理是集团管控的核心",甚至简单地将管控等同于母子公司的法人治理。其理论研究的关注焦点是"如何按照现代企业管理制度的要求理顺出资人、董事会与高层经理、其他利益相关方之间的关系";从母公司利益角度来看则关注如何通过母子公司法律架构设计来落实母公司作为出资人的战略意图。"治理论"顺应了中国企业组建企业集团时的大时代背景,理顺了在组建企业集团初期所关注的委托与代理关系,但仅仅完善法律架构并不能完全支持集团高速发展对管控能力提升的要求,仍需要一个更加全面、综合的观点来审视集团管控的本质。

1.1.2.2 组织模式论

组织模式论把集团管控聚焦在集团组织模式与架构的设计上,认为完善组织架构就是集团管控的解决之道,通过搭建组织架构就能满足集团高速扩张对管理变革的要求。但人们很快就发现组织架构只是解决了集团管控中层次规范等组织问题,集团组织模式与架构设计也绝不是集团管控变革的全部,各种管控职能如何组合运用,并与治理、组织架构无缝结合以适应战略价值创造,已经成为越来越多的集团高级经理所关注的管控课题。

1.1.2.3 预算中心论

预算中心论产生于20世纪初期,杜邦分析体系的出现使财务作为一项管理职能的作用得到重视,随着财务预算作为管理体系的核心在全世界被广泛推广。这种观点强调预算是一个集团管控的核心,是集团公司运行的导航器,集团所有的经济活动都必须服从、服务于预算。但随着世界经济全球化进程的不断推进,越来越多的企业集团认识到,即使最好的财务体系也无法涵盖集团型企业管理运行的全部动态特点,预算只是实现集团战略目标的手段之一。

由此可见,企业集团管控并不只意味着法律地位上的治理关系,也并非仅依靠搭建完善的集团组织结构即可解决,当然也不仅仅是围绕预算进行的财务活动。集团管控强调战略,也重视执行,其本质为提升集团战略执行力,确保集团战略的最终实现。

1.1.3 集团管控的内容

企业集团管控涵盖方方面面,主要包括集团战略管控、集团财务管控、集团文化管控、集团供应链管理、集团人力资源管控、集团资产管控、集团研发与品牌管控以及集团内控与风险管控等,集团对子公司所有重大决策进行控制,包括对外投资、开设子公司、重大资本性支出与资产处置、重大技术改造、重大合同担保和重大信用政策以及编制年度预算等,而管控的集中程度取决于企业集团管理偏好。

从逻辑关系来看,目前的集团管控通常从以下三个维度展开。

1.1.3.1 治理

治理是保护出资人利益的一套制度安排,母公司作为出资人之一,在设计子公司章程、股东大会、董事会、监事会议事规则和决策程序的时候,设计若干有利于自己的条款以及条款的细则。

1.1.3.2 控制

治理无论怎么讲都是民主但缺乏效率的一套制度安排,治理只能在宏观层面运行。母公司通过控制子公司董事会的决策,间接把自己的制度体系输出到子公司的中微观运行层面,从而把治理解决不了的、到达不了的运作层面的能力进一步延伸到子公司里面。

1.1.3.3 宏观管理

宏观管理包含宏观调控、价值创造、制度整合与输出。母公司利用它的特殊地位和战略远见,通过在治理和控制中获得的权力进一步实现对子公司的宏观调控,涉及子公司之间的协同效应和内部交易,以及子公司业务之间的互补性。

1.1.4 集团管控的模式

随着企业集团内部独立法人企业的增多,管理链条不断拉长,跨行业、跨地区甚至跨国经营越来越普遍,集团内部财务资源日益复杂,实施管控的难度不断增加,集团管控也随之演变为更多模式,其中流传最广泛的"集团管控三分法"建立在 20 世纪 80 年代战略管理大师迈克尔·古尔德等人提出的企业集团三种管控文化偏好基础上。迈克尔·古尔德等将集团管控划分为操作管控型、战略管控型、财务管控型。

1.1.4.1 操作管控型

操作管控型也称运营管控型,是一种高度集权的管控模式,指的是通过总部业务管理部门对下属企业的日常运营进行管理。这种模式强调经营行为的统一、整体协调,适用于单一产业或紧密相关多元集团企业,具有一定的地域限制。宝钢集团就是一种典型的运营管控型企业。

1.1.4.2 战略管控型

战略管控型是一种相对集权的管控模式,它的特点是"抓大放小"。集团公司与子公司通过战略协调、服务和控制建立关系,集团母公司以战略规划进行管理和考核,追求公司组合的协调发展、投资业务的战略优化和协调、战略协同效应的培育,较少干预子公司的具体经营活动。这种模式主要适用于相关多元集团企业,典型案例如日本三菱东京金融集团。

1.1.4.3 财务管控型

财务管控模式下,集团公司对下属公司的管控主要通过财务手段实现,集团公司主要负责财务和资产运营、财务规划、投资决策和实施监控,管理子公司的财务目标是否达成,对具体运营不加干涉。这种模式主要适用于非相关多元产业投资,美国摩根、洛克菲勒集团都是财务管控模式的典型。

这三种管控模式各有优缺点,在实际的生产经营过程中,集团公司的内部管控都是以一种模式为主导的多种模式的综合。例如,现在很多集团公司都会在主营业务之外开展房地产开发、互联网金融等业务,在实际的管理过程中,集团的主营业务会采用运营管控的模式,而房地产开发和互联网金融可能分别采用战略管控和财务管控的模式,而企业的管控模式也不是一直不变的,随着集团业务中心的转移,原本采用战略管控或财务管控的子公司也有可能转换为运营管控。

1.2 集团财务管控概述

1.2.1 集团财务管控内涵

集团财务管控通常是指企业集团母公司采取适当的手段或方式对集团财务活动进行管理和控制,这种管理和控制包括母公司自身以及下属的子公司等,规避集团所面临的财务风险,针对存在的内部或外部不确定性因素,降低风险,从而提高经营的效率和效果的一种管理方式。

随着集团企业的日益演变,采用集团财务管控作为控制成员企业的重要方法成为广泛共识。集团财务管控既包括财务资源的统一配置、资金的集中调度、预决算管理,对下属企业的投资规模、产品及经营成本、公司利润率等方面的控制和管理,也包括关联交易、转移定价和合理避税等方面的财务安排。高效的财务管控,是保障集团资金资产的有效使用、确保实现集团战略目标的关键。

1.2.2 集团财务管控主要职能

虽然不同性质的企业所选用的集团财务管控模式不同,体系设计也因地制宜,但各种集团财务管控基本包含如下职能:

1.2.2.1 制度管理

制定集团内部规范的财务制度,并约束下属企业按照制度行事是集团企业维系管理的基本手段,也是集团财务管控的基本职能。

1.2.2.2 预算管理

结合集团战略发展规划,集团总部确定具体目标,再将目标层层分解,下发到下属企业和部门,下级单位根据指标设计确定预算方案并执行。通过预算体系构建、预算编制、预算执行与控制、预算分析、预算调整和预算考核,实现集团对下属企业的有效管理。

1.2.2.3 资金管理

资金是企业流通的血液,对资金筹集、使用和分配的有效控制是集团财务管控的一项重要职能。通过将整个集团的资金集中到集团总部,由总部统一结算,并帮助集团客户实现对分子公司资金的统一归集、统一支付和统一管理,从而实现资金管理。

1.2.2.4 投融资管理

作为企业财务管理的重要组成部分,解决好集团企业的投融资管理问题也是集团财务管控的一项基本职能。集团对总部及下属企业的对外投资、重组以及大规模的固定资产改造、扩建项目进行全过程的管理,下属企业则在集团总部的指导下进行各项投资活动。

1.2.2.5 资产管理

管好公司的每一个资产、用好每一个资产可以帮助企业节约大量现金流,创造大量利润。集团总部对下属企业的重要资产的处置进行监控。各下属企业对所管理的资产进行日常管理,负责其保值增值。

1.2.2.6 费用管理

企业日常经营过程中会发生各项费用支出,对于集团企业来说费用管理尤为重要。通过集团财务管控体系,对与集团企业生产、销售、管理相关的费用进行表单处理、限额规范、授权控制等,从而实现业财融合背景下集团费用的优化控制。

1.2.3 集团财务管控基本模式

集团财务管控模式是明确集团各财务层次的财务权限、责任和利益的制度,其核心问题是如何配置集团各个层次的财务管控权限,其中又以分配集团之间的财权为主要内容。集团财务管控模式可分为三种类型:集权型、分权型、平衡型。

1.2.3.1 集权型财务管控模式

集权型财务管控模式要求各项财务决策权集中在集团总部,下属企业负责严格执行集团总部决策。在这种模式下,下属企业只享有很少的财务决策权,其人、财、物各项资源,供、产、销各个业务环节都统一由集团总部管控,下属企业不管是资本筹集、对外投资、增资扩股,还是财务机构设置与财务经理任免等重大财务事项都由集团总部统一管理。下属企业的生产经营任务通常由集团总部下达,在某种程度上,下属企业只相当于集团总部的一个直属分厂或分公司。

1.2.3.2 分权型财务管控模式

分权型财务管控模式指集团总部仅保留对下属企业的重大财务决策权或审批权,将日常财务决策权与管理权通过分权设置或职能分解下放给下属企业,保持下属企业的独立性。这种模式下,下属企业只需将一些决策结果提交集团总部备案即可,在日常财务事务处理上,下属企业可以自行决策资本融入及投出和运用、财务收支费用开支、财务人员选聘和解聘、职工工资福利及奖金等事务,而集团总部仅负责间接管理。

1.2.3.3 平衡型财务管控模式

平衡型财务管控模式是集权型财务管控模式和分权型财务管控模式的综合,有效弥补了过度集权带来的体制僵化及过度分权导致的利益分崩等弊端。在这种模式下,集团总部仅对一些重大的财务事项决策权实行集权管理,而把其他决策权下放给下属企业,对集团核心层企业实行相对集权的管控模式,对其他层的企业实行相对分权的管控模式。

当然,并没有绝对好坏的集团财务管控模式,集团企业必须依据自身发展阶段以及自身产权结构、管理体系等进行科学选择。

1.3 集团财务管控发展现状及趋势

1.3.1 集团财务管控发展现状

随着我国集团公司做大做强、快速扩张发展,集团面临的财务管控问题日益突出,当前的集团财务管控软件虽然能满足集团企业的一般需求,但全球化的不断演进、集团下属企业的不断壮大,各下属企业特性的差异及所处地域性的多样化将使集团财务管控的难度进一步增大,集团公司在资金管理、经营模式、组织结构等方面仍需变革,主要体现为以下三个方面。

1.3.1.1 资金集中管理体系尚不成熟

从现状来看,目前我国大部分集团资金管理分散,资金利润率低、风险大、成本高。资金集中管理水平很大程度上影响着产融结合质量,但是,部分企业集团缺乏对资金资源聚集效应的有效分析,没能在资金增值目的分析方面取得理想的成效,导致对资金集中管理体系的作用难以得到广泛认知,无法为产融结合提供具体的支持。一些资金集中管理方案在具体设计的过程中,对于资金管理体系的多方面价值考察不够全面,尤其对于企业内部融资的多方面需求缺乏必要的考察,导致企业所在的产业链及相关经营主体的作用无法得到足够广泛的认可,难以为资金集中管理体系应用价值的完整开发提供必要支持。还有一些资金集中管理体系在具体建设过程中,缺乏对金融服务标准化价值的重视,难以充分满足企业现有的内部融资需要。资金集中管理体系尚处在探索的过程中,在标准化金融服务尚未形成的情况下,资金的集中管理体系所具备的多方面价值难以得到有效的开发应用,无法为产融结合过程中产业链不同环节所需的服务提供完整的支持。

1.3.1.2 组织结构固化,灵活性不足

集团组织架构几乎是和管控流程与制度优化同步展开的设计活动,从集团组织架构全球发展实践来看,无论是企业集团还是单体公司,其组织架构都呈现出多种多样的结构类型。目前常见的集团组织结构有:①总分架构,即总公司为独立法人,总部职能部门按照人力资源部、财务部等相似的职能加以组合;分公司或按区域或按产品进行组建。这种模式强调高度集中,组织效率较高,但不能支持集团多产业、全球化发展。②母子架构。在这种架构下,总部和子公司都属于独立法人,具有相互独立性,但难以平衡集分权,管控难度很大。③矩阵式架构。使用这种架构能保证人力资源得到充分利用,但多头领导与考核对员工协调性要求也很高。④混合式架构。这种架构兼容不同架构的特征,重点在于能够与企业集团战略相吻合,为管控模式的落地提供补充。从目前来看,大部分集团企业组织结构较为僵化,集团战略规划和研究的职能缺失,部分部门的职能多余或不完善,信息管理程度不够,这些都制约了集团管理水平的提高。

1.3.1.3 多元化经营模式构建不够完善

在多元化经营模式下,一些集团在制订经营方案的过程中,缺乏对新型利润增长点的研究,没能对形成新型利润增长点的多方面需求予以考察,导致多元化经营模式的先进性无法得到充分显现,难以在探索构建新型经营模式方面取得理想的进展。一些企业在探索多元化经营工作模式的过程中,对于宏观经济周期的作用分析不够充分,尤其对于利润因素的影响力缺乏必要的考察,导致产能过剩等问题

的控制分析价值难以得到完整有效的体现,无法为多元化经营模式的合理改进提供必要保障。在探索多元化经营模式的过程中,缺乏对产能过剩或市场竞争等外部因素的总结,虽然具备对产融结合价值的认知,但未能根据多元化经营模式实现对投资收益水平的有效提升,投资渠道的创新应用价值无法得到完整体现,难以在多元化经营模式探索过程中实现对产融结合重要价值的有效开发。

这些问题的存在,严重威胁了集团稳步高速发展,加大了企业集团经营决策的风险。集团公司迫切需要在财务管理上实现高效率的集中化管理,如资金的集中管理、建立集团统一的账套核算体系、集团统一的财务报表等,从而有效降低集团与下属企业间信息不对称的程度,提高集团总部对下属企业经营透明度的了解和对财务活动实时监控的能力,以实现集团财务、业务流程管理的一体化,对集团管控的多样化需求也越来越多。

1.3.2 集团财务管控发展趋势

1.3.2.1 集团财务管控走向数字化发展,内外协同一体化成未来趋势

世界经济论坛指出,数字经济是"第四次工业革命"框架中不可缺少的一部分。"数字化"不仅仅是技术,还是一种思维方式以及新型商业模式和消费模式的源泉,为企业和个人进行组织、生产、贸易和创新提供了新的途径。数字化等技术有助于提高企业经营管理的科学化水平和管理效率与效益,同时也对企业管理提出了新的挑战。它要求企业实行集成管理,将上游和下游的环节形成一个整体,通过网络对全球的资源进行优化配置,以取得最佳的经济效益。可以说,近年来互联网技术的广泛应用以及移动互联网、云计算、大数据、"互联网+"等信息技术概念的出现推动了集团企业信息化和管理模式不断改变。

在数字化发展浪潮势不可挡的今天,不少中小型企业进行数字化转型的趋势愈发明显,许多大型集团为得到进一步发展,也在持续深入打造"数字集团"。但集团企业由于具有组织架构复杂、分支机构多等特点,在转型升级时也面临着诸多问题:集团战略一体化管控难、协作效率低、业务运营效率不高、重要信息送达及时性弱等,因此多维度整合门户平台,支持多事业部、多层次、多岗位工作门户配置,内外协同一体化必然是企业集团未来科学管控、数字化转型的必然趋势。

1.3.2.2 集团财务组织向业务型和战略型转型

对于财务转型的第一条主线来说,要解决当前企业集团财务问题,核心在于释放各级机构财务人力,从以核算为主向业务财务与战略财务转型。

首先,应当充分借助财务共享服务这一重要管理创新工具,并在其中充分融入财务信息化及智能化技术,实现对现有核算资源的深度释放,用少量的分布式的财务共享服务中心实现高效、高质量的会计运营服务。其次,对脱离核算职能后的各级机构财务进行能力提升和转型,通过深挖业务部门对财务支持的需求,重新定位业务财务的职能。在传统会计人员向业务财务人员转型的过程中,并不是所有人员都有能力实现这样的转换,在此过程中也需要进行必要的人员调整和增补,以构

建满足能力需求的新的业务财务团队。最后,要实现对战略财务职能自上而下的专业化建设。战略财务团队承载了企业集团战略管控落地的重要职能,需要在企业经营分析、绩效考核、预算管理、成本管控等方面形成专业化的财务管理能力。这一能力的建设需要先在企业集团总部构建专业化团队,并逐渐下沉,在基层单位实现与业务财务的融合。

1.3.2.3 建立集团财务公司,加强资金集中管理

如果仅仅在集团内部搭建资金池,或者搭建跨银行资金管理的结算中心,那么财务管理仍是在集团内部实践,集团资金管理的能效无法得到进一步提高。从长远来看,引入外部监管力量、强化资金风险管控,借助财务公司进入资本市场,搭建集团财务公司,打造集团未来金融产业的孵化平台才是未来趋势。

集团财务公司相当于集团的内部银行,除了具有商业银行的存贷业务之外,还具有保险经纪、有价证券投资等业务资格,是一种为集团内部服务的混业经营的金融机构。从长远来看,财务公司除了成为集团的财资管理中心外,还是集团公司参与资本市场的重要途径,是集团的投行中心以及集团金融平台的孵化器。充分发挥集团财务公司的作用,加强企业集团资金集中管理和提高企业集团资金使用效率,对企业强化资金风险管理、增强集团管控能力都大有裨益。

1.3.2.4 注意内控,管控模式趋向四维度发展

目前最先进的管控模式是"治理+控制+宏观管理"三维度管控模式,而为了顺应多产业、多地域、跨国、跨产业链管控风险应对的需要,增加内部控制,由三维度向四维度发展已成趋势。未来将从"治理+控制+宏观管理"三维度管控模式向着"治理+控制+内控+宏观管理"四维度大管控模式发展。

四维度管控的内在运作逻辑是基于控股权,通过进取型董事会的努力以及法理权利的延伸,利用控制力-法理外权利、社会资源动员能力、影响力等从治理、控制、内控、宏观管理四维度最终达成集团管控。从整体上来看,四维度管控体系运作包括了集团层面战略和业务层面战略。在集团层面战略组织结构优化中,管控导向居于核心地位,通过"治理+控制+内控+宏观管理"这四个维度来具体落实管控导向。在业务层面,主要通过管理类管控子体系、业务类管控子体系以及辅助类管控子体系来分别实现对子公司、分公司以及项目的管控。从更大范围的视域来看,四维度中的治理应延伸到资本结构,控制应延展到权力结构,内控应延展到子系统规则,而宏观管理应扩展到超边界经营,由此形成"资本结构+权力结构+子系统规则+超边界经营"的广谱管控模式体系。

企业集团管控实践是一个动态、渐进的过程,是随着集团产业发展不断深化的过程,不同类型的企业集团在资金管理、经营模式、组织形态上的侧重点都有所不同,但从总体方向来看,加强资金集中管理、强化多元化经营模式、进行组织结构变革是集团企业适应未来发展的必然之路。

2 集团财务管控实验平台介绍及设置

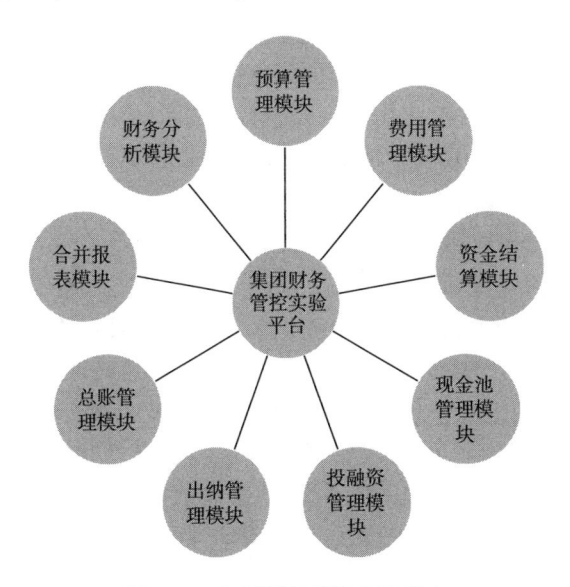

2.1 集团财务管控实验平台介绍

集团财务管控实验平台——金蝶 EAS 是金蝶公司开发的一款创新型教学系统。该平台系统采用了 B/S 架构,分为服务器和客户端,服务器安装在统一的计算机上,客户端的教师和学生可以通过浏览器访问服务端的系统,学生在 EAS 客户端上操作完成财务题练习,分数实时反馈到集团财务管控实验平台系统的教师端控制台。

该平台结合当前社会集团企业的特点进行构建,包括业务场景设计、内外部虚拟环境、评分系统等多个功能模块,真实还原集团型企业的特点,是一款实操性和应用性都很强的财务软件。

该平台由 9 个模块构成,具体包括预算管理模块、费用管理模块、资金结算模块、现金池管理模块、投融资管理模块、出纳管理模块、总账管理模块、合并报表模块以及财务分析模块,如图 2-1 所示。

图 2-1 集团财务管控实验平台

2.1.1 预算管理模块

预算指企业围绕预算而展开的一系列管理活动,包括预算编制、预算控制、预算分析、预算调整、预算考评等多个方面。在集团财务管控实验平台上,预算管理模块主要包括预算体系构建、预算编制、预算执行与控制、预算分析、预算调整和预算考核。

2.1.2 费用管理模块

费用管理是集团管控的重要组成部分,主要是对与集团企业生产、销售、管理相关的费用进行管理。在集团财务管控实验平台上,费用管理模块属于 EAS 财务会计系统,主要解决日常办公中的借款、报销和费用申请等问题,该模块包含 8 个标准表单:借款单、费用报销单、出差借款单、差旅费报销单、费用申请单、出差申请单、物品采购费用报销单、还款单。这些表单之间可以相互关联生成。一般在使用时,表单会先跑一个工作流,工作流审批通过以后,再由表单生成凭证或付款单,从而实现业务审批与财务处理的无缝集成。

2.1.3 资金结算模块

企业集团的资金结算,是将整个集团的资金集中到集团总部,由总部统一调度、管理和运用。在集团财务管控实验平台上,资金结算模块主要适用于采用集中收付资金制度的企业,为企业提供内部账户体系建立、基础资料维护、柜台结算单结算中心业务处理、多结算中心业务处理、账簿查询、报表查询、手续费管理、保证资金管理业务,帮助集团客户实现对分子公司资金的统一归集、统一支付和统一管理,帮助集团客户实现资金的实时管理。

2.1.4 现金池管理模块

现金池,是企业集团资金集中的管理模式,是国际社会公认的先进资金管理方式。它是利用银行的网络平台将集团公司之间的账户建立关系,将成员公司账户之间的资金进行归集和下拨,将集团分散于各个账户的小笔资金集中成大笔资金,从而实现整个集团资金的共享使用与宏观调配,加强集团财务资金管理、提高资金使用效率、降低金融风险的先进管理模式。在集团财务管控实验平台上,现金池管理主要分为实体现金池管理以及虚体现金池管理。

2.1.5 投融资管理模块

企业(集团)的生存和发展以资金的均衡流动和有效运作为基础,一方面要保证企业经营运作所需资金流的均衡,另一方面又要有效降低资金的占用成本和增加投资收益,因此合理筹措企业经营运作所需资金,及时为企业剩余资金找到有利的投资机会,是企业(集团)投融资管理的核心目标。在集团财务管控实验平台上,投资管理主要包括委托贷款、资金往来、企业定期(通知)存款以及投资理财;融资管理主要包括确定授信额度、抵(质)押物业务处理、借(还)款业务处理、费用管理以及企业定期(通知)存款。

2.1.6 出纳管理模块

出纳管理是企业日常收支必不可少的工作之一,涉及企业的现金收付、银行结算及有关账务。这个模块帮助企业及时地掌握某期间现金收支记录和银行存款收支情况,并做到日清月结,随时查询、打印有关出纳报表。

2.1.7 总账管理模块

总账系统是财务管理信息系统的核心。在总账管理模块中,系统提供凭证处理、自动转账、凭证摊销、调汇、结转损益等会计核算功能,以及预算控制、往来核算、往来通知单、现金流量表、现金流量通知单等财务管理功能,并通过独特的核算项目功能,实现企业各项业务的精细化核算。

2.1.8 合并报表模块

在集团财务管控实验平台上,报表管理模块提供报表编制、报表审核、报表上报、报表打印、报表联查、报表查询及分析等功能,帮助用户快速、准确地从 EAS 各系统中取数,为企业管理分析提供依据。合并财务报表(简称"法定合并")是报表管理模块的重要组成部分。在合并报表模块中,为企业集团及其下属子公司提供了编制法定合并的全面解决方案,包括个别报表编辑及上报、集团接收个别报表及合并报表处理。

2.1.9 财务分析模块

财务分析,是以企业的财务报告等会计资料为基础,对企业的财务状况、经营成果和现金流量进行分析和评价的一种方法。在集团财务管控实验平台上,财务分析模块主要包括财务分析模板分配、财务分析指标计算以及出具财务分析报告。

2.2 集团财务管控实验平台设置

2.2.1 管理员设置介绍

用管理员账号(管理员账号:admin,默认密码:123456)登录集团财务管控实验平台,平台链接:http://10.60.174.203:8080/gfc/,登录界面如图 2-2 所示。

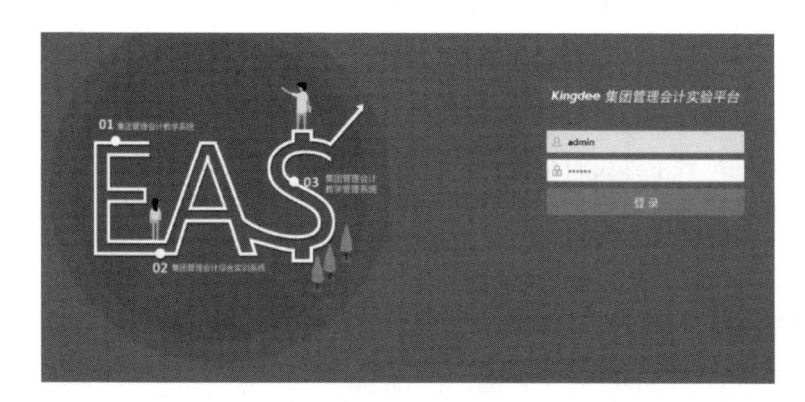

图 2-2 集团财务管控实验平台管理员登录界面

2.2.1.1 新增院系维护

管理员进入"集团财务管控实验平台"后,在平台主界面的左侧菜单栏点击"系统管理—院系维护",进入院系维护界面,在本界面可以维护院系信息,包括"新增"、"修改"和"删除"院系,如图 2-3 所示。

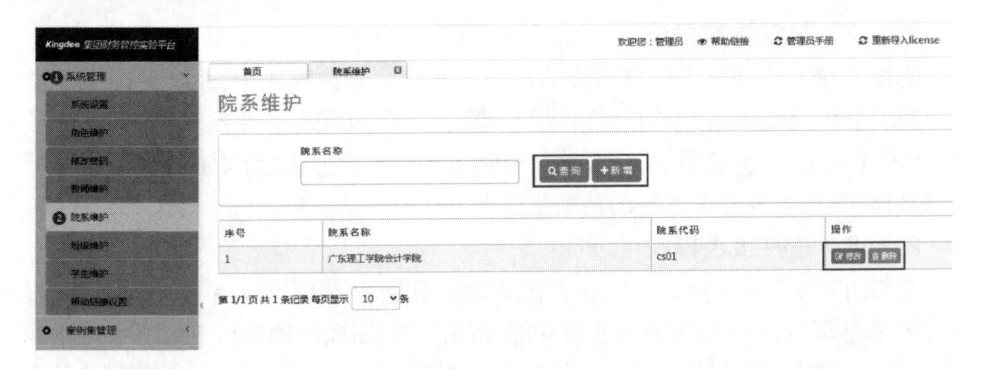

图 2-3 院系维护

点击"新增",进入院系新增界面,进行院系新增操作,录入院系相关信息后,点击"提交",完成院系新增操作,如图 2-4 所示。

图 2-4 院系新增

2.2.1.2 新增教师

管理员在平台主界面的左侧菜单栏点击"系统管理—教师维护",进入教师维护界面。在本界面可以维护教师信息,包括"新增"、"修改"和"删除"教师信息,如图 2-5 所示。

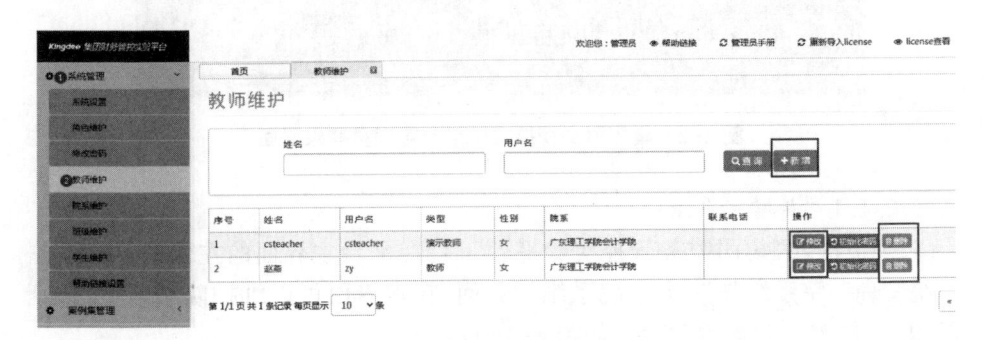

图 2-5 教师维护

12

点击"新增",进入教师新增界面,进行教师新增操作,录入相关教师信息后,点击"提交",完成教师新增操作,如图2-6所示。

图 2-6 教师新增

2.2.1.3 新增班级

管理员在平台主界面的左侧菜单栏点击"系统管理—班级维护",进入班级维护界面。在本界面可以维护班级信息,包括"新增"、"修改"和"删除"班级相关信息,如图2-7所示。

图 2-7 班级维护

点击"新增",进入班级新增界面,进行班级新增操作,录入相关班级信息后,点击"提交",完成班级新增操作,如图2-8所示。

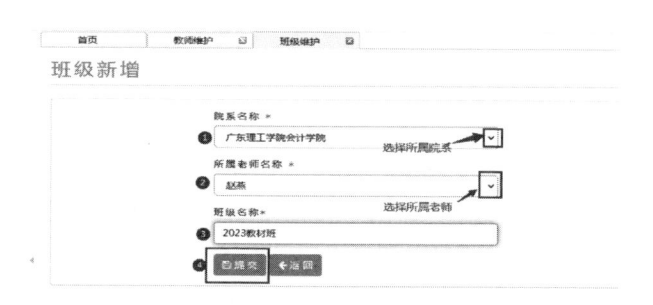

图 2-8 班级新增

【说明】班级在没有关联课程或者学生的前提下，可以删除，否则不能删除。

2.2.1.4　新增学生

管理员在平台主界面的左侧菜单栏点击"系统管理—学生维护"，进入学生维护界面。在本界面可以维护学生信息，包括"新增"、"修改"、"初始化密码"和"删除"学生信息，如图2-9所示。

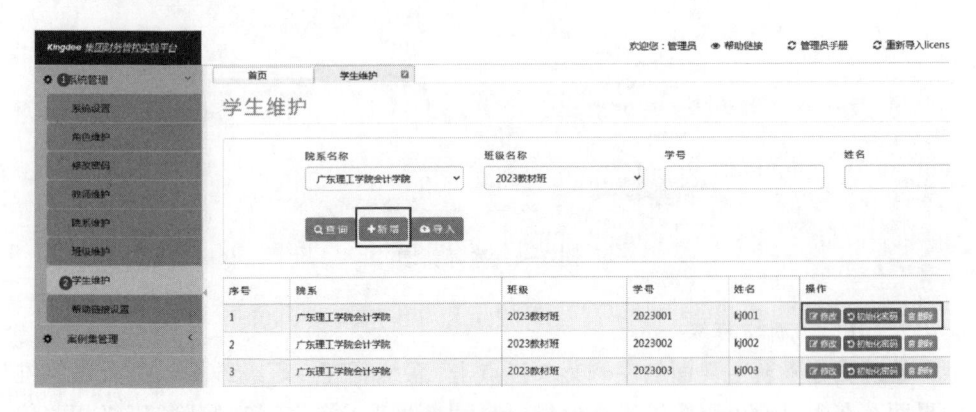

图2-9　学生维护

新增学生有两种方法。方法一是通过"新增"功能，逐一新增学生信息。点击"新增"，进入学生新增界面，进行学生新增操作，录入新增学生信息后，点击"提交"，完成学生新增操作，如图2-10所示。

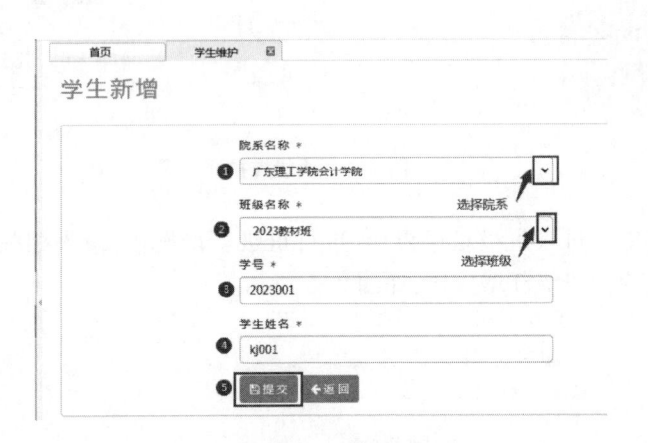

图2-10　学生新增

方法二是通过"导入"功能，利用平台提供的学生模板，把学生信息批量导入平台。点击"导入"，进入学生导入界面，下载平台提供的学生导入模板，按照模板填写相关信息后，通过"选择文件"功能，选择需要导入的学生名单，点击"提交"，完成学生导入操作，如图2-11所示。

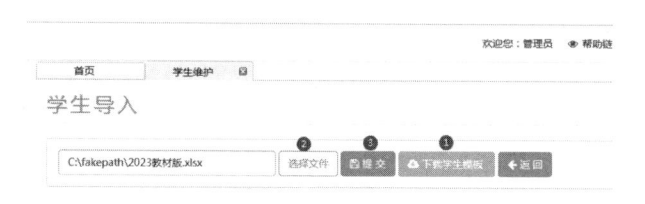

图 2-11 学生导入

【说明】

(1)利用"导入"功能导入学生信息,填写模板时,"院系""班级"一定和前面"院系维护""班级维护"的信息一致,否则不能成功导入。

(2)学生在其名下没有关联课程时可以删除,但是学生名下有课程时,则不能删除该学生。

(3)学生的学号不能重复。

2.2.1.5 新增案例集

管理员在平台主界面的左侧菜单栏点击"案例集管理—案例集列表",进入案例集列表界面。在本界面可以维护案例集信息,包括"新增""详情"等,如图 2-12 所示。

图 2-12 案例集维护

2.2.2 教师设置介绍

用教师账号登录集团财务管控实验平台,平台链接:http://10.60.174.203:8080/gfc/,登录界面如图 2-13 所示。

图 2-13 集团财务管控实验平台教师登录界面

2.2.2.1 新建课程

教师登录系统后,出现选择课程界面,在本界面,教师可以新建课程,也可以在此进入已建立好的课程,如图2-14所示。

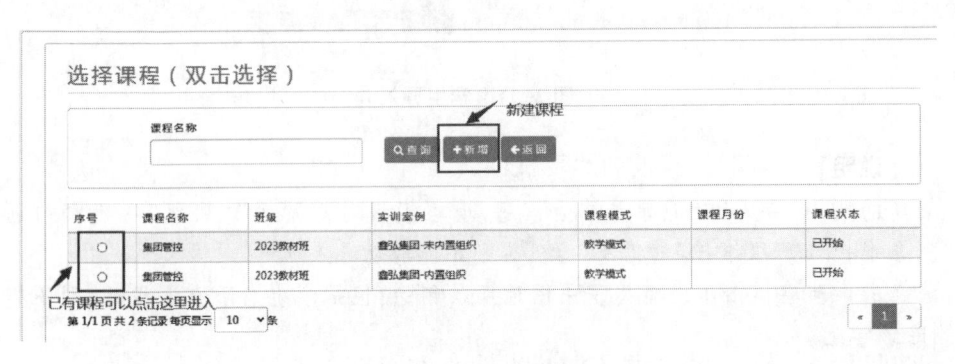

图2-14 选择课程

如需新建课程,则点击"新增",进入新建课程界面,输入课程名称,在下拉框中选择班级、案例集名称、课程模式等信息。由于平台可供选择的课程模式有三种,新建课程信息设置会有所不同,具体如图2-15、图2-16、图2-17所示。

【说明】

(1)案例集分为未设内置组织和内置组织。未设内置组织是指账套内没有预设集团搭建,需要学生自己搭建;内置组织是指该账套已经完成了集团搭建,学生不需要再进行集团搭建。

(2)课程模式分为教学模式、实训模式和竞赛模式。在教学模式下,由学生一人完成所有的教学任务。在实训模式下,学生内置组织是指该案例要求按组分岗位完成实训任务,同时在设置时可以选择实训月份。竞赛模式与实训模式类似,但是竞赛模式有时间限制。

图2-15 新建课程—教学模式界面

图 2-16　新建课程—实训模式界面

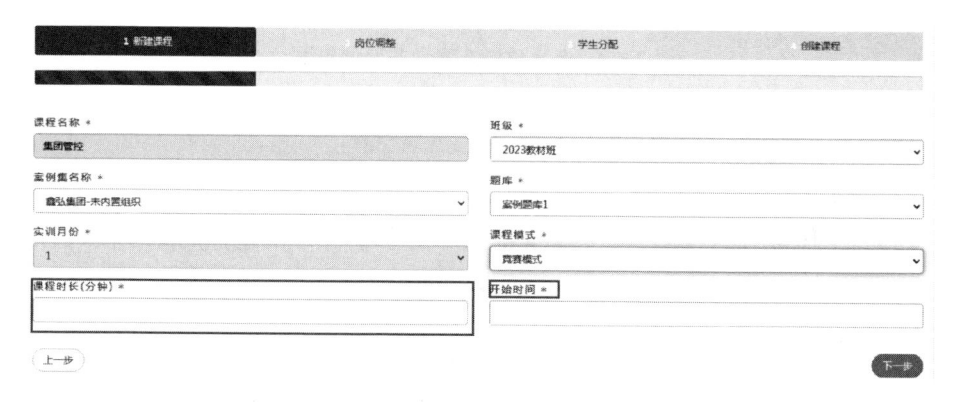

图 2-17　新建课程—竞赛模式界面

(3)在实训模式和竞赛模式下,可以对实训岗位进行调整。

填完新建课程相关信息后,进入岗位调整界面。在岗位调整界面可以进行岗位调整。可以根据实际教学情况,选择不合并岗位(见图 2-18),或者合并部分岗位。合并岗位时可以采用两种方法,一是选择预设方案(见图 2-19),二是自助调整岗位(见图 2-20)。岗位调整完毕后点击"下一步",进入学生分配界面,如图 2-21 所示。

图 2-18　不合并岗位界面

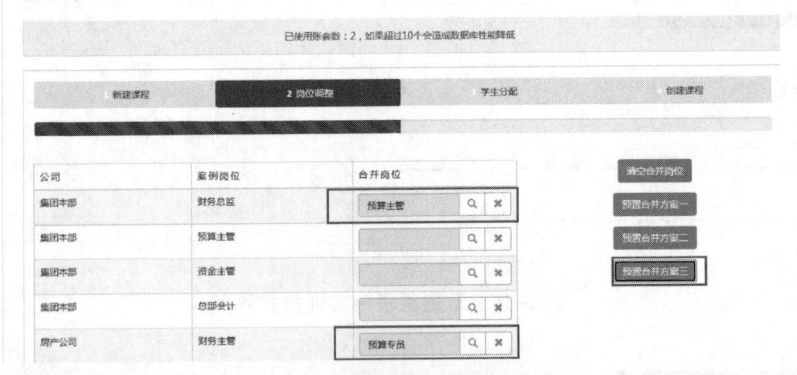

图 2-19　选择预设方案合并岗位界面

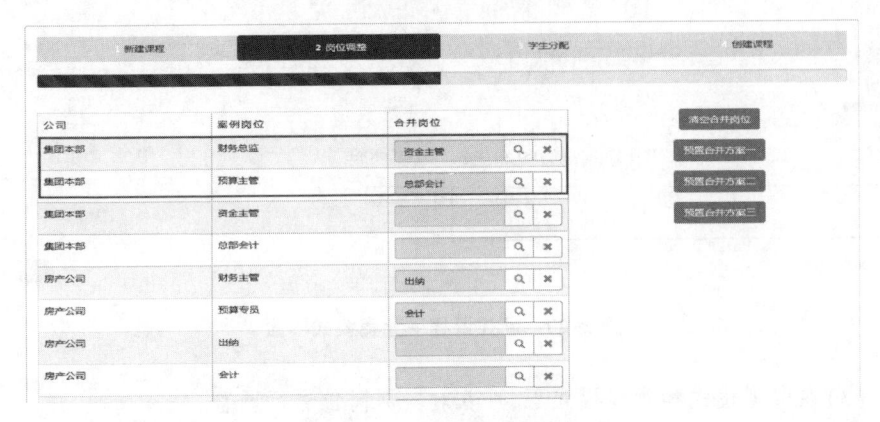

图 2-20　自助调整岗位界面

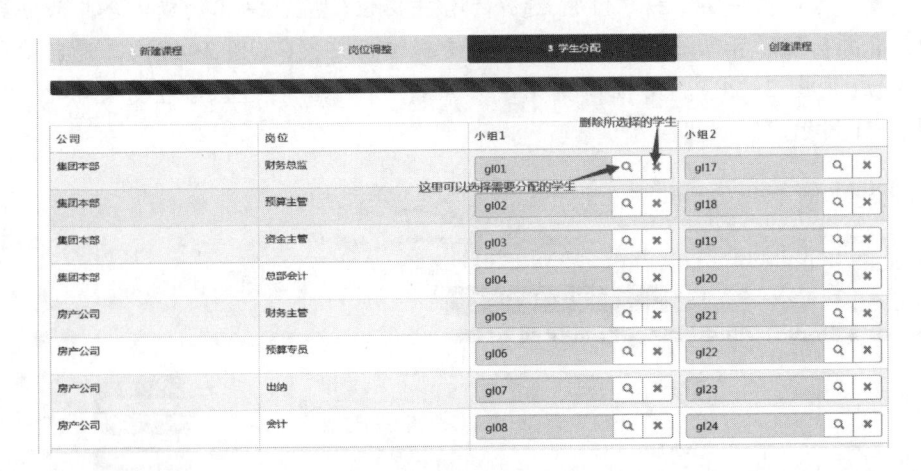

图 2-21　学生分配

在学生分配界面，可以调整学生与对应岗位。调整完毕后点击"下一步"，进入创建课程界面，如图2-22所示。

图2-22 创建课程

在创建课程界面，选择是否发布主观题，选择完毕后点击"创建并发布"，等待课程创建。

（4）重启EAS账套。创建课程后，需要重启EAS账套，否则建立的账套不能使用，如图2-23所示。

图2-23 重启EAS账套

2.2.2.2 系统管理

（1）修改密码。教师可以通过"系统管理—修改密码"来修改账户密码。

（2）班级维护。教师可以通过"系统管理—班级维护"来新增班级或对已有班级进行修改或删除，如图2-24所示。

（3）学生维护。教师通过"系统管理—学生维护"对学生信息进行维护，包括

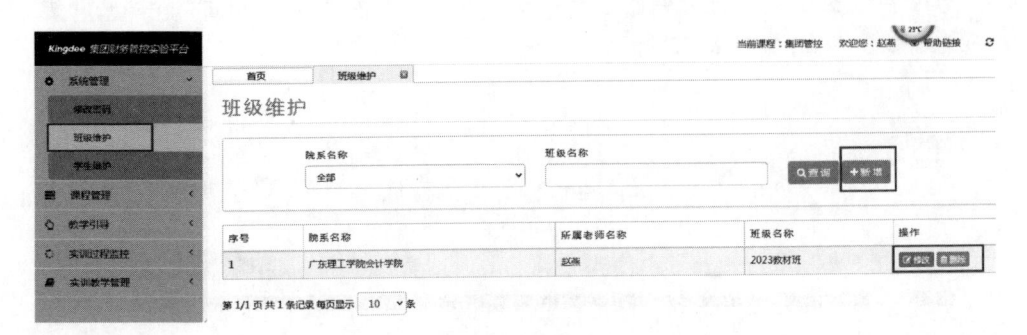

图 2-24 班级维护

"新增"、"修改"和"删除"学生相关信息等,如图 2-25 所示。[内置组织的,可以在这里查询每个学生对应分配的账号,也就是每个学生自己学号对应的用户账号(姓名)。一共内设 50 个账号]

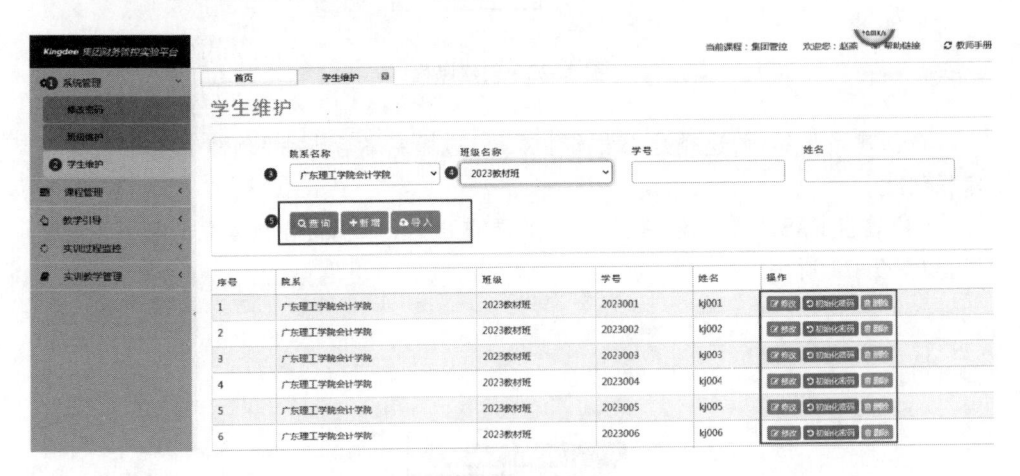

图 2-25 学生维护

2.2.2.3 课程管理

(1)课程管理内容。教师可以通过"课程管理—课程管理"进行课程管理,包括新增课程、重启 EAS 账套、对已建课程进行备份账套、结束课程和删除课程等操作,如图 2-26 所示。

【说明】删除课程前必须先结束课程。

(2)小组管理。教师可以通过"课程管理—小组管理"管理实习小组(主要是针对非教学模式下的)。

2.2.2.4 教学引导

"教学引导"功能只能在教学阶段使用。

图 2-26 课程管理

(1)教学任务。教师通过"教学引导—教学任务"进行教学任务的管理,包括在线播放课程的课件、将练习题发布给学生以及下载课件,如图 2-27 所示。

图 2-27 教学任务界面

(2)练习题得分率分析。教师通过"教学引导—练习得分率分析"可以查看学生在教学模式下练习题的得分率状况,如图 2-28 所示。

(3)学生得分分析。教师通过"教学引导—学生得分分析"可以查看学生在教学阶段练习题的得分状况,导出教学成绩,如图 2-29 所示。

2.2.2.5 实训过程监控(实训阶段才需要)

(1)进度控制。教师可以通过"实训过程监督—进度控制"进行实训进度的控制。

(2)案例刷新时间设置。教师通过"实训过程监控—案例刷新时间设置"可以更改临时案例获取周期和成绩计算周期。

(3)小组进度查询。教师通过"实训过程监控—小组进度查询"可以查询小组实训的进度。

(4)案例进度查询。教师通过"实训过程监控—案例进度查询"可以查询小组

图 2-28 练习题得分率分析

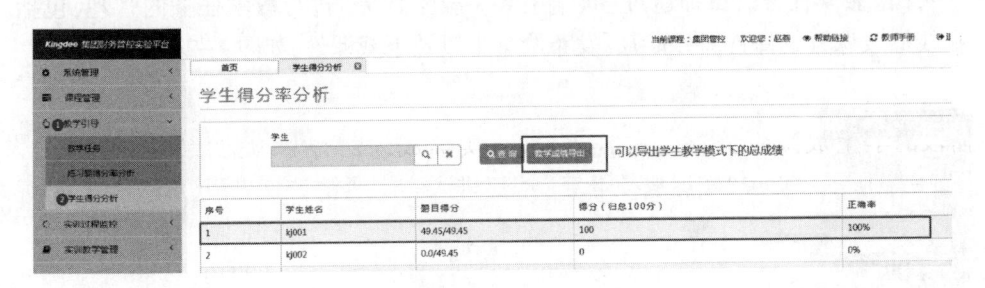

图 2-29 学生得分分析

案例的进度。

2.2.2.6 实训教学管理

(1) 主观题评分。教师通过"实训教学管理—主观题评分"可以给学生的主观题(主要针对实训阶段的财务分析报告)进行评分。

(2) 小组得分排名。教师通过"实训教学管理—小组得分排名"可以查看实训小组的排名,如图 2-30 和图 2-31 所示。

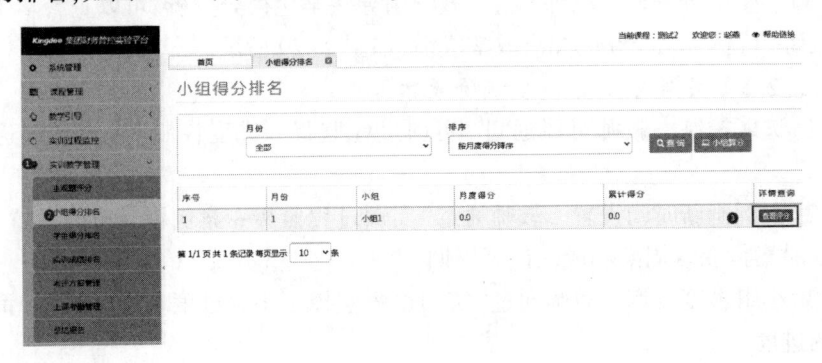

图 2-30 小组得分排名

图 2-31　小组得分详情

（3）学生得分排名。教师通过"实训教学管理—学生得分排名"可以查看学生相关信息、得分排名、月度得分、月度正确率等。

（4）实训成绩排名。教师通过"实训教学管理—实训成绩排名"可以查看实训阶段的学生成绩得分排名，也可以进行实训成绩的计算和总成绩的导出，如图 2-32 所示。点击"实训成绩计算"按钮进入实训成绩计算界面，可以对学生的实训成绩进行计算。

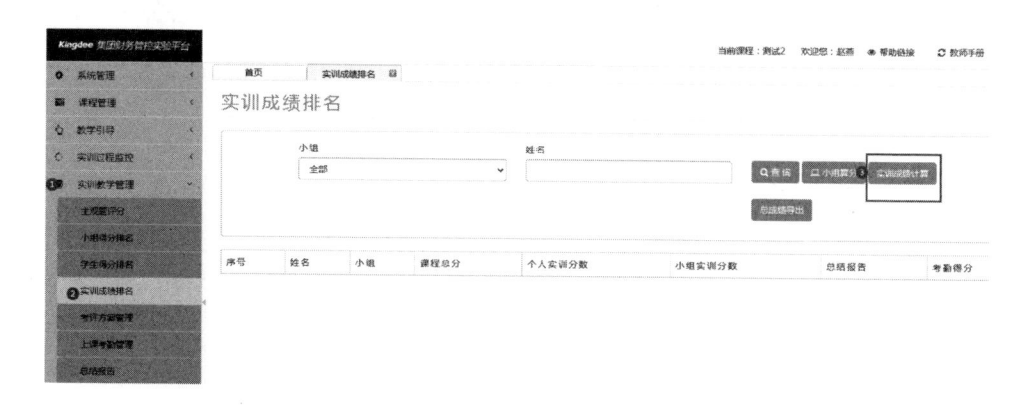

图 2-32　实训成绩排名

在成绩计算权重界面，可以修改考评项的权重（见图 2-33）。确认权重后点击"下一步"，进入总结报告打分界面，如图 2-34 所示。

点击"查看评分"按钮，进入总结报告评分界面，在本界面的下方查看学生上传的总结报告，同时可以给学生的报告评分和点评，如图 2-35 所示。为所有学生的总结报告打分结束后，点击"下一步"，进入考勤打分界面，可以看到学生的考勤成绩，确认无误后点击"下一步"，进入实训分数界面，可以看到学生的实训分数（见图 2-36），确认无误后点击"成绩计算"。

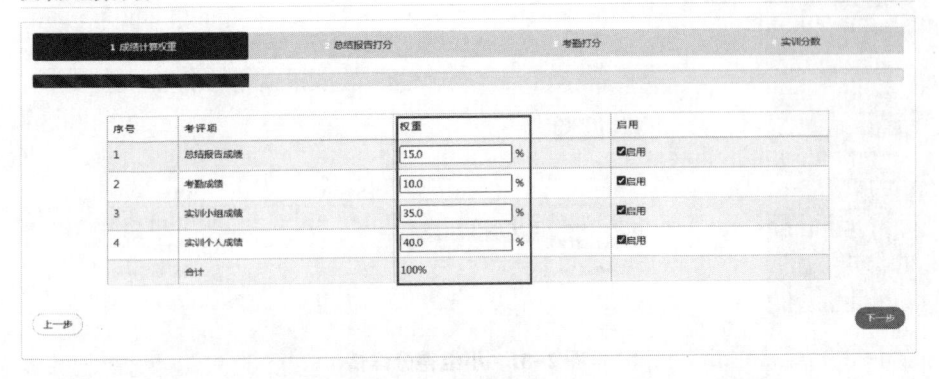

图 2-33　成绩计算权重

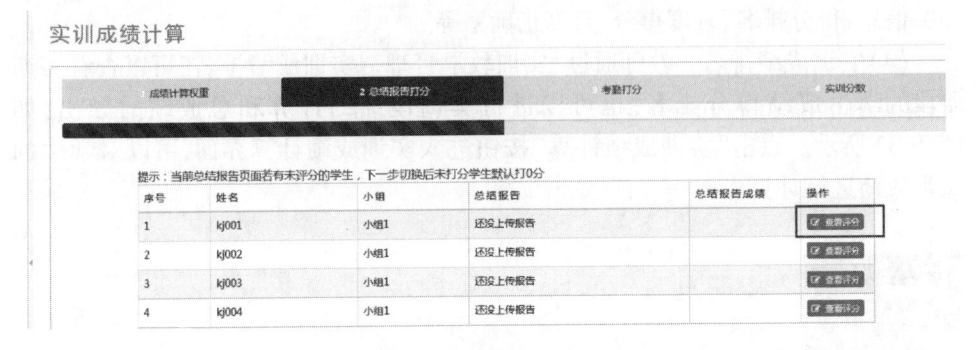

图 2-34　总结报告打分

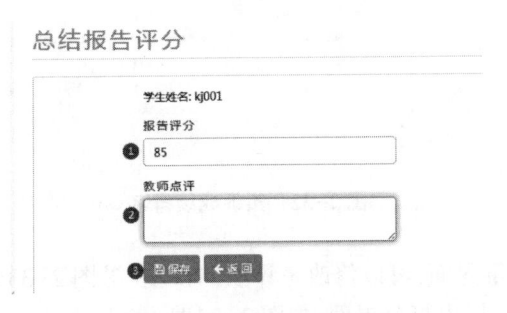

图 2-35　总结报告评分

（5）考评方案管理。教师通过"实训教学管理—考评方案管理"可以修改考评项的权重。

（6）上课考勤管理。教师通过"教学管理—上课考勤管理"可以给学生的考勤

实训成绩排名

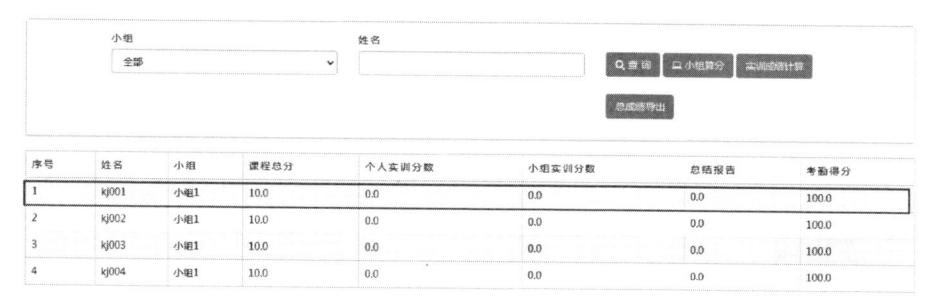

图 2-36　实训分数界面

状况打分。

（7）总结报告。教师通过"实训教学管理—总结报告"可以给学生的总结报告打分，并给评语。

2.2.3　学生登录介绍

学生以登录名（学生学号）和密码（初始密码：123456）登录，进入集团财务管控实验平台（见图2-37），选择课程（见图2-38）。平台链接：http://10.60.174.203:8080/gfc/。

图 2-37　集团财务管控实验平台学生登录界面

图 2-38　选择课程

2.2.3.1　系统管理

学生可以通过"系统管理"修改密码。

2.2.3.2　教学阶段

(1)教学资源。在教学阶段,学生通过"教学阶段—教学资源"可以查看平台相关教学资源,如图2-39所示。

图2-39　教学资源界面

(2)教学练习任务。在教学阶段,学生通过"教学阶段—教学练习任务"可以进行教学任务练习。每一道业务题完成后点击"完成",平台才会计算该题分数,否则不计分,如图2-40所示。

图2-40　教学练习任务界面

(3)分数查询。学生通过"教学阶段—分数查看"可以查询分数和查看题目得分详情,如图2-41所示。

图 2-41　分数查看界面

2.2.3.3　实训阶段

（1）案例背景。学生通过"实训阶段—案例背景"可以查看一元集团建立集团财务管控平台的案例背景，包括一元集团的组织架构图、组织架构说明、管控模式以及案例岗位介绍等。

（2）小组分工。学生通过"实训阶段—小组分工"可以查看小组分工情况。

（3）实训案例任务。在实训阶段，学生通过"实训阶段—实训案例任务"可以进行案例实训，做完题目后将凭证号/单据编号复制到答题框并点击"保存答案"，如图 2-42 所示。

图 2-42　实训案例任务界面

（4）案例题分数查询。学生通过"实训阶段—案例题分数查询"可以看到系统打分后各个实训任务的得分详情，选择相应条件可以查询相关题目，点击"详情"

可以看到具体题目。

（5）实训分数。学生通过"实训阶段—实训分数"可以看到个人和小组得分情况。

（6）课程总结报告。学生通过"实训阶段—课程总结报告"可以上传总结报告。

（7）课程成绩。学生通过"实训阶段—课程成绩"可以看到系统打分和老师打分情况，包括课程总分、个人实训分数、小组实训分数、总结报告得分、考勤得分，如图 2-43 所示。

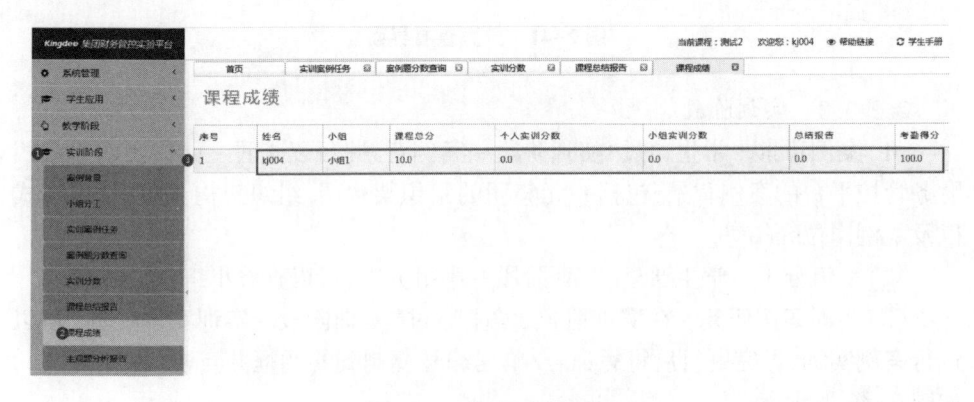

图 2-43　课程成绩界面

（8）主观题分析报告。实训任务题目全部做完后，每个月的最后一个阶段，每个财务主管和财务总监需要上传一份分析报告，其他岗位无须上传。

3 集团搭建

3.1 集团搭建概述

【案例背景】

鑫弘机械集团公司是一家较早在国内 A 股上市的以机械制造为主业的集团企业,该集团于 1993 年成立,主营挖掘机、装载机、叉车等机械系列产品,营业收入约 8 亿元,员工约 3 000 人。鑫弘机械集团公司组织结构如图 3-1 所示。旗下设立了集团本部、机械制造公司、机械配件公司和机械销售公司。集团本部负责处理集团所有相关业务。机械制造公司只负责生产机械产品,如挖掘机、装载机等。机械配件公司为机械制造提供机械生产过程中所需的所有配件,与机械制造公司存在内部往来。机械销售公司负责产品销售,将机械制造公司生产出来的机械销往全国各地,是一家只有销售职能的下属公司。销售公司向机械制造公司要货。

鑫弘机械集团公司采用战略管控型的管控模式管理集团所有业务,总部作为战略决策和投资决策中心,以追求集团企业总体战略控制和协同效应的培育为目标,母公司除了在资产上对下属单位进行控制外,还负责集团的财务、资产运营和集团整体的战略规划,例如对下属单位的战略发展规划、企业资产运用、全面预算划拨、企业绩效管理和统一技术开发等。各下属单位同时也要制定自己的业务战略规划,并提出达成规划目标所需投入的资源预算。总部负责审批下属企业的计划并给予有附加价值的建议,批准其预算,再交由下属企业执行。母公司对下属单位的管理主要通过年度报告或者季度报告的形式来表现。在实行这种管控模式的过程中,为了保证下属单位目标的实现以及集团整体利益的最大化,对各下属单位业务的相关性要求很高,集团总部的规模并不大,工作主要集中在进行综合平衡、提高集团综合效益上,如协调各下属单位之间的矛盾、平衡各企业间的资源需求。

本案例将在这样的背景下来讲解集团管控过程中预算管理、资金管理、现金池管理、资金结算等业务过程,旨在学习整个集团管控相关的业务流程。

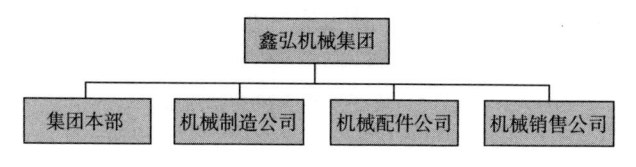

图 3-1 鑫弘机械集团公司组织结构

3.1.1 管理单元

正式开始使用 ERP 系统之前,集团的 ERP 运维专员需要根据集团实际组织架构、基础资料等情况,在系统中新建集团,为后续的业务操作做铺垫。新建集团从最高级的组织类型——管理单元开始,然后将各子集团、分公司设置为组织单元。

在 EAS 的组织模型中,用管理单元这个虚拟概念来代表公司整体,用来对所有公司层面的跨领域的业务政策负责。管理单元一般不分虚体和实体(因为管理单元主要管理基础数据,不发生具体业务)。可以对管理单元调整上下级,同时管理单元的业务组织属性是继承的(上级管理单元的业务组织属性包含下级管理单元的业务组织属性)。所以说,管理单元是用来表示所有独立的业务单元的。

3.1.2 组织单元

组织单元,也就是主业务组织模式。任何数据都有自己的主业务组织。主业务组织就是数据的责任主体,对这种数据(业务)负责,主要体现了数据所有者的概念。在 EAS 组织模型中任何一种业务组织在其相应的业务中都可以是主业务组织,同时 EAS 根据主业务组织来授权。一般来说,每一种数据都根据主业务组织来决定自己的业务类型;每一种业务组织都是某一类业务数据的主业务组织。在 EAS 系统中,财务组织是凭证、固定资产卡片、银行账号等业务数据的主业务组织;库存组织是所有出入库单等库存类单据的主业务组织;采购组织是采购订单的主业务组织;销售组织是销售订单的主业务组织;而管理单元是大部分基础数据的主业务组织。

3.2 集团搭建实验整体流程

在集团搭建模块中,实验整体流程如图 3-2 所示。

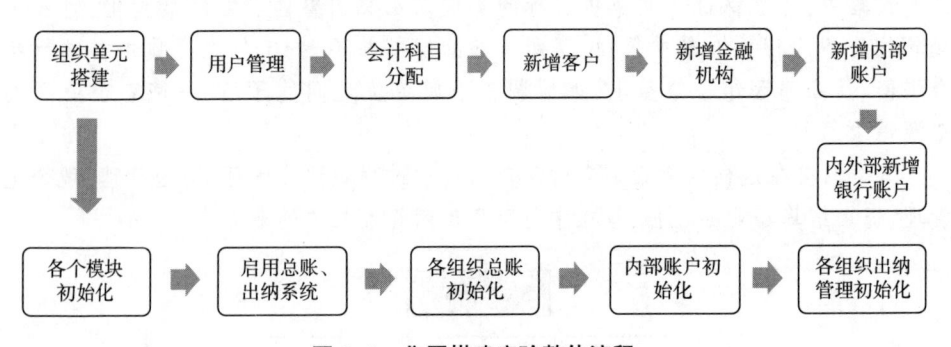

图 3-2 集团搭建实验整体流程

3.3 业务实操

3.3.1 组织单元搭建

3.3.1.1 任务描述（L001）

集团 ERP 运维专员根据集团组织架构，搭建本集团的组织单元（任务描述界面如图 3-3 所示）。

3.3.1.2 任务要求

（1）以"用户名：administrator，密码：kdadmin，数据中心：实验平台要求的数据中心"进入 EAS 系统。

（2）分别新建鑫弘机械集团.学号、集团本部.学号、机械制造公司.学号、机械配件公司.学号、机械销售公司.学号五个组织单元，鑫弘机械集团的组织结构和具体信息如表 3-1、表 3-2 所示。

图 3-3 任务描述界面

表 3-1 鑫弘机械集团组织结构

编码	名称	行政组织	财务组织	采购组织	销售组织	库存组织	成本中心	利润中心
学号	鑫弘机械集团.学号	√	√	√	√	√	√	√
01.学号	集团本部.学号	√	√	√	√	√	√	√

续表

编码	名称	行政组织	财务组织	采购组织	销售组织	库存组织	成本中心	利润中心
02.学号	机械制造公司.学号	√	√	√	√	√	√	√
03.学号	机械配件公司.学号	√	√	√	√	√	√	√
04.学号	机械销售公司.学号	√	√	√	√	√		√

表3-2 鑫弘机械集团具体信息

组织单元	属性							
	行政组织页签—上级行政组织/组织层次类型	财务组织页签—上级财务组织/会计期间类型/基本核算汇率表/本位币	采购组织页签—上级采购组织/记账委托财务组织	销售组织页签—上级销售组织/记账委托财务组织	库存组织页签—上级销售组织/记账委托财务组织	成本中心页签—上级成本中心/记账委托财务组织	利润中心页签—上级利润中心/记账委托财务组织	
鑫弘机械集团	管理单元/集团/勾选独立核算	管理单元/中国会计期间类型/基本核算汇率表/人民币	管理单元	管理单元	管理单元	管理单元	管理单元	
集团本部	鑫弘机械集团.学号/公司/勾选独立核算	勾选财务实体组织/鑫弘机械集团.学号/中国会计准则科目表/中国会计期间类型/基本核算汇率表/人民币	勾选采购实体组织/鑫弘机械集团.学号/集团本部.学号	勾选销售实体组织/鑫弘机械集团.学号/集团本部.学号	勾选库存实体组织/鑫弘机械集团.学号/集团本部.学号	勾选成本中心实体组织/鑫弘机械集团.学号/集团本部.学号	勾选利润中心实体组织/鑫弘机械集团.学号/集团本部.学号	
机械制造公司	鑫弘机械集团.学号/公司/勾选独立核算	勾选财务实体组织/鑫弘机械集团.学号/中国会计准则科目表/中国会计期间类型/基本核算汇率表/人民币	勾选采购实体组织/鑫弘机械集团.学号/机械制造公司.学号	勾选销售实体组织/鑫弘机械集团.学号/机械制造公司.学号	勾选库存实体组织/鑫弘机械集团.学号/机械制造公司.学号	勾选成本中心实体组织/鑫弘机械集团.学号/机械制造公司.学号	勾选利润中心实体组织/鑫弘机械集团.学号/机械制造公司学号	

续表

组织单元	属性						
	行政组织页签—上级行政组织/组织层次类型	财务组织页签—上级财务组织/会计期间类型/基本核算汇率表/本位币	采购组织页签—上级采购组织/记账委托财务组织	销售组织页签—上级销售组织/记账委托财务组织	库存组织页签—上级销售组织/记账委托财务组织	成本中心页签—上级成本中心/记账委托财务组织	利润中心页签—上级利润中心/记账委托财务组织
机械配件公司	鑫弘机械集团.学号/公司/勾选独立核算	勾选财务实体组织/鑫弘机械集团.学号/中国会计准则科目表/中国会计期间类型/基本核算汇率表/人民币	勾选采购实体组织/鑫弘机械集团.学号/机械配件公司.学号	勾选销售实体组织/鑫弘机械集团.学号/机械配件公司.学号	勾选库存实体组织/鑫弘机械集团.学号/机械配件公司.学号	勾选成本中心实体组织/鑫弘机械集团.学号/机械配件公司.学号	勾选利润中心实体组织/鑫弘机械集团.学号/机械配件公司.学号
机械销售公司	鑫弘机械集团.学号/公司/勾选独立核算	勾选财务实体组织/鑫弘机械集团.学号/中国会计准则科目表/中国会计期间类型/基本核算汇率表/人民币	勾选采购实体组织/鑫弘机械集团.学号/机械销售公司.学号	勾选销售实体组织/鑫弘机械集团.学号/机械销售公司.学号	勾选库存实体组织/鑫弘机械集团.学号/机械销售公司.学号	勾选成本中心实体组织/鑫弘机械集团.学号/机械销售公司.学号	勾选利润中心实体组织/鑫弘机械集团.学号/机械销售公司.学号

【说明】"财务组织"页签中的"科目表"项目是在集团架构搭建完毕后自动选择"中国会计准则科目表"。

3.3.1.3 具体操作:以新建鑫弘机械集团.学号的组织单元为例。

第一步:进入 EAS 中心。具体操作如图 3-4、图 3-5 所示。

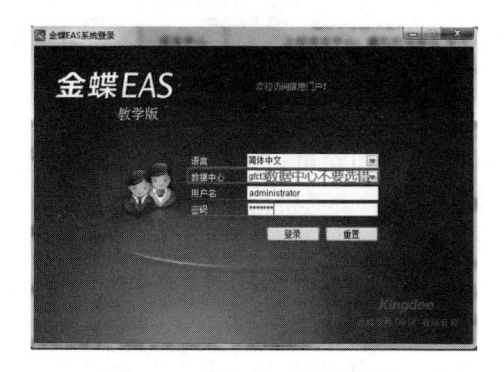

图 3-4 进入 EAS 中心界面

33

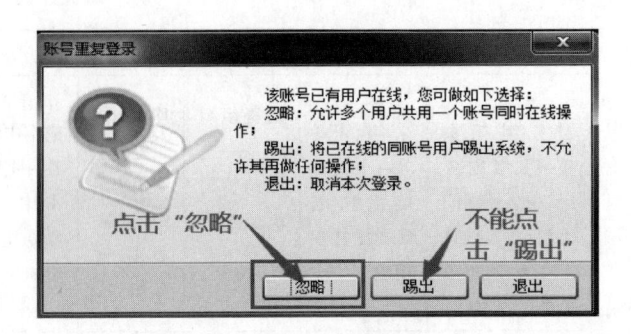

图 3-5　账号重复登录

第二步:进入组织单元界面。组织为管理单元,进入路径为【企业建模】—【组织架构】—【组织单元】—【组织单元】,如图 3-6 所示。

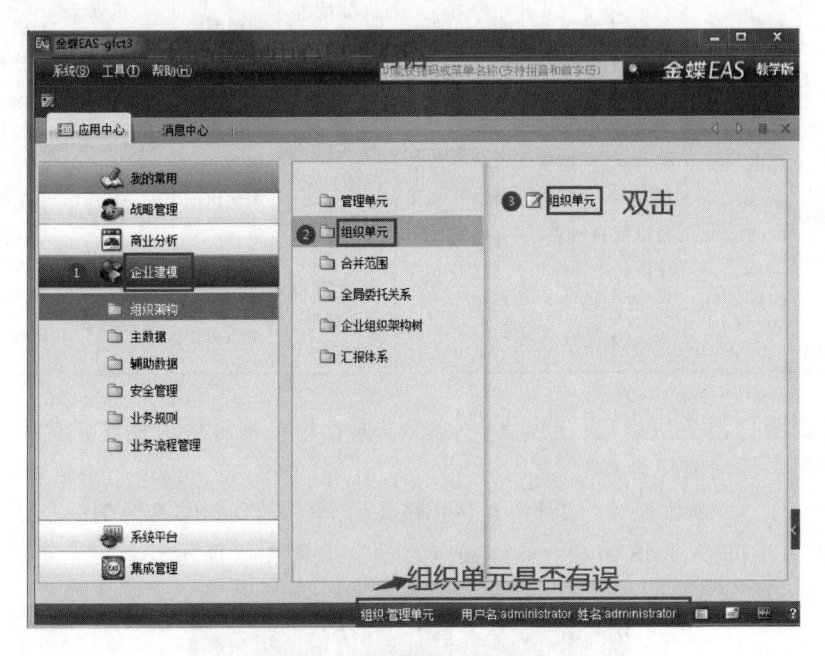

图 3-6　进入组织单元界面路径

在组织单元界面可以新增组织单元并且维护好组织单元的组织类型。

第三步:新增组织单元(以"鑫弘机械集团.学号"为例)。进入组织单元界面,选中"管理单元",点击"新增",进入"组织单元"新增界面,录入编码为"学号",名称为"鑫弘机械集团.学号",分别从左到右勾选组织类型为行政组织直到利润中心(共 7 个),如图 3-7 所示。

【说明】在实际操作时严格按照表 3-1 和表 3-2 提供的信息设置组织单元中

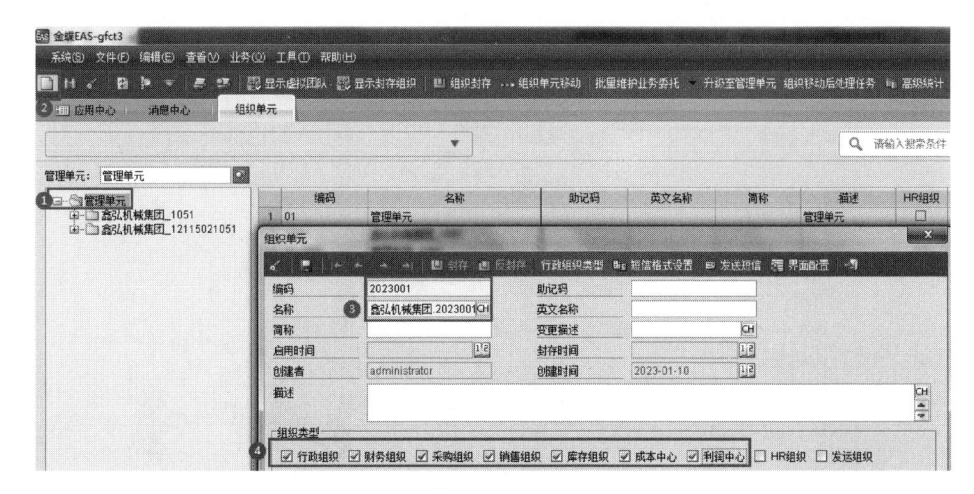

图 3-7 组织单元编辑

组织类型各个页签的具体信息。设置组织单元中组织类型时需从左到右设置,不能跳着设置,否则会导致不可预见的错误和影响后续所有业务,而且有些错误是无法修改的。

返回鑫弘机械集团.学号的【行政组织】页签进行设置,具体设置如图 3-8 所示。

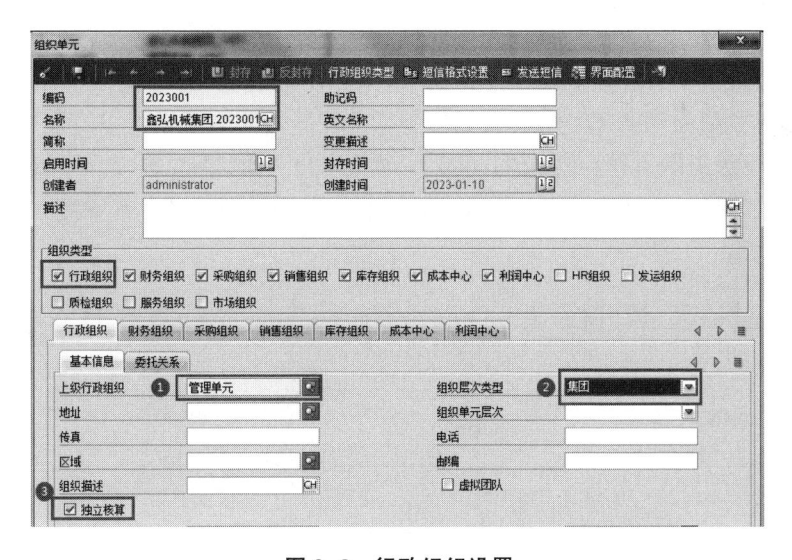

图 3-8 行政组织设置

接着对鑫弘机械集团.学号的【财务组织】页签进行设置,如图 3-9 所示。
【说明】鑫弘机械集团.学号的【财务组织】页签下,不能勾选"财务实体组织"。

35

图 3-9 财务组织设置

最后依次确认【采购组织】至【利润中心】的上级财务组织均为"管理单元",点击"保存",切记该集团(鑫弘机械集团.学号)不勾选实体组织,如果勾选了,则需要取消,取消不了,则进行以下操作:在财务组织页签下先将财务组织封存,再反封存,然后依次取消其他页签下实体组织的勾选就可以成功保存了。

第一个组织单元新增完成后,按照同样的方式新增集团下的其余4个下级组织,在新增这4个下级组织时,务必在上级集团下进行新增,即要选中刚才新建好的集团(鑫弘机械集团.学号)再去点击新增。在新增4个下级组织过程中,如果发现新增的下级组织不是在对应的集团下,而是去了别的集团下,先不要着急,等建完后,检查结果是否如图3-10所示,如果不是,则证明当时没有选中对应集团来新增下级组织。

图 3-10 组织单元搭建

【说明】

(1)如果需要删除组织单元,选中该组织,然后按"F9"(有的电脑是按"ENTER+F9",有的是按"Fn+F9"),进入组织工具箱界面,选择"一键删除"进行删除;如果组织单元被删除了还在,在组织工具箱界面选择"组织架构选择"进行组织审核,它会重新更新后台的数据表,具体如图3-11所示。

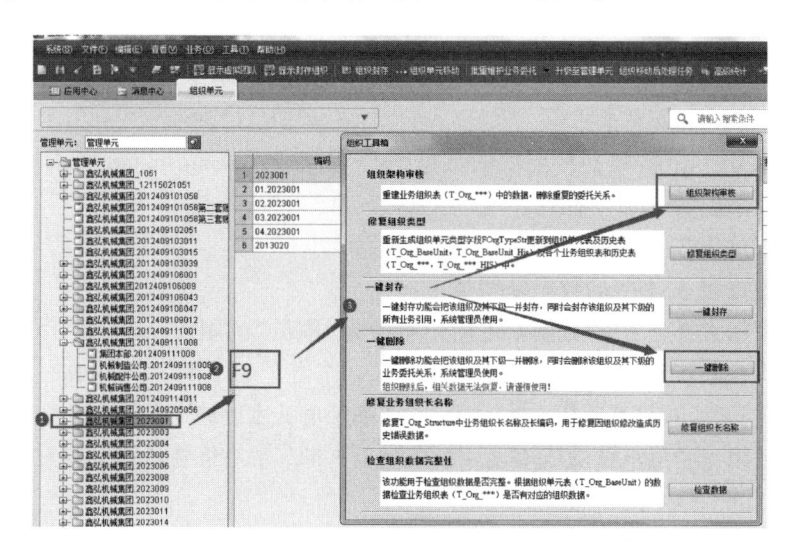

图3-11 删除或审核组织单元

(2)如果在管理单元新增的集团需要封存,但是封存不了,出现如图3-12所示的信息,则进行以下操作:在组织单元界面找到这个组织,然后将每个组织属性按照提示一一封存。操作完成后返回该集团,选择将该集团封存即可。

图3-12 封存组织单元

3.3.2 用户管理

用户管理功能是权限管理的核心功能,因为权限系统的核心就是让合适的人拥有合适的权限。用户管理的功能主要包括用户的增删改查、用户权限管理以及用户权限相关的查看功能等。

3.3.2.1 任务描述(L002)

为了后续的业务实验操作,集团 ERP 运维专员根据实验数据新增用户,并按实验数据给予用户相关权限和组织范围,以表明用户可在什么组织做什么事情。

3.3.2.2 任务要求

以"数据中心:实验平台要求的数据中心,用户名:administrator,密码:kdadmin"进入 EAS 系统,完成以下操作。

(1)根据表 3-3 中的数据新增职位信息;
(2)根据表 3-4 中的数据新增员工;
(3)根据表 3-5 中的数据新增用户类型为"职员"的用户;
(4)维护新增用户的组织范围及授权。

【说明】只有系统管理员或者有授权的业务管理员才能够进入用户管理界面,各个管理员都可以维护用户组,都可以看到所有的用户组。用户组要求编码、名称唯一。

3.3.2.3 具体操作

(1)新增职位。职位信息如表 3-3 所示。

表 3-3 职位信息

编码	名称	行政组织	上级职位
01_学号	销售员	集团本部.学号	集团管理员
02_学号	销售员	机械销售公司.学号	集团管理员

①新增集团本部的职位。组织为管理单元,进入职位新增界面的路径为【企业建模】—【组织架构】—【汇报体系】—【职位管理】。进入职位管理界面后,选中"集团本部.学号",点击"新增",进入职位编辑界面,编辑相关信息后,点击"保存"(在新增职位的时候要注意选择对应组织单元),如图 3-13 所示。

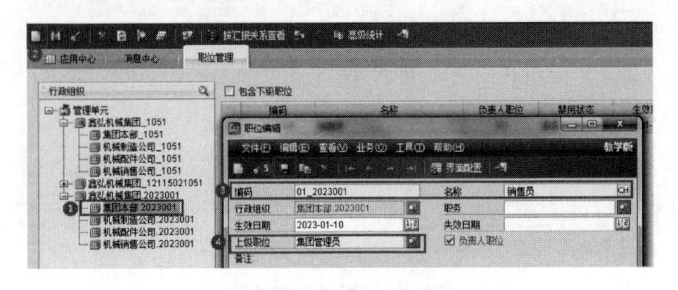

图 3-13 增加集团本部职位

②新增机械销售公司的职位。以同样的方式增加机械销售公司的职位,选中"机械销售公司.学号",点击"新增",编辑相关信息后保存。

【说明】新增职位时,如提示编码重复,则应该是其他学生在新增职位的时候占用了该学生的编码,在职员管理界面点击"按汇报体系查看"检查该编码是否被占用,如图 3-14 所示。

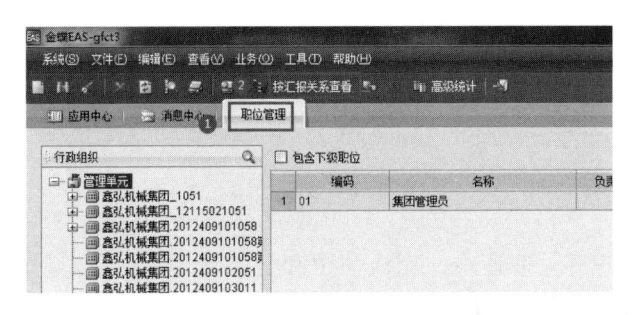

图 3-14 "按汇报体系查看"职员

(2)新增员工。员工信息如表 3-4 所示。

表 3-4 员工信息

编码	名称	职位分配
01_学号	学生姓名	集团本部.学号销售员
02_学号	吴峰_学号	机械销售公司.学号销售员

进入新增员工界面的路径为【企业建模】—【辅助数据】—【员工信息】—【员工】。

①新增集团本部的员工。进入职员界面后,选中集团本部.学号下的销售员,点击"新增",输入编码"01_学号"、名称后点击"保存",如图 3-15 所示。

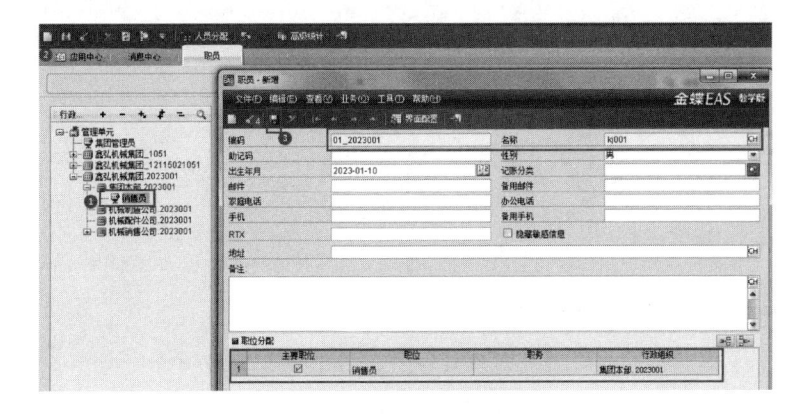

图 3-15 新增集团本部的员工

②新增机械销售公司的员工。以同样的方式新增机械销售公司.学号的员工,编码为"02_学号",名称为"吴峰_学号",然后点击"保存"。

如果发现之前录入的员工信息有错误,重新修改前可以搜索此员工(见图3-16),删除后再重新录入(员工的编码不能重复,名称可以重复)。

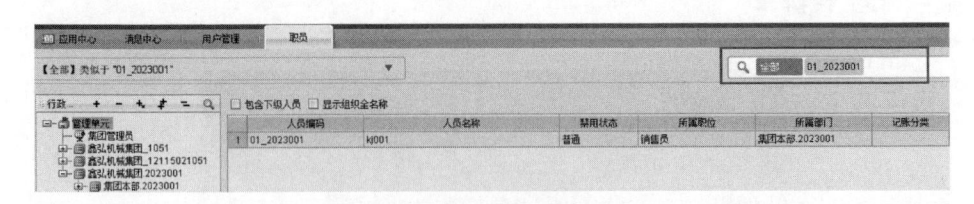

图3-16 搜索员工

(3)新增用户并关联职员。完成职位和员工增加后,可以新增用户并关联职员,新增用户信息如表3-5所示。

表3-5 新增用户信息表

用户账号	用户类型	用户实名	密码
学生姓名	职员	学生姓名	123456(也可以改密码)

进入新增用户界面的路径为【企业建模】—【安全管理】—【权限管理】—【用户管理】。

进入用户管理界面后,进行新增用户,操作界面如图3-17所示,编辑相关信息后,点击"保存"。需要注意的是用户账号(学生自己的姓名)就是登录EAS系统的账号,密码为登陆EAS系统的密码,"用户实名"选择集团本部.学号下的职员姓名(学生自己的姓名)。

图3-17 新增用户

(4)维护用户组织范围和授予权限。完成新增用户后,对用户可以在什么组织下做什么事情进行设置。

第一步:维护组织范围。维护组织范围的时候选择以自己学号为标志的集团和下属 4 个组织。选中自己新增的用户,点击"维护组织范围""组织范围维护",进入组织范围维护界面,点击"增加组织",选择学生对应学号新建的集团和下级组织,可以按 shift 键多选后点击"加入"或者直接点击"全加"。点击"确定"后可以看到管理单元和自己搭建的组织单元共 6 个组织范围(见图 3-18),集团 ERP 运维专员可在这些组织内进行操作。

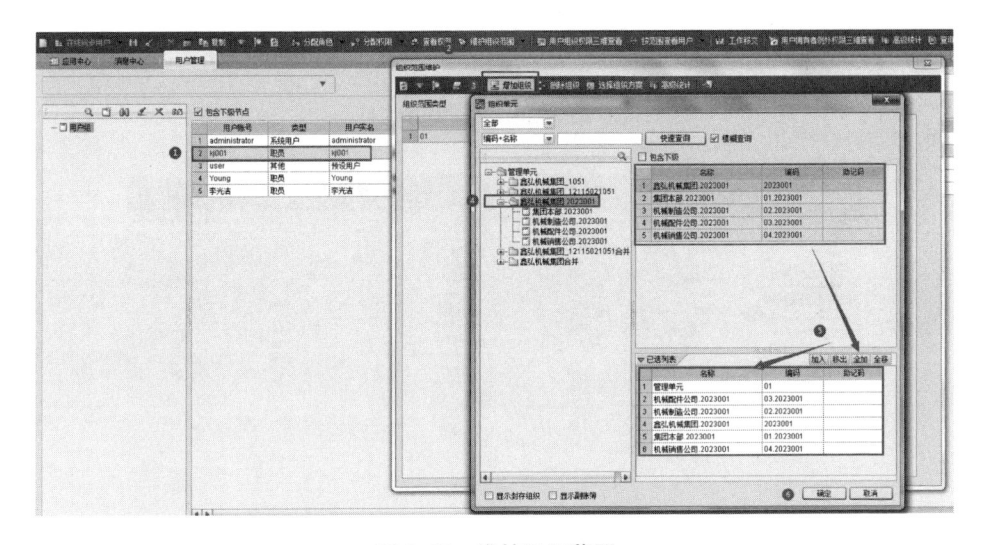

图 3-18　维护组织范围

第二步:授予各个组织权限。返回用户管理界面,选中用户(学生名字),点击"分配权限"进入分配权限界面。首选分配管理单元的权限,将系统所有权限赋予此组织后,点击"保存",如图 3-19 所示。

依次选择集团及各下级组织(共 5 个组织)授予全部权限即可。

【说明】如果没有把全部权限授予对应组织,会影响 3.3.4 新增客户的操作,所以务必给每个组织都要授予权限,切不可遗漏。

3.3.3　会计科目分配

3.3.3.1　任务描述(L003)

使用新建的用户名和密码(用户名:学生姓名,密码:123456)登录系统,切换管理单元,将已有的会计科目分别分配给集团和其他四个下属公司。

3.3.3.2　具体操作

第一步:重新登录。使用新建的用户重新登录 EAS 系统,进入系统后切换当前组织为管理单元,如图 3-20 所示。

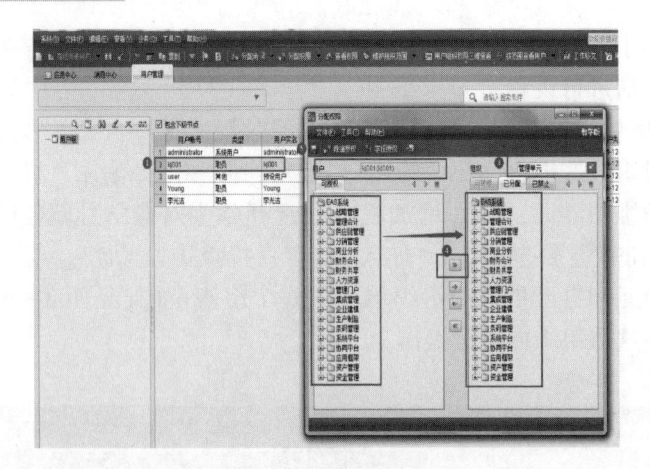

图 3-19 分配权限

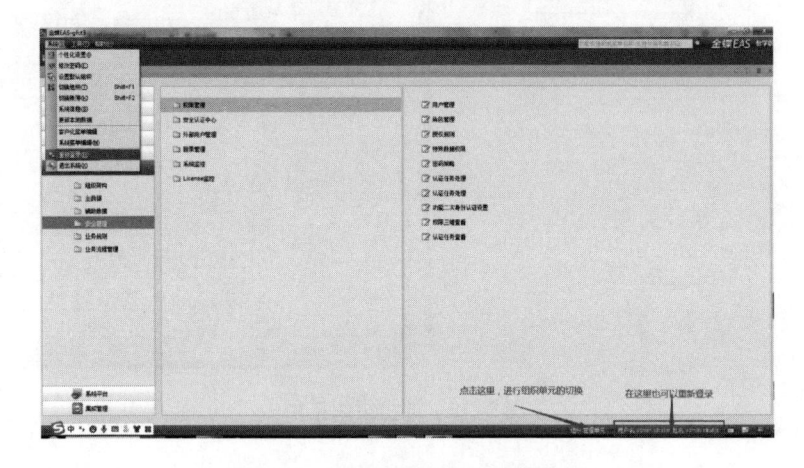

图 3-20 重新登录和切换组织单元

【说明】检查是否进错数据中心,系统右下角显示的是当前组织和当前用户,左上角显示的是进入的数据中心。

第二步:分配会计科目。进入科目分配界面的路径为【企业建模】—【辅助数据】—【财务会计数据】—【会计科目】。

进入会计科目界面后,点击"分配",进入科目分配界面,进行会计科目分配,具体操作如图 3-21 所示。

【说明】

(1)在分配科目的时候,为了避免电脑卡机和数据丢失等现象,最好对组织一个个进行分配。分配完后检查是否所有组织分配了会计科目(见图 3-22),否则后期用到的时候需要再回来分配。

(2)科目分配时可能会发现两个相同的组织单元,例如出现两个"鑫弘机械集团.2023001",但返回搭建过程查询时是只有一个的,这是因为学生在删除组织单

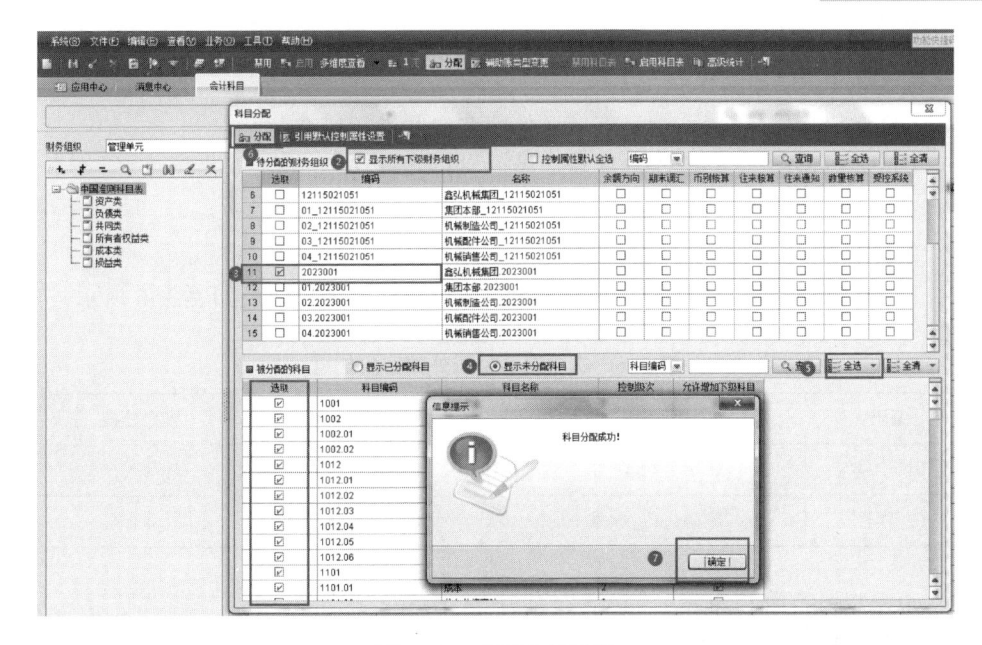

图 3-21 分配会计科目

元数据时删除不干净,需要进行以下操作:在组织单元界面,进入"组织工具箱"选择"组织架构选择"进行组织审核。

图 3-22 检查是否已经分配会计科目

3.3.4 新增客户

3.3.4.1 任务描述(L004)

(1)在机械销售公司.学号下新增外部客户并进行核准;

(2)在机械配件公司.学号下新增内部客户并进行核准;

(3)在机械制造公司.学号下新增内部客户并进行核准。

3.3.4.2 具体操作

(1)在机械销售公司.学号下新增外部客户。外部客户信息如表3-6所示。

表3-6 机械销售公司外部客户信息

编码	名称	税务登记号	客户分类
01_学号	耀星公司_学号	01_学号	外部客户
02_学号	耀眼公司_学号	02_学号	外部客户

以新增外部客户耀星公司_学号为例进行介绍。

第一步:切换组织到机械销售公司.学号。

第二步:新增外部客户(耀星公司_学号)。进入客户界面的路径为【企业建模】—【主数据】—【客户】—【客户】。进入客户界面后,选中"外部客户",点击"新增",进入客户-新增界面,编辑相关信息,然后点击"保存",如图3-23所示。

【说明】

(1)在新增外部客户时一定不能勾选"内部客户"。

(2)在新增内部客户时,在录入完相关信息后发现原来录入的编码发生了变化,记得要重新修改为正确的编码。

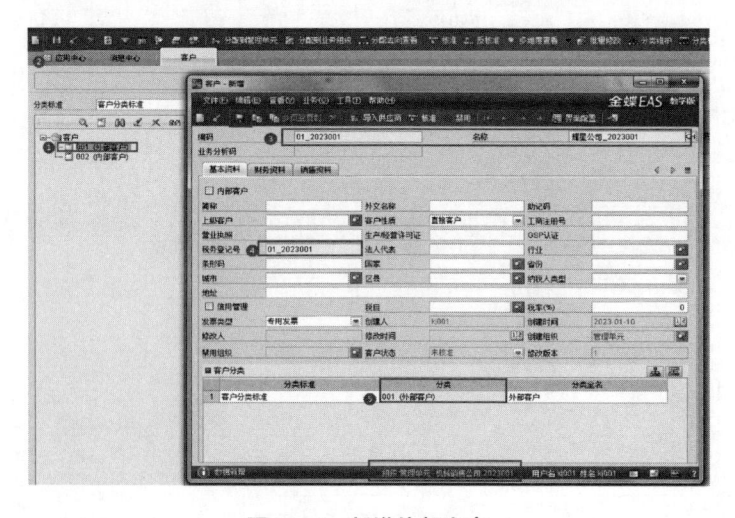

图3-23 新增外部客户

以同样的方式新增客户耀眼公司_学号。

第三步:核准用户。新增外部客户的状态为未核准,必须核准后才能用,具体操作如图 3-24 所示。

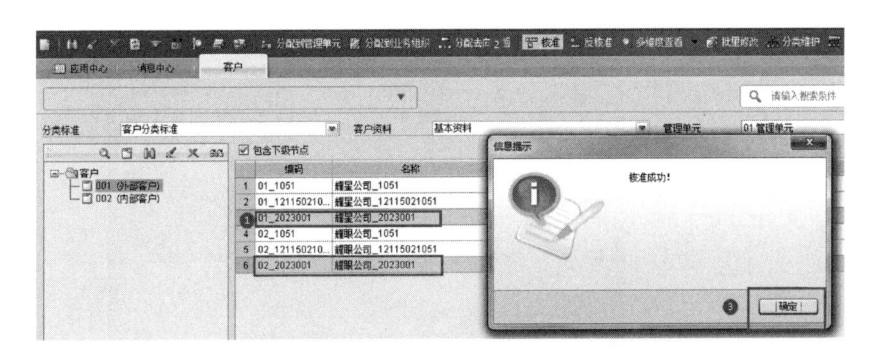

图 3-24 核准新增外部客户操作

【说明】

(1)核准时,可以对新增外部客户一个个进行核准,也可以按 Ctrl 键,把需要核准的新增外部客户全部选中,然后进行核准。

(2)如出现图 3-25 所示错误,证明在 3.2 用户管理中"授予各个组织授权"时没有授权,需重新对该组织进行授权。

图 3-25 业务授权

(2)在机械配件公司.学号下新增内部客户。客户信息如表 3-7 所示。

表 3-7 机械配件公司内部客户信息

编码	名称	内部客户	集团内公司	税务登记号	客户分类
03_学号	机械配件公司.学号	勾选	机械配件造公司.学号	03_学号	内部客户

第一步:切换组织到机械配件公司,进入客户界面。

第二步:新增内部客户。在客户界面中,选中"内部客户",点击"新增",进入客户-新增界面,编辑相关信息后点击"保存",如图 3-26 所示。

45

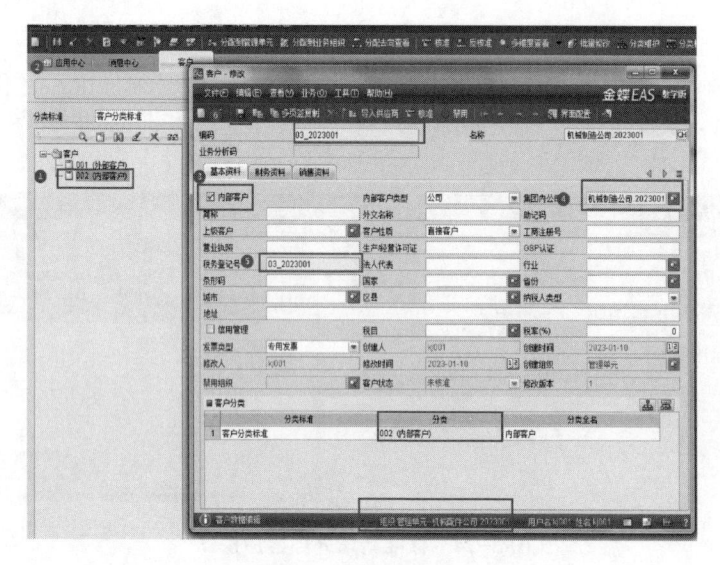

图 3-26 新增内部客户

【说明】在客户列表中删除的客户,只是把客户删除到"回收站",如果需要彻底删除该客户,则需要在客户删除之后,在客户界面最上面菜单【编辑】里面找到回收站,把回收站里的客户也删除了。

第三步:核准新增内部客户。

(3)在机械制造公司.学号下新增内部客户。客户信息如表 3-8 所示。

表 3-8 机械制造公司内部客户信息

编码	名称	内部客户	集团内公司	税务登记号	客户分类
04_学号	机械制造公司.学号	勾选	机械制造公司.学号	04_学号	内部客户

具体操作参照"(2)在机械配件公司.学号下新增内部客户",此处不再赘述。

3.3.5 新增供应商

3.3.5.1 任务描述(L005)

(1)在机械制造公司.学号下新增外部供应商并进行核准;

(2)在机械制造公司.学号下新增内部供应商并进行核准。

3.3.5.2 具体操作

(1)在机械制造公司.学号下新增外部供应商。外部供应商信息如表 3-9 所示。

表 3-9 外部供应商信息

编码	名称	分类
01_学号	恒星公司.学号	外部供应商

第一步：切换组织为机械制造公司.学号。

第二步：新增供应商。进入新增供应商界面的路径为【企业建模】—【主数据】—【供应商】—【供应商】。进入供应商界面后，选中"外部供应商"，点击"新增"，进入供应商-新增界面，编辑相关信息，然后点击"保存"，如图3-27所示。

图 3-27 新增外部供应商

第三步：核准客户。

【说明】新增供应商必须进行核准才可使用。在后面的业务操作中出现不能选择这个供应商的时候要去检查是否核准了这个供应商。

(2)在机械制造公司.学号下新增内部供应商。内部供应商信息如表3-10所示。

表 3-10 内部供应商信息

编码	名称	内部供应商	集团内公司	分类
02_学号	机械制造公司.学号	勾选	机械制造公司.学号	内部供应商
03_学号	机械制造公司.学号	勾选	机械制造公司.学号	内部供应商

具体操作参照3.3.4中"(2)在机械配件公司.学号下新增内部客户"，此处不再赘述。

3.3.6 新增金融机构

金融机构是指从事金融业有关业务的金融中介机构，为金融体系的一部分，金融业包括银行、证券、保险、信托、基金等行业，金融机构包括银行、证券公司、保险公司、信托投资公司和基金管理公司等。在 EAS 系统中，金融机构分外部金融机

47

构与内部金融机构,在设置时,主要区别在于是否勾选内部金融机构。

3.3.6.1 任务描述(L006)

集团设立了内部资金结算中心来管理成员单位的内外部结算,因此需要设置外部金融机构和内部金融机构。

3.3.6.2 任务要求

切换组织为鑫弘机械集团.学号,根据表3-11中的数据新增内、外部金融机构。

表3-11 金融机构具体信息

编码	名称	上级机构/中心	银行/非银行	集团内部金融机构	对应公司
01_学号	农业银行_学号	无	银行	No	No
01_学号.01	农业银行深圳南山支行_学号	农业银行_学号	银行	No	No
01_学号.02	农业银行深圳福田支行_学号	农业银行_学号	银行	No	No
02_学号	工商银行_学号	无	银行	No	No
02_学号.01	工商银行深圳蛇口支行_学号	工商银行_学号	银行	No	No
02_学号.02	工商银行广州五羊支行_学号	工商银行_学号	银行	No	No
JSZX_学号	鑫弘结算中心_学号	无	银行	勾选	集团本部.学号

鑫弘结算中心_学号启用日期为2019年1月1日

(1)新增外部金融机构。

第一步:切换组织为鑫弘机械集团.学号。

第二步:新增金融机构。进入新增金融机构界面的路径为【企业建模】—【辅助数据】—【财务会计数据】—【金融机构(银行)】。进入金融机构(银行)界面后,点击"新增",进入金融机构(银行)-新增界面,先新增一级金融机构,以"农业银行"为例,录入相关信息后确认保存,具体操作如图3-28所示。

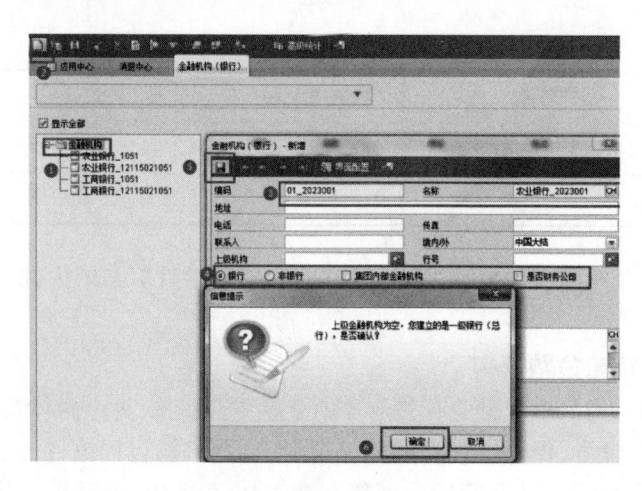

图3-28 新增一级金融机构

再新增二级金融机构,以"农业银行"为例,具体操作如图 3-29 所示。

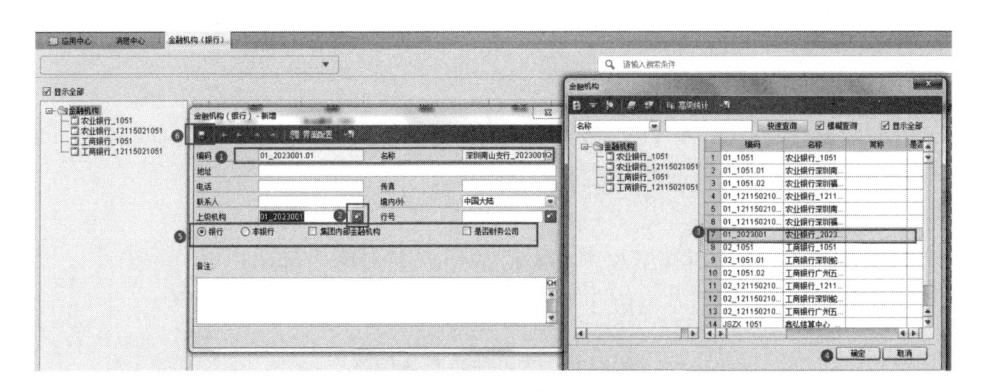

图 3-29 新增二级金融机构

按照同样的方式新增其他外部金融机构即可,此处不再赘述。

(2)新增内部金融机构。在金融机构(银行)界面,点击"新增",进入金融机构(银行)-新增界面,进行内部金融机构新增,具体操作如图 3-30 所示。

【说明】内部金融机构的启用日期要正确设置,否则会影响后续初始化的启用日期,如果后期进行内部账户初始化时发现启用时间不正确,也可以返回此界面修改启用日期。

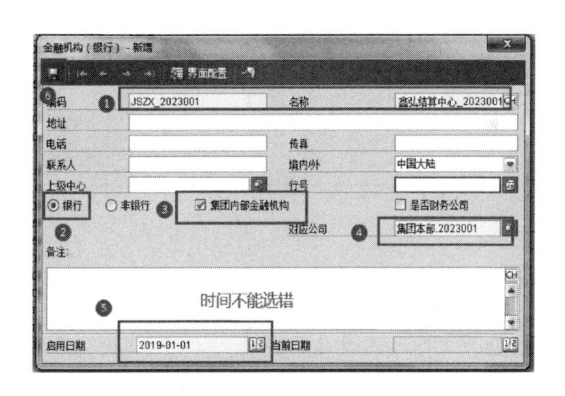

图 3-30 新增内部金融机构

3.3.7 新增内部账户

内部账户是资金中心为成员单位开设的,用于记录资金中心与成员单位之间由于资金归集和拨付而产生的资金往来及其明细的账户,非在银行开立的账户。内部账户包括内部活期户、内部定期户、内部贷款户、内部票据户,参与资金集中结算的公司必须先有对应的内部账户。内部账户用以记录成员单位与结算中心的资金存取、借贷、结算等业务账务情况。在现金池资金管理模式下,成员单位真实银

49

行账户与内部账户关联,主要处理上划和下拨业务以方便资金中心登记内部账户明细账,内部账户主要为了登记内部账户明细账,成员单位和资金中心分别在自身组织查询内部账户余额情况。

3.3.7.1 任务描述(L007)

由于内部结算中心管理的需要,要求在结算中心设置内部账户,对应各个下属公司,方便后期查看内部账户明细账。

3.3.7.2 任务要求

根据表3-12的资料在结算中心对应的组织下新增内部账户。

开户日期特别说明:不可晚于等于结算中心启用日期。

表3-12 内部账户具体信息

编号	名称	账号	开户单位	开户日期	结算中心	账户用途	科目	管理策略
01_学号	机械制造公司内部账户_学号	NB01_学号	机械制造公司.学号	2018-12-1	鑫弘结算中心_学号	活期	吸收存款(2011)	001
02_学号	机械配件公司内部账户_学号	NB02_学号	机械配件公司.学号	2018-12-1	鑫弘结算中心_学号	活期	吸收存款(2011)	001
03_学号	机械销售公司内部账户_学号	NB03_学号	机械销售公司.学号	2018-12-1	鑫弘结算中心_学号	活期	吸收存款(2011)	001
04_学号	机械销售公司内部账户_学号(定期)	NB04_学号	机械销售公司.学号	2018-12-1	鑫弘结算中心_学号	定期	吸收存款(2011)	001

3.3.7.3 具体操作

(1)检查结算中心。切换组织为集团本部.学号,打开结算中心检查是否以集团本部.学号为结算中心,具体操作如图3-31所示。

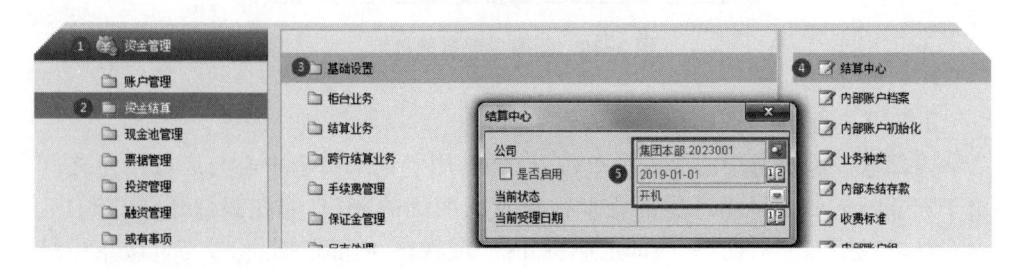

图3-31 检查结算中心

【说明】如果结算中心不能打开,请检查3.3.6新增金融机构中的内部金融机构鑫弘结算中心_学号的属性是否勾选了集团内部金融机构并且设置了对应公司为集团本部.学号,或者当前组织是否为集团本部.学号。

(2)新增内部账户档案(以新增机械制造公司.学号内部账户为例)。进入新增内部账户档案界面的路径为【资金管理】—【资金结算】—【基础设置】—【内部账户档案】。弹出内部账户—条件查询时,点击"确定"即可。

进入内部账户界面后,点击"新增",进入内部账户编辑界面,根据表3-12中的内容编辑相关信息后,点击"保存",如图3-32所示。

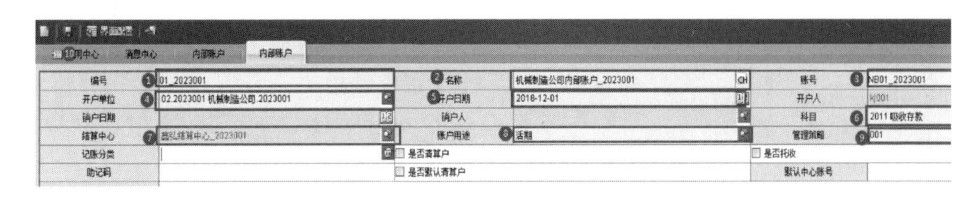

图 3-32 新增"机械制造公司.学号"内部账户示意

【说明】开户单位要选择正确,否则会影响后续操作。

其他三个内部账户也按照相同的方法增加,此处不再赘述,完成后如图3-33所示。

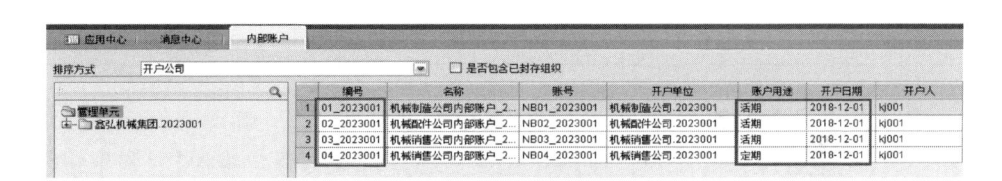

图 3-33 新增内部账户

3.3.8 新增内外部银行账户

内部银行账户是成员单位在结算中心开立的账户,金融机构为结算中心。内部银行账户主要是参考商业银行的资金模式管理企业内部的资金,借鉴了商业银行中的银行账户模式,主要是在资金结算过程中成员单位记录资金中心利用成员单位内部账户余额代成员单位进行的对外付款业务,并登记相关内部银行日记账,与真实银行账户有所区分。

金融机构只是对银行名称、支行等进行维护,具体开户后的账户需要在银行账户维护,后续业务进行过程中收付业务涉及资金往来结算的需要使用银行账户,银行账户是与企业银行对外收付款账户对应的。

3.3.8.1 任务描述(L008)

资金中心作为内部银行,已经为成员企业开立了内部账户,则成员企业必须开立金融机构作为金融中心的内部银行账户与之对应,方便成员企业记账及对账的需求。

3.3.8.2 任务要求

切换组织为集团本部.学号,根据表 3-13、表 3-14 的数据新增内、外部银行账户。

3.3.8.3 具体操作

(1)新增内部银行账户。内部银行账户相关资料如表 3-13 所示。

表 3-13 内部银行账户信息

编码	银行账号	名称	开户单位	金融机构	对应内部账户	科目	用途	收支性质
01_学号	NBYH01_学号	机械制造公司内部银行账户_学号	机械制造公司.学号	鑫弘结算中心_学号	机械制造公司内部账户_学号	结算中心存款(1002.02)	活期	收支户
02_学号	NBYH02_学号	机械配件公司内部银行账户_学号	机械配件公司.学号	鑫弘结算中心_学号	机械配件公司内部账户_学号	结算中心存款(1002.02)	活期	收支户
03_学号	NBYH03_学号	机械销售公司内部银行账户_学号	机械销售公司.学号	鑫弘结算中心_学号	机械销售公司内部账户_学号	结算中心存款(1002.02)	活期	收支户

第一步:进入银行账户界面。组织为集团本部.学号,进入新增银行账户模块的路径为【资金管理】—【账户管理】—【业务处理】—【银行账户维护】。弹出银行账户-条件查询界面时,直接点击"确定"即可。

第二步:新增内部银行账户。进入银行账户界面后,点击"新增",进入银行账户-新增界面,以"机械制造公司内部账户_学号"为例,编辑相关信息后,点击"保存",如图 3-34 所示。

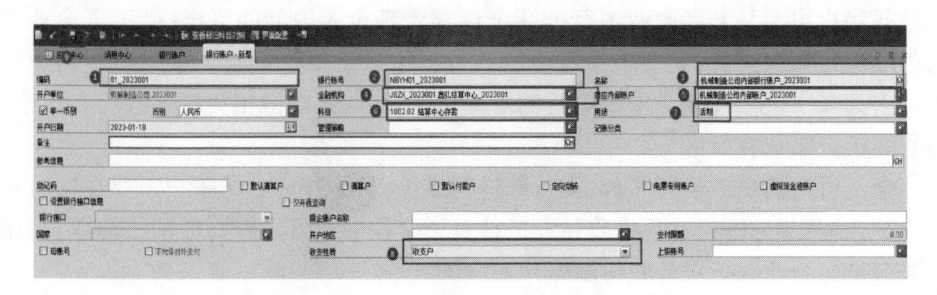

图 3-34 新增内部银行账户

【说明】

(1) 其他两个内部银行账户也按照同样的方式增加进去即可,注意一定要按照表 3-13 中的银行信息填写。

(2) 机械销售公司内部银行账户对应的内部账户应该是活期的内部账户,千万不要选择错。

(2) 新增外部银行账户

具体的外部银行账户信息如表 3-14 所示。

表 3-14 外部银行账户信息

编码	银行账号	名称	开户单位	金融机构	科目	对应内部账户	用途	收支性质	母账号/上级账号
001_学号	666777888001_学号	资金母账户_学号	集团本部.学号	农业银行深圳南山支行_学号	商业银行存款(1002.01)	无	活期	收支户	勾选/无
002_学号	666555444002_学号	制造公司收付账户_学号	机械制造公司.学号	农业银行深圳福田支行_学号	商业银行存款(1002.01)	机械制造公司内部账户_学号	活期	收支户	不勾选/资金母账户_学号
003_学号	678908798003_学号	配件公司收付账户_学号	机械配件公司.学号	工商银行深圳蛇口支行_学号	商业银行存款(1002.01)	机械配件公司内部账户_学号	活期	收支户	不勾选/资金母账户_学号
004_学号	675468975004_学号	销售公司收付账户_学号	机械销售公司.学号	工商银行广州五羊支行_学号	商业银行存款(1002.01)	机械销售公司内部账户_学号	活期	收支户	不勾选/资金母账户_学号

第一步:进入新增银行账户界面。切换组织到集团本部.学号,进入新增银行账户模块的路径为【资金管理】—【账户管理】—【业务处理】—【银行账户维护】。弹出银行账户-条件查询界面时,直接点击"确定"即可。

第二步:新增外部银行账户。进入银行账户界面后,点击"新增",进入银行账户-新增界面,以"资金母账户_学号"为例,编辑相关信息后,点击"保存",如图 3-35 所示。

其他三个外部银行账户也按照同样的方式增加进去即可。新增的内部银行账户主要是在资金结算时使用,外部银行账户主要是在现金池管理时使用。

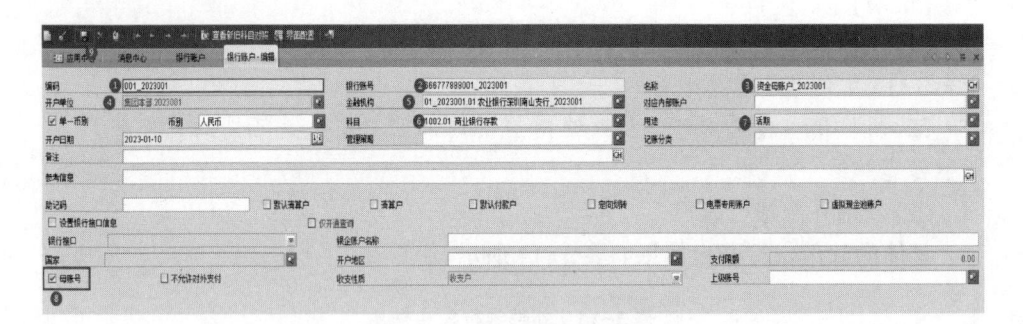

图 3-35　新增外部银行账户

3.3.9　设置系统参数

3.3.9.1　任务描述(L009)

搭建集团过程中需要将相关的系统参数进行设置才能进行后续业务的处理。系统参数的设置是按照组织单元来进行保存的，每个组织单元都分别对应本组织单元独立的参数，除了集团层面控制的系统参数外，各个业务组织都能够修改自己的系统参数。

3.3.9.2　任务要求：鑫弘机械集团下的四个下属公司分别需要设置的参数

(1)总账系统参数的 GL_014、GL_032 设置为否。

(2)集团本部.学号、机械制造公司.学号和机械销售公司.学号出纳采用的是单据登账的模式，机械配件公司.学号出纳采用的是凭证登账的模式，出纳管理参数为 CS001。

3.3.9.3　具体操作(以集团本部.学号为例)

第一步：进入参数设置界面。切换组织为集团本部.学号，进入参数设置模块的路径为【系统平台】—【系统工具】—【系统配置】—【参数设置】。

第二步：设置集团本部.学号的总账系统参数。进入参数设置界面后，在"财务会计"栏找到"总账"GL_014 的参数，点击"修改"，进入参数设置值界面，点击"控制范围"，勾选"控制"后，选择参数值为"否"，点击"保存"，具体操作如图 3-36 所示。

按照上述方式修改总账系统参数 GL_032。

【说明】学生修改参数设置以后有时无法保存，主要是因为学生是直接双击此参数后进行修改的，而双击此参数是查看，不能够修改，应该退出去重新点击"修改"按钮，即可修改参数保存。

第三步：设置集团本部.学号的出纳系统参数。进入参数设置界面后，在"财务会计"栏找到"出纳管理"CS001 参数，点击"修改"，进入参数设置值界面，点击"控制范围"，勾选"控制"后，选择参数值为"单据登账"，点击"保存"。

其他三个组织的总账和出纳系统参数参照上述方法进行设置，此处不再赘述。

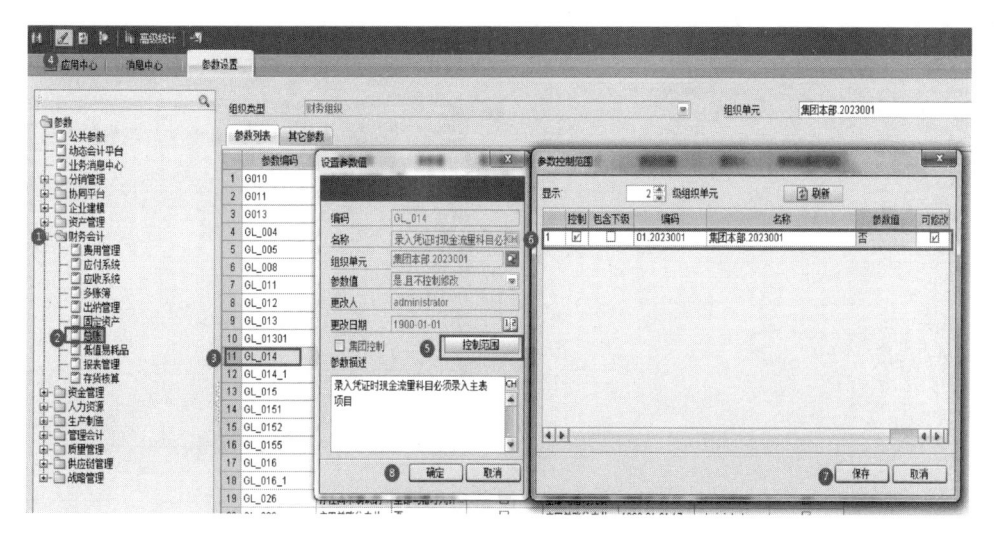

图 3-36　设置 GL_014 参数

如果想要快速设置四个组织的系统参数,可切换到鑫弘机械集团.学号组织,在设置总账和出纳系统参数的时候可以直接选择多个组织同时设置。

3.3.10　启用总账、出纳系统

3.3.10.1　任务描述(L010)

分别启动鑫弘机械集团.学号下属 4 个公司的总账和出纳系统,启用期间均为 2019 年 1 月。

【注意】启用总账和出纳系统需切换到对应的组织进行设置。

3.3.10.2　具体操作(以集团本部.学号为例)

第一步:切换组织到集团本部.学号。

第二步:进入系统状态控制界面。进入启用系统界面的路径为【系统平台】—【系统工具】—【系统配置】—【系统状态控制】。

第三步:设置启用日期。进入系统状态控制界面后,在总账和出纳系统的"启用期间"处分别点击选择"会计年度为 2019,期间为 1",点击"确定"进行保存,如图 3-37 所示。

其他三个组织设置总账和出纳系统启用期间的方法同上。需要说明的是切换组织时,也可以在组织名称处切换其他组织分别启动总账和出纳系统。

【说明】如果启用期间有误需要删除,则用鼠标点击"启用期间",同时按住"Ctrl"键,按钮会出来一个类似垃圾桶的标志,点击此标志就可以删除启用日期,并可重新设置启用日期。

3.3.11　各组织总账初始化

3.3.11.1　任务描述(L011)

(1)集团本部.学号总账初始化数据;

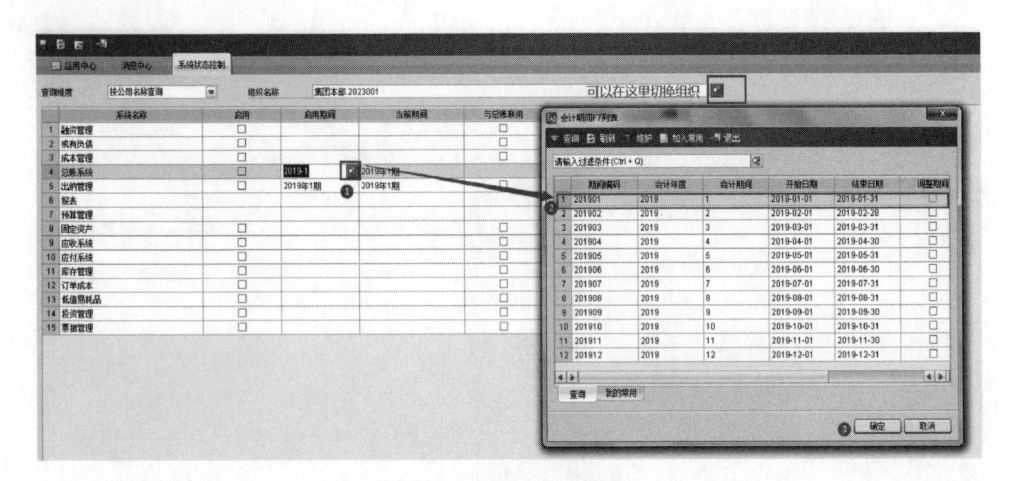

图 3-37 设置启用日期

(2)机械制造公司.学号总账初始化数据；
(3)机械配件公司.学号总账初始化数据；
(4)机械销售公司.学号总账初始化数据。

3.3.11.2 具体操作(以集团本部.学号为例)

(1)辅助账科目初始余额录入。集团本部辅助账科目初始余额数据如表 3-15 所示。

表 3-15 集团本部辅助账科目初始余额

科目	核算项目	期初余额(原币)	期初余额(本位币)
商业银行存款(1002.01)	资金母账户_学号	200 000 000	200 000 000
吸收存款(2011)	机械制造公司内部账户_学号	30 000 000	30 000 000
吸收存款(2011)	机械配件公司内部账户_学号	40 000 000	40 000 000
吸收存款(2011)	机械销售公司内部账户_学号	50 000 000	50 000 000

第一步：切换组织为集团本部.学号。

第二步：录入集团本部"商业银行存款"科目初始余额。进入辅助账科目初始余额录入的路径为【财务会计】—【总账】—【初始化】—【辅助账科目初始余额录入】。

进入辅助账初始化界面后，选择科目后，点击"表格"选择"新增行"后录入集团本部"商业银行存款"科目初始余额，具体操作如图 3-38 所示。

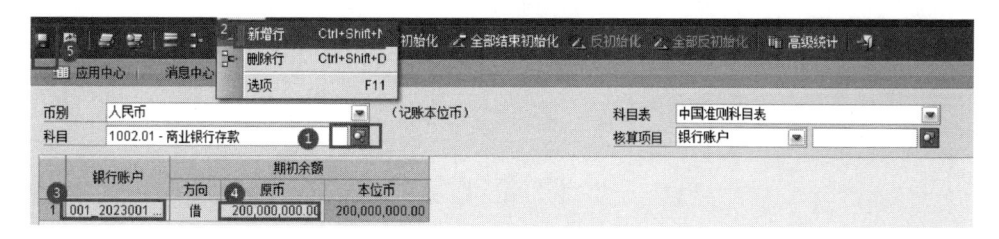

图 3-38 录入辅助账科目初始余额

第三步:继续新增其他辅助账科目的初始余额。

第四步:全部结束初始化。输入完成集团本部.学号的辅助账初始余额后,点击"全部结束初始化"。

(2)科目初始余额录入。集团本部科目初始余额数据如表 3-16 所示。

表 3-16 集团本部科目初始余额

科目代码	科目名称	期初余额
1001	库存现金	50 000
1002	银行存款	200 000 000
1002.01	商业银行存款	200 000 000
2011	吸收存款	120 000 000
4001	实收资本	80 050 000

第一步:进入科目余额初始化界面。在集团本部.学号组织下,进入的路径为【财务会计】—【总账】—【初始化】—【科目初始余额录入】。

第二步:引入辅助账初始余额。在科目余额初始化界面点击工具栏【业务】下的【引入辅助账余额】,如图 3-39 和图 3-40 所示。

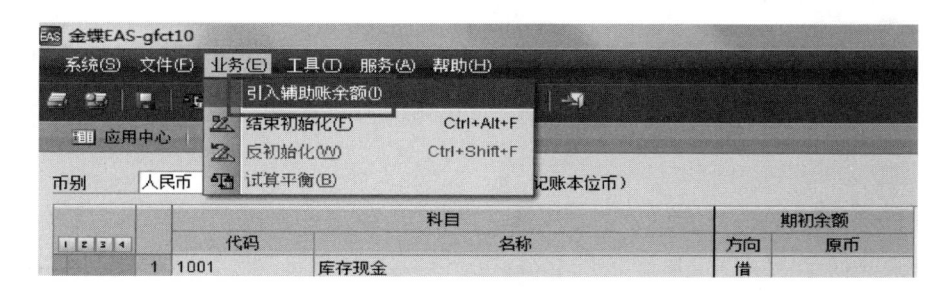

图 3-39 引入辅助账余额

57

图 3-40　确认引入辅助账余额

第三步:录入科目初始数据。按照表 3-16 集团本部科目初始余额金额进行录入并保存,如图 3-41 所示。

图 3-41　录入科目初始余额

第四步:试算平衡。在"币别"处切换到综合本位币进行试算平衡,试算结果平衡后结束科目初始化,如图 3-42 所示。

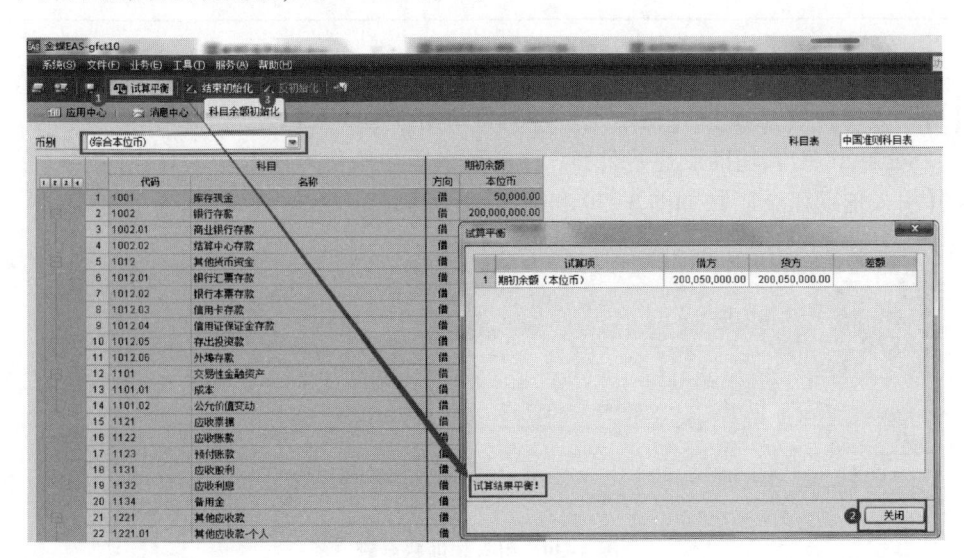

图 3-42　进行试算平衡

【说明】其他三个组织的总账初始化与集团本部.学号总账初始化操作一致,注意操作时切换至相应的组织。机械制造公司、机械配件公司、机械销售公司科目初始余额相关资料如表 3-17 至表 3-22 所示。

①机械制造公司。机械制造公司的辅助账科目初始余额如表 3-17 所示。

表 3-17　机械制造公司辅助账科目初始余额

科目	核算项目	期初余额(原币)	期初余额(本位币)
商业银行存款(1002.01)	制造公司收付账户_学号	50 000	50 000
结算中心存款(1002.02)	机械制造公司内部账户_学号	30 000 000	30 000 000
应付账款(2202)	恒星公司_学号	50 000	50 000

机械制造公司的科目初始余额数据如表 3-18 所示。

表 3-18　机械制造公司科目初始余额

科目代码	科目名称	期初余额
1001	库存现金	50 000
1002	银行存款	30 050 000
1002.01	商业银行存款	50 000
1002.02	结算中心存款	30 000 000
2202	应付账款	50 000
4001	实收资本	30 050 000

②机械配件公司。机械配件公司的辅助账科目初始余额数据如表 3-19 所示。

表 3-19　机械配件公司辅助账科目初始余额

科目	核算项目	期初余额(原币)	期初余额(本位币)
商业银行存款(1002.01)	配件公司收付账户_学号	50 000	50 000
结算中心存款(1002.02)	机械配件公司内部账户_学号	40 000 000	40 000 000

机械配件公司的科目初始余额数据如表 3-20 所示。

表 3-20　机械配件公司科目初始余额

科目代码	科目名称	期初余额
1001	库存现金	50 000

续表

科目代码	科目名称	期初余额
1002	银行存款	40 050 000
1002.01	商业银行存款	50 000
1002.02	结算中心存款	40 000 000
4001	实收资本	40 100 000

③机械销售公司。机械销售公司的辅助账科目初始余额数据如表3-21所示。

表3-21 机械销售公司辅助账科目初始余额

科目	核算项目	期初余额(原币)	期初余额(本位币)
商业银行存款(1002.01)	销售公司收付账户_学号	50 000	50 000
结算中心存款(1002.02)	机械销售公司内部账户_学号	50 000 000	50 000 000
备用金(1134)	吴峰_学号	20 000	20 000
应收账款(1122)	耀星公司_学号	17 000	17 000
应收账款(1122)	耀眼公司_学号	23 000	23 000

机械销售公司的科目初始余额数据如表3-22所示。

表3-22 机械销售公司科目初始余额

科目代码	科目名称	期初余额
1001	库存现金	50 000
1002	银行存款	50 050 000
1002.01	商业银行存款	50 000
1002.02	结算中心存款	50 000 000
1134	备用金	20 000
1122	应收账款	40 000
4001	实收资本	50 160 000

【说明】如果在辅助账户初始化时,未找到相应的客户(如耀星公司_学号),需返回到客户界面,检查客户的【财务资料】页签,确认财务组织有没有选择机械销售公司_学号、有没有核准,如果已选择并核准还是找不到,则对该客户进行重新核准保存即可,供应商也是如此。

3.3.12 内部账户初始化

3.3.12.1 任务描述(L012)

集团本部.学号作为结算中心需要进行内部账户初始化,内部账户初始化完成后结束初始化,代表结算中心启用,可从总账导入吸收存款余额情况作为内部账户初始化数据。

3.3.12.2 任务要求

根据表 3-23 的数据资料完成集团本部.学号内部账户初始化。

表 3-23 内部账户期初余额

开户单位	内部账户	启用日期	期初余额
机械制造公司.学号	机械制造公司内部账户_学号	2019-01	30 000 000
机械配件公司.学号	机械配件公司内部账户_学号	2019-01	40 000 000
机械销售公司.学号	机械销售公司内部账户_学号	2019-01	50 000 000

3.3.12.3 具体操作

第一步:进入内部账户初始化界面。切换组织到集团本部.学号,进入内部账户初始化界面的路径为【资金管理】—【资金结算】—【基础设置】—【内部账户初始化】。

第二步:导入总账。进入内部账户初始化界面后,在工具栏上点击"导入总账",将集团本部总账的数据导入内部账户,然后保存,如图 3-43 所示。

【说明】导入总账必须在结束科目余额初始化后才可以进行操作!若导入时提示"总账未启用"则说明没有结束科目初始余额录入的初始化,需要返回【财务会计】—【总账】—【初始化】—【科目初始余额】处去结束初始化。

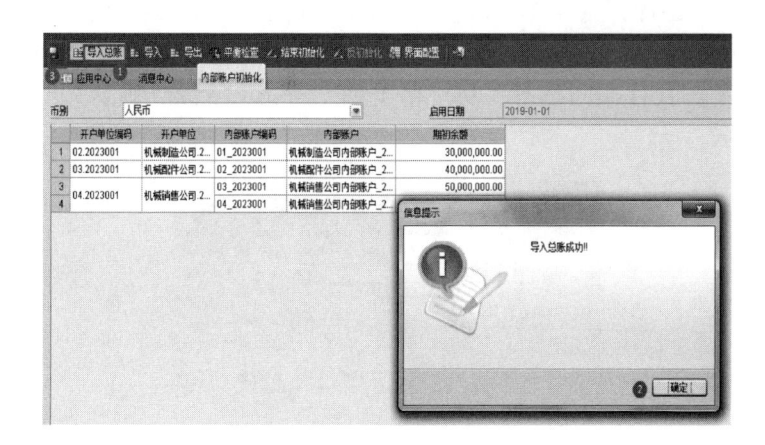

图 3-43 导入总账操作

第三步:平衡检查,结束初始化。

【说明】

(1)先保存然后再去做平衡检查,否则会出现不平衡。

(2)结束初始化后是不能修改数据的,需要修改时可以反初始化进行修改。

3.3.13 各组织出纳管理初始化

3.3.13.1 任务描述(L013)

出纳人员需将截止到启用期的所有现金、银行科目的初始数据录入系统。对于银行科目,既要录入在外部金融机构(银行)开设的账户的初始数据,也要录入在资金中心开设的账户的初始数据。

3.3.13.2 任务要求

(1)集团本部.学号:出纳初始数据可从总账导入后录入对账单余额;

(2)机械制造公司.学号:出纳初始数据可从总账导入后录入对账单余额;

(3)机械配件公司.学号:出纳初始数据可从总账导入后录入对账单余额;

(4)机械销售公司.学号:出纳初始数据可从总账导入后录入对账单余额。

3.3.13.3 具体操作(以集团本部.学号为例)

集团本部现金和银行存款科目相关的科目余额如表3-24所示。

表3-24 集团本部现金和银行存款科目余额

类型	现金科目/银行账户名称	初始余额	对账单余额
现金	库存现金	50 000	无
银行存款	资金母账户_学号	200 000 000	200 000 000
对账单	资金母账户_学号	200 000 000	200 000 000

第一步:进入出纳初始化界面。组织为集团本部.学号,进入出纳初始化界面的路径为【财务会计】—【出纳管理】—【基础设置】—【出纳初始化】。

第二步:导入"现金"。进入出纳初始化界面后,在类型处选择"现金",点击工具栏的【导入】,会计期间选择"2019年1期",导入后点击"确认"进行保存,如图3-44所示。

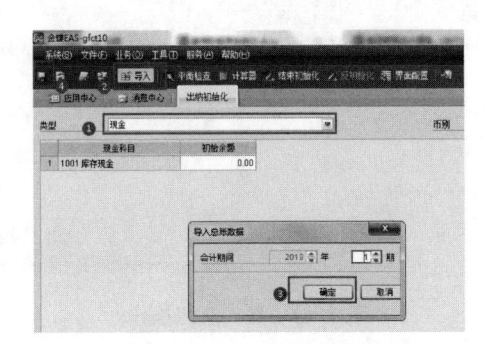

图3-44 导入总账数据操作

第三步:导入"银行存款"。银行存款科目初始化过程参考上述操作,注意将类型改为"银行存款"。

第四步:输入对账单初始余额。切换类型为"对账单",输入初始余额200 000 000后点击"保存",并结束初始化,如图3-45所示。

图 3-45 输入对账单初始余额

其他3个组织都需要做出纳初始化并结束出纳初始化,具体操作不再赘述。注意必须切换至本组织下进行初始化。其他3个组织现金和银行存款科目相关的科目余额如表3-25、表3-26和表3-27所示。

表3-25 机械制造公司现金和银行存款科目余额

类型	现金科目/银行账户名称	初始余额	对账单余额
现金	库存现金	50 000	无
银行存款	机械制造公司内部账户_学号	30 000 000	30 000 000
银行存款	制造公司收付账户_学号	50 000	50 000
对账单	机械制造公司内部账户_学号	30 000 000	30 000 000
对账单	制造公司收付账户_学号	50 000	50 000

表3-26 机械配件公司现金和银行存款科目余额

类型	现金科目/银行账户名称	初始余额	对账单余额
现金	库存现金	50 000	无
银行存款	机械配件公司内部账户_学号	40 000 000	40 000 000
银行存款	配件公司收付账户_学号	50 000	50 000
对账单	机械配件公司内部账户_学号	40 000 000	40 000 000
对账单	配件公司收付账户_学号	50 000	50 000

表3-27 机械销售公司现金和银行存款科目余额

类型	现金科目/银行账户名称	初始余额	对账单余额
现金	库存现金	50 000	无

续表

类型	现金科目/银行账户名称	初始余额	对账单余额
银行存款	机械销售公司内部账户_学号	50 000 000	50 000 000
银行存款	销售公司收付账户_学号	50 000	50 000
对账单	机械销售公司内部账户_学号	50 000 000	50 000 000
对账单	销售公司收付账户_学号	50 000	50 000

4 预算管理

4.1 预算管理概述

4.1.1 预算管理的概念

预算管理是指企业围绕预算而展开的一系列管理活动,包括预算编制、预算控制、预算分析、预算调整、预算考评等多个方面。

预算管理一头连接着市场,一头连接着企业内部管理,不同的市场环境和不同的企业规模,预算管理模式也不同。目前,最常见的预算管理模式主要有目标利润预算管理和资本预算管理。采用目标利润预算管理模式的公司为了使生命"无限"延伸,必然要向业务的多元化、系列化发展,使集团管理模式得以发展。而采用资本预算管理模式的公司一般以设定目标资本利润率为起点,通过以目标资本利润率为起点的预算管理模式,加强对子公司、分公司的控制与考核。在 EAS 系统中,预算管理关键业务过程如图 4-1 所示。

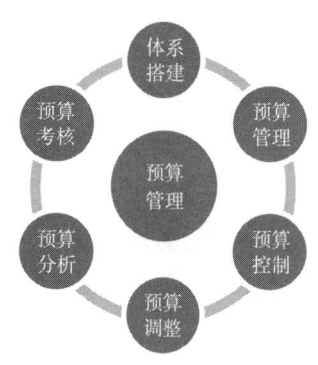

图 4-1 预算管理关键业务过程

4.1.2 集团公司实施预算管理的必要性

预算是分、子公司和部门绩效考核的基础和比较对象,集团公司实施预算管理是非常必要的。其原因如下:

第一,利益共同体。由于集团公司总部各职能部门之间,总公司与各子公司、控股公司之间存在着诸多利益关系,如资金上缴下拨、投资集权与分权等,要做好集团公司财务控制、风险控制,抓好预算控制与考核是一个行之有效的方法。

第二,集团整合。企业集团管理的核心问题是将下属各二级经营单位及其内部各个层级和各位员工联合起来,围绕着企业集团的总体目标而运行,实施预算管理则是实现集团整合的有效途径。

第三,量化决策目标。预算管理将企业的决策目标及其资源配置以预算的方式加以量化,通过"分散权责,集中监督"促进企业资源有效配置、实现企业目标、提高生产效率。

4.2 预算管理实验整体流程

预算管理实验整体流程如图 4-2 所示。

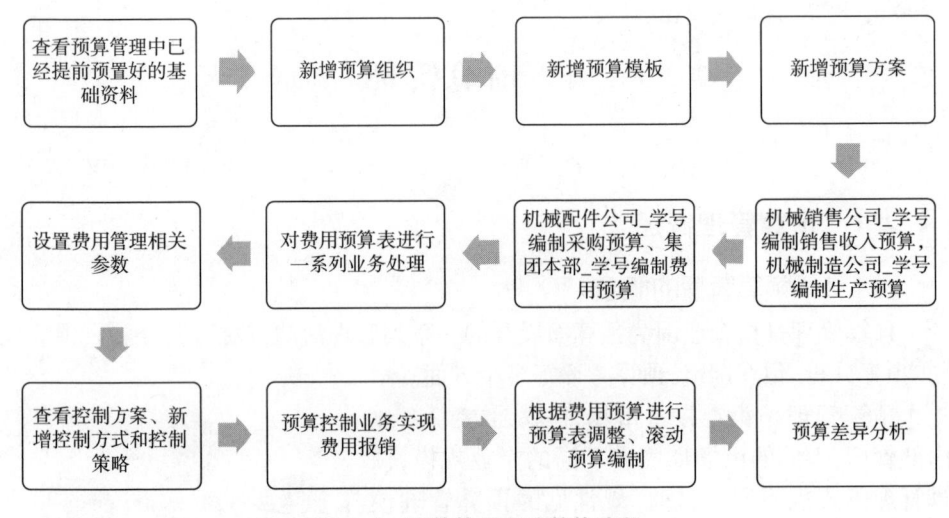

```
┌─────────────┐    ┌─────────┐    ┌─────────┐    ┌─────────┐
│查看预算管理中已│ →  │新增预算 │ →  │新增预算 │ →  │新增预算 │
│经提前预置好的基│    │  组织   │    │  模板   │    │  方案   │
│   础资料    │    └─────────┘    └─────────┘    └─────────┘
└─────────────┘                                        │
                                                       ↓
┌─────────┐    ┌─────────┐    ┌──────────────┐    ┌──────────────┐
│设置费用管│ ←  │对费用预算│ ←  │机械配件公司_学│ ←  │机械销售公司_学│
│理相关参数│    │表进行一系│    │号编制采购预算、│    │号编制销售收入│
│         │    │列业务处理│    │集团本部_学号编│    │预算,机械制造│
└─────────┘    └─────────┘    │制费用预算    │    │公司_学号编制 │
     │                        └──────────────┘    │生产预算      │
     ↓                                             └──────────────┘
┌─────────┐    ┌─────────┐    ┌──────────────┐    ┌─────────┐
│查看控制方│ →  │预算控制业│ →  │根据费用预算进 │ →  │预算差异 │
│案、新增控│    │务实现费用│    │行预算表调整、 │    │  分析   │
│制方式和控│    │  报销   │    │滚动预算编制   │    │         │
│  制策略  │    └─────────┘    └──────────────┘    └─────────┘
└─────────┘
```

图 4-2 预算管理实验整体流程

4.3 业务实操

4.3.1 案例背景

鑫弘机械集团是一家以制造装载机、挖掘机、叉车为主的大型企业,集生产、采购、销售为一体,机械制造公司负责生产,机械配件公司负责采购生产所需配件并由机械销售公司对外销售,集团层面设立了集团本部对各项业务进行管理。鑫弘机械公司于 1994 年 5 月成立,前期只有简单的加工机械配件业务,1998 年企业发展迅速并实行股份制改造,将企业业务拆分为采购、制造和销售并组成一个强大的联合体——鑫弘机械集团,2013 年在全国民营企业 500 强中位居第 266 位。

鑫弘机械集团信息化情况简介:企业信息化水平尚可,自 1998 年开始,鑫弘机械集团内部一直使用一套管理进销存和生产的 ERP 系统,对采购、销售、生产环节进行管理,并与财务打通,目前这套 ERP 系统运行较为顺畅。

鑫弘机械集团实行预算管理的背景:

(1)各产业发展不均衡,配件采购产业严重亏损,过多采购造成库存积压、呆滞料占用了过多资金、采购计划与生产计划不匹配的现象经常发生,已成为影响集团公司经济效益的重大问题。企业需要更新观念,创新管理,尽快实现减亏扭亏,促进三大主业板块均衡发展、健康发展。

(2)成本费用上升过快,挤占了大量的利润空间。因材料、人工等价格持续上涨,加上管理不到位导致成本费用居高不下,需要加强成本费用控制,提高经济效益。

(3)管理工作存在不足,企业管理水平需要提高。集团公司在高速发展的过程中掩盖了管理上的大量矛盾,需要及时解决,例如,企业法人治理结构不健全,内部监督制衡机制没有真正建立,企业决策、投资和管理行为不够规范。

这些原因使得鑫弘机械集团在2009年开始探索并实行预算管理以帮助集团解决以上问题。

鑫弘机械集团利用信息化系统进行预算管理:2009年开始采用手工编制的方式进行预算管理,通过excel系统进行预算的编制和下发,在实际业务过程中采用人为控制的方式进行预算控制,当年实现利税240万元,比2008年增长了60%。2010年,企业开始全面推行利润预算管理模式,当年实现利税550万元,比2009年又翻了一番。经过近10年的不断探索,鑫弘机械集团归纳并总结出了一套适合我国国情的以企业销售为起点的预算管理模式。

随着业务规模的扩大,鑫弘机械集团对预算的执行和控制层面心有余而力不足,手工编制的预算在准确性、可控性和实效性、统一性各方面都无法得到保障,不止满足不了集团对成员单位目标进行考核、对成本费用进行即时管理、对利润指标进行明确监控的需求,也满足不了规范分子公司行为和进行事前事中事后控制的需求,集团必须使用信息化系统来对预算进行管理,使得集团从预算监管到执行、数据对比分析有更加可靠的保证,更有利于企业的发展。

在这样的背景带动下,鑫弘机械集团采购了一套可以辅助实现全面预算管理的信息管理系统,在进行体系梳理和搭建后,利用信息系统推进全面预算管理。

【说明】从预算管理模块开始,引用的是教学模式—内置组织,学生登录EAS系统时,用的是系统分配的用户账号。教师可以在"课程管理—映射管理"模块查询每个学生分配的账号。

4.3.2 基础设置准备

4.3.2.1 新增预算组织

预算组织是负责企业集团预算编制、审定、监督、协调、控制与信息反馈、业绩考核的组织机构。预算组织成员来源于EAS成本中心,可根据预算管理的需要进行自定义构建。同时,预算组织是预算系统中最关键的基础资料之一,应用于预算方案新增、预算表和实际数表中。

(1)任务描述(L001)。鑫弘机械集团梳理预算管理体系后,决定将集团本部、机械制造/配件/销售公司纳入预算管理范畴,实行预算管理。预算组织需要在预算组织处新增,根据表4-1所示的鑫弘机械集团预算体系的内容,鑫弘机械集团预算专员在EAS系统中新增预算组织。

表4-1 鑫弘机械集团预算体系

编码	名称	组织设置
用户账号	鑫弘机械集团预算体系	选择集团本部.用户账号、机械制造公司.用户账号、机械配件公司.用户账号、机械销售公司.用户账号

(2)任务要求。鑫弘机械集团.用户账号预算专员在 EAS 系统中新增预算组织。

(3)具体操作。第一步:进入预算组织序时簿。登录 EAS 系统,切换组织为鑫弘机械集团.用户账号,进入预算组织序时簿,其进入路径为【战略管理】—【预算编制平台】—【基础资料】—【预算组织】。

第二步:新增预算体系。进入预算组织序时簿界面后,确认成本中心为鑫弘机械集团.用户账号后在左边的预算组织视图点击组织视图新增,进入组织视图编辑器界面,录入相关资料后,点击"保存",如图 4-3 所示。

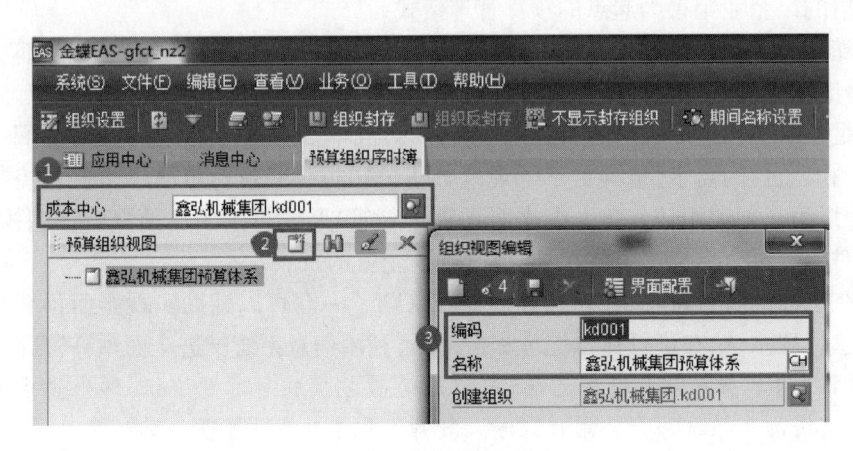

图 4-3 新增预算组织

【说明】如果看不到成本中心为鑫弘机械集团.用户账号,那说明在集团搭建过程中设置鑫弘机械集团.用户账号的组织单元的组织类型的时候没有勾选成本中心选项,则需要(用户:admin,密码:123456)返回【企业建模】—【组织架构】—【组织单元】—【组织单元】进行修改,勾选"成本中心"。

第三步:进行预算组织设置。选中新增的鑫弘机械集团预算体系,点击"组织设置",进入预算组织设置界面,将组织从左选择到右边,可全选,然后点击"确定",如图 4-4 所示。

4.3.2.2 新增预算模板

预算模板提供对预算表的格式进行制定的功能,预算编制时通过引用预算方案中预算模板创建生成预算表,格式即为预算模板的格式。预算模板可分为固定模板和动态模板。一般来说,固定模板格式相对灵活,可根据实际情况设置格式,固定模板上的成员是不能增减的,而动态模板格式相对固定,动态表中可增减维度成员。预算模板是预算管理体系的表现形式,它可以为预算提供统一规范的体系,承载企业预算管理的业务规则以及确定预算编制和管控的精细和严谨程度。

(1)任务描述(L002)。鑫弘机械集团.用户账号已经进入了企业快速发展期,经过多年对预算管理的探索和总结,确定了以销售为起点的预算管理模式。集团

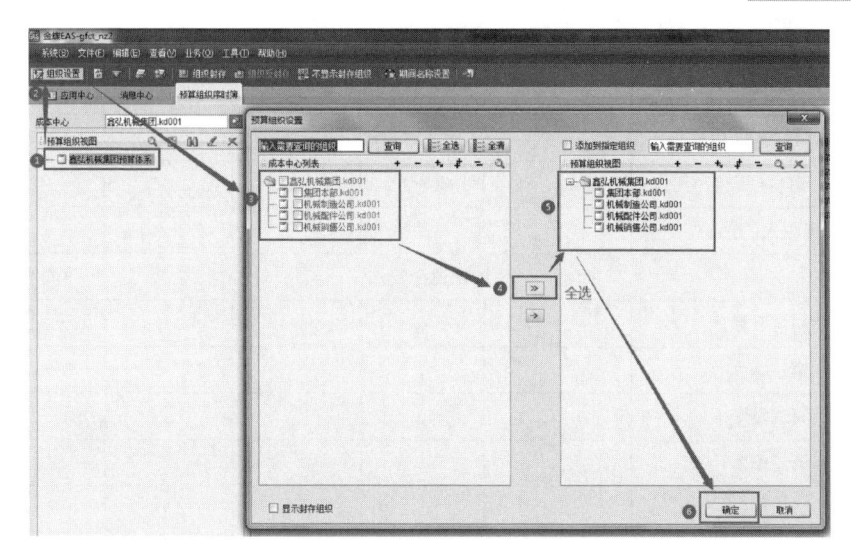

图 4-4 预算组织设置

内部成员单位分工明确,机械制造公司.用户账号负责生产,生产所需材料由机械配件公司.用户账号提供,生产后的产品由机械销售公司.用户账号对外销售,集团将手工编制预算阶段的预算模板进行讨论修改后由预算专员将各个预算模板新增到 EAS 系统。

(2)任务要求:集团预算专员分别在 EAS 系统内新增销售收入预算模板、生产预算模板、采购预算和费用预算模板。

①新增固定模板。模板的具体信息如表 4-2 所示。

表 4-2　鑫弘机械集团具体模板信息

编码	名称	模板类型	计量单位	预算模块分组
001	鑫弘统一收入预算表	固定模板	万元	鑫弘机械集团预算体系模板分组
002	鑫弘统一生产预算表	固定模板	台	鑫弘机械集团预算体系模板分组
003	鑫弘统一采购预算表	固定模板	元	鑫弘机械集团预算体系模板分组
004	鑫弘统一费用预算表	固定模板	元	鑫弘机械集团预算体系模板分组

其中鑫弘统一收入、生产、采购预算表除了手工录入系统外,还可采用导入的方式完成预算模板制作,鑫弘统一费用预算表采用批量项目填充的方式完成预算模板的制作。

②在预算表内编辑预算表完成预算模板的编制。

(3)具体操作。

①新增鑫弘统一收入预算表。收入预算表模板如表 4-3 所示。

表 4-3　收入预算表模板

季度	第一季度	第二季度	第三季度	第四季度	全年
预计销售量(台)					
预计单价(元/台)					
销售收入(万元)					
预计现金收入					(单位:万元)
期初应收账款					
第一季度					
第二季度					
第三季度					
第四季度					
现金收入合计					
预计年末应收账款					(单位:万元)
期初应收账款					
加:预计全年销售收入					
减:预计全年收回货款					
期末应收账款					

第一步:进入预算模板列表界面。切换组织为鑫弘机械集团.用户账号,进入预算模板列表界面的路径为【战略管理】—【预算编制平台】—【预算建模】—【预算模板】。

第二步:新建鑫弘统一收入预算表。进入预算模板列表界面,选中鑫弘机械集团.用户账号,点击左上角的"新增"按钮,进入预算模板属性界面,编辑相关信息后点击"保存",如图 4-5 所示。

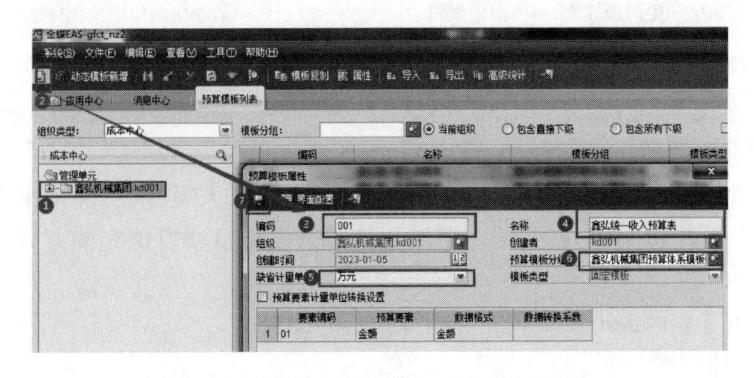

图 4-5　编辑鑫弘统一收入预算表相关信息

第三步：维护鑫弘统一收入预算表模板。新增预算模板可采用手工方法来维护预算模板，也可采用导入模板的方式来维护预算模板。此处仅介绍采用导入模板的方式做鑫弘统一收入预算表并进行美化。

进入集团财务管控实验平台，下载"鑫弘机械集团_鑫弘统一收入预算表_001_鑫弘机械集团预算体系模板分组_固定模板"，然后在"预算数公式视图"导入模板，并进行美化，具体如图4-6、图4-7、图4-8所示。

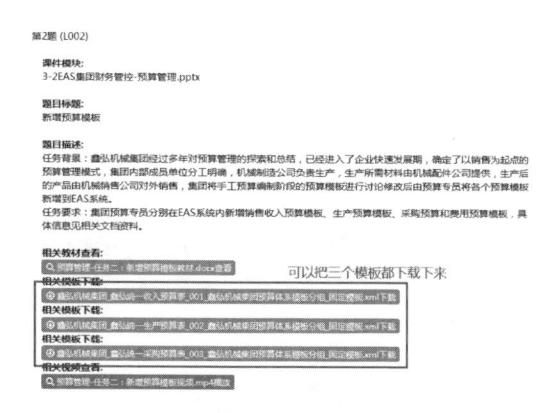

图4-6　下载预算模板

图4-7　导入预算模板

图4-8　美化导入的预算模板

②新增鑫弘统一生产预算表。生产预算表模板如表4-4所示。

表4-4 生产预算表模板

季度	第一季度	第二季度	第三季度	第四季度	全年
预计销售量(台)					
加:预计期末产品存货					
减:预计期初产品存货					
预计生产量(台)					

第一步:新建鑫弘统一生产预算表,如图4-9所示。

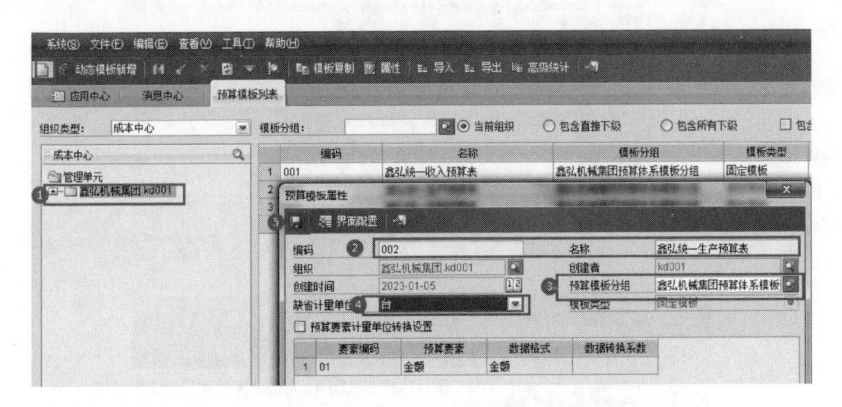

图4-9 编辑鑫弘统一生产预算表相关信息

第二步:维护鑫弘统一生产预算表模板。具体操作请参考"新增鑫弘统一收入预算表"。

③新增鑫弘统一采购预算表。采购预算表模板如表4-5所示。

表4-5 采购预算表模板

季度	第一季度	第二季度	第三季度	第四季度	全年
预计生产量(台)					
单位产品材料用量(千克)					
生产需用量					
加:预计期末材料存货					
减:预计期初材料存货					
预计材料采购量					

续表

季度	第一季度	第二季度	第三季度	第四季度	全年
材料单价(元/千克)					
预计采金额					

预计现金支出　　　　　　　　　　　　　　　　　　　　　　(单位:元)

期初应付账款					
第一季度					
第二季度					
第三季度					
第四季度					
合计					

预计年末应付账款　　　　　　　　　　　　　　　　　　　　(单元:元)

期初应付账款					
加:全年采购金额					
减:全年支付货款					
期末应付账款					

第一步:新建鑫弘统一采购预算表,如图 4-10 所示。

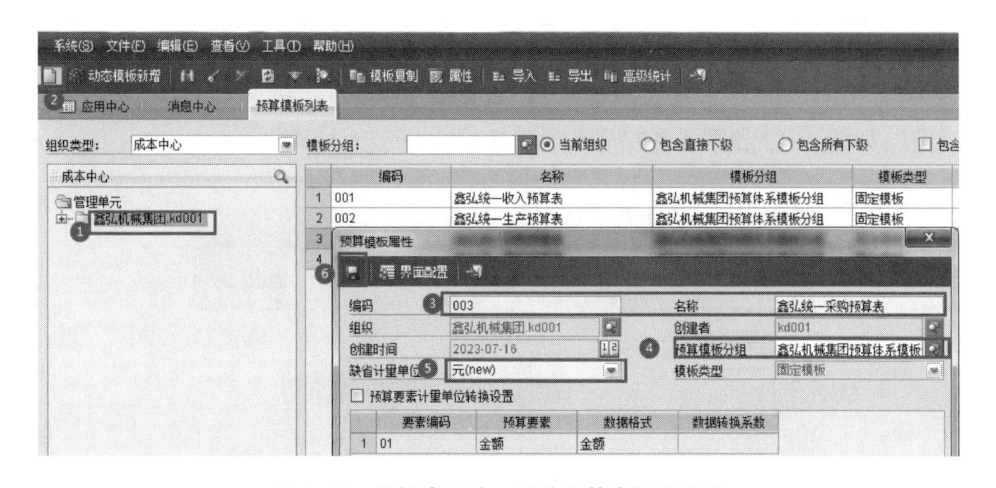

图 4-10　编辑鑫弘统一采购预算表相关信息

第二步:维护鑫弘统一采购预算表模板。具体操作请参考"新增鑫弘统一收入预算表"。

④新增鑫弘统一费用预算表。鑫弘机械集团.用户账号对于费用的支出受到销售量的影响,销售量大时对应的期间费用可能较多,销售量小时对应的期间费用较少,将费用预算划分为变动部分和固定部分。预算专员新增费用预算模板可供后续使用。

在预算表内通过批量填充项目公式的形式完成预算模板的编制。费用预算模板信息为:预算科目_费用类型为01大类到03大类所有细项;预算情景为预算数+实际数;预算期间为2019年以及2019年1—12月,预算要素是金额。

第一步:新增鑫弘统一费用预算表,如图4-11所示。

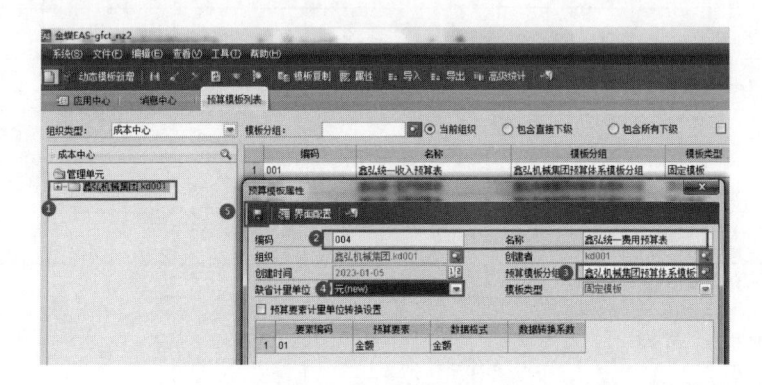

图4-11 编辑鑫弘统一费用预算表相关信息

第二步:设置费用预算维度。新增鑫弘统一费用预算表模板后进入预算数公式视图界面,编制预算模板格式。点击【工具】下的【批量填充项目公式】,进入维度成员_批量导入界面,选择维度为"预算科目_费用类型",然后按Shift键选中大类编码为01~03的大类及其明细项目,点击右箭头,将内容放到右边,然后点击"确定",如图4-12和图4-13所示。

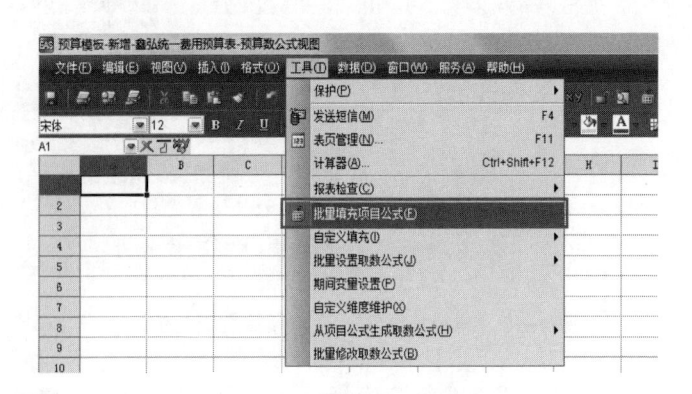

图4-12 维度成员_批量导入

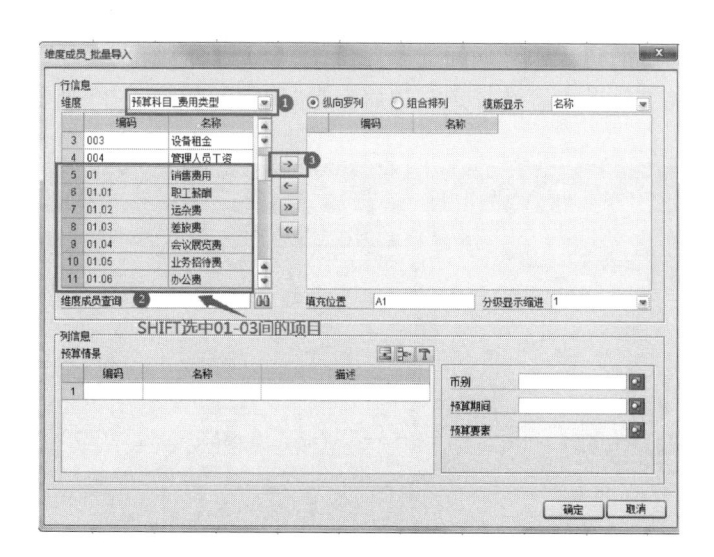

图 4-13　设置费用预算维度

【说明】此处只要求选中 01~03 销售、管理和财务费用及其子项,001~004 明细项暂时不选择。

第三步:设置预算情景。点击预算情景的编码,进入预算情景查询界面,按 shift 键选中"实际数和预算数"后点击"确定",如图 4-14 所示。

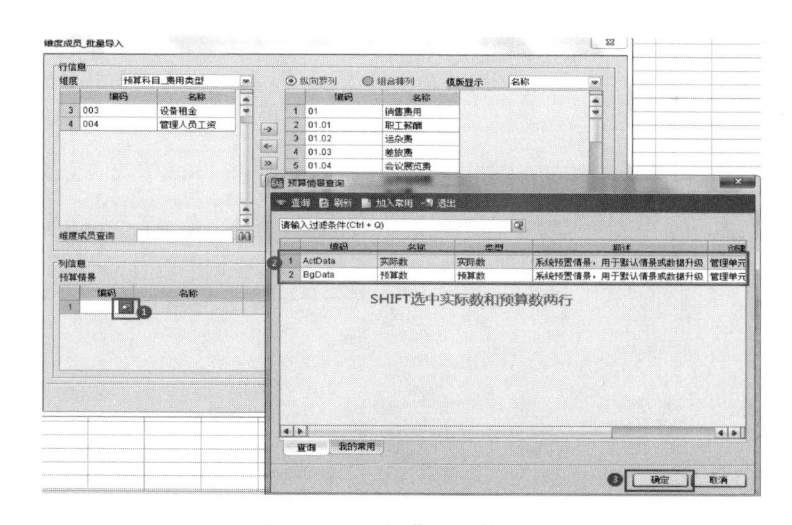

图 4-14　设置费用预算情景

第四步:设置预算期间。预算期间是进行预算管理的具体期间,在使用预算系统前,需设置具体使用年度的期间资料。预算期间决定了预算编制具体到怎样的颗粒度,如按年、按半年、按季度或者按月。主要注意的是预算期间仅适用于预算

75

管理系统,与会计期间独立。

点击预算期间,进入预算期间选择界面,用 Ctrl 键分别选中 1 月至 12 月,然后点击右箭头,将左边的内容选择到右边后点击"确定",如图 4-15 所示。

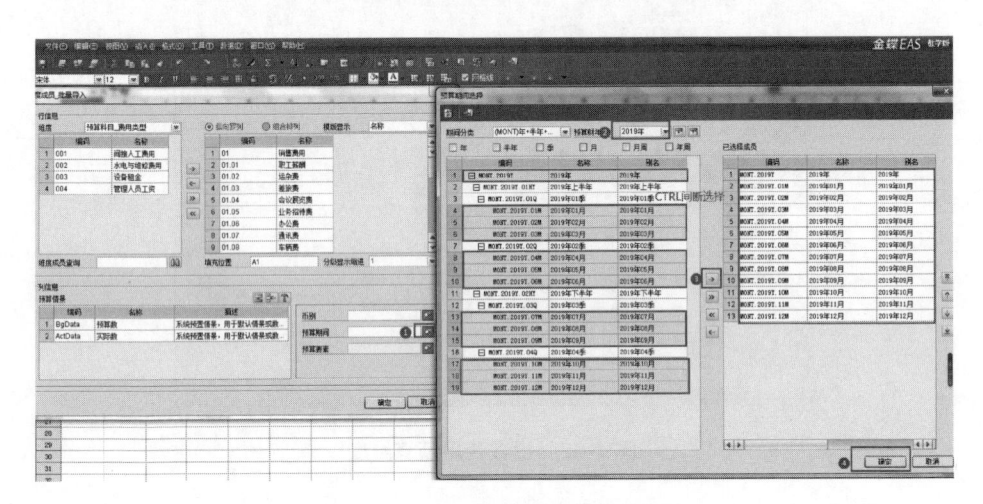

图 4-15 设置费用预算期间

第五步:设置预算要素。预算要素是区分预算数据的数据类型,如金额、数量、单价和比率等,用户可自定义。预算要素作为预算编制的一个必要维度,在预算模板编制、预算编制、实际数据维护、业务规则等资料中均会被使用,需提前维护。

点击"预算要素",进入预算要素查询界面,选择"金额"后点击"确定",如图 4-16 所示。

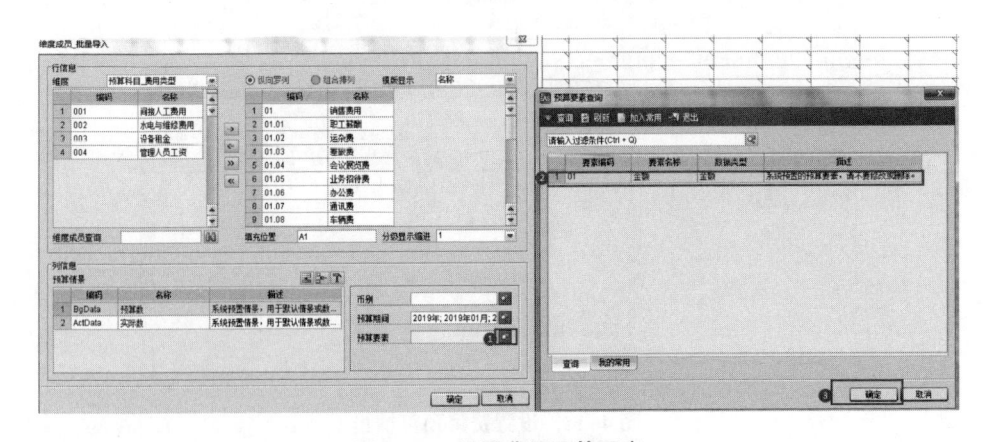

图 4-16 设置费用预算要素

第六步:检查并确认生成费用预算模块。

第七步:保存费用预算模板并查看生成的 4 个预算模块,如图 4-17 和图 4-18

所示。

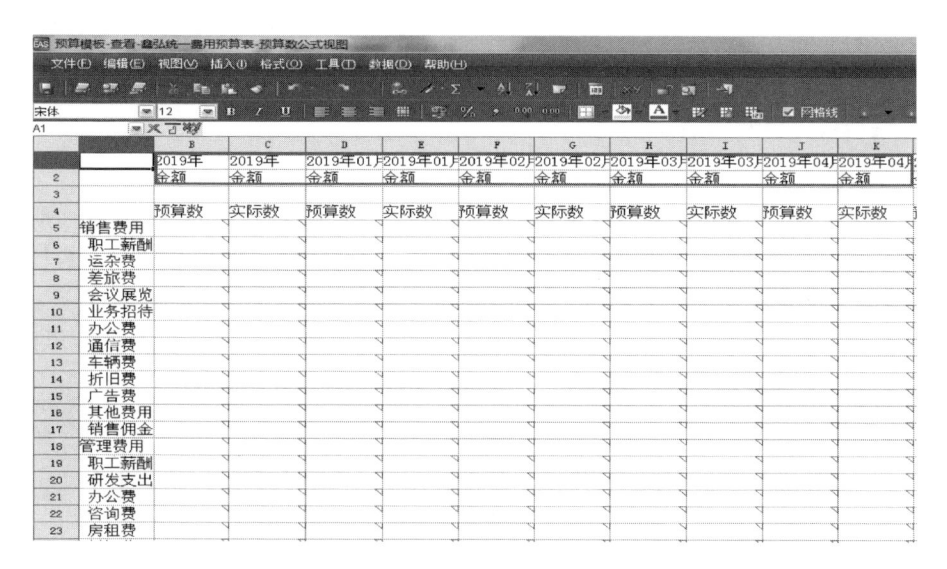

图4-17 保存费用预算模板

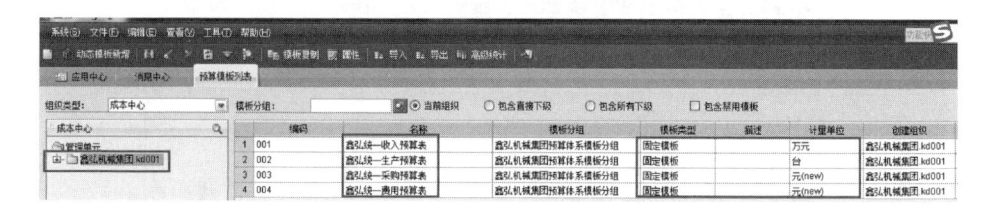

图4-18 查看4个预算模板

4.3.2.3 新增预算方案

预算方案是统一集团预算政策、规范预算编制内容的主要工具。预算方案可以分配给下级成本中心,以贯彻集团的预算政策。一个预算方案可包含多个预算模板,同一段时间内同一个方案类型只有一个预算方案可以执行,参与预算控制。

(1)任务描述(L003)。鑫弘机械集团在预算管理过程中仅需要一套预算方案,具体信息如表4-6所示。

表4-6 鑫弘集团预算方案具体信息

编码	名称	组织视图	开始时间	结束时间	预算模板	明细维度组合
01	鑫弘机械集团预算方案	鑫弘机械集团预算体系	2019-1-1	2019-12-31	鑫弘统一收入、生产、采购、费用预算表	预算科目维度:费用类型;预算要素:金额;预算情景:实际数+预算数;

77

（2）任务要求。

①新增预算方案；

②将预算方案模板全部分配给4个下属组织；

③执行预算方案。

（3）具体操作。

①新增预算方案。

第一步：进入预算方案界面。切换组织为鑫弘机械集团.用户账号，进入预算方案界面的路径为【战略管理】—【预算编制平台】—【预算建模】—【预算方案】。

第二步：设置预算方案模板。进入"预算方案"界面后，点击"新增"，进入方案编辑界面，编辑相关信息后，点击"选择预算模板"，进入选择预算模板界面，勾选4个预算模板后，点击"确认"，具体如图4-19所示。

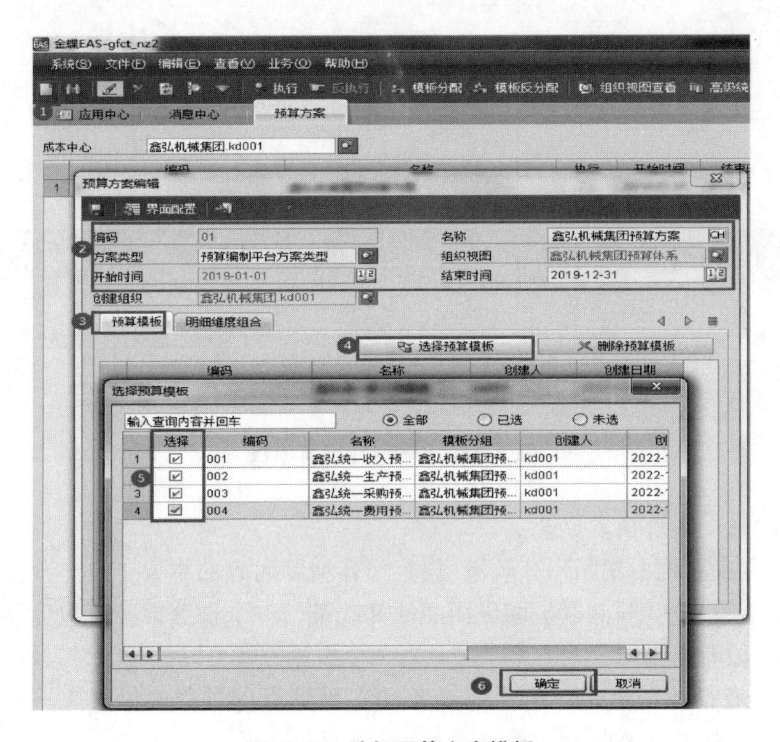

图4-19 选择预算方案模板

切换到"明细维度组合"，进入方案模板维度提取界面，选择费用预算表后，点击"生成"，自动提取对应的预算模板的维度，点击"保存"，生成预算模板，如图4-20所示。

②分配预算模板。选中需要分配模板的预算方案，点击工具栏的"模板分配"，进入预算模板分配界面。点击"全选"，选中4个预算模板分配给右边的预算组织，同样点击"全选"后再点击"确定"，即可将4个预算模板分配给这4个下级

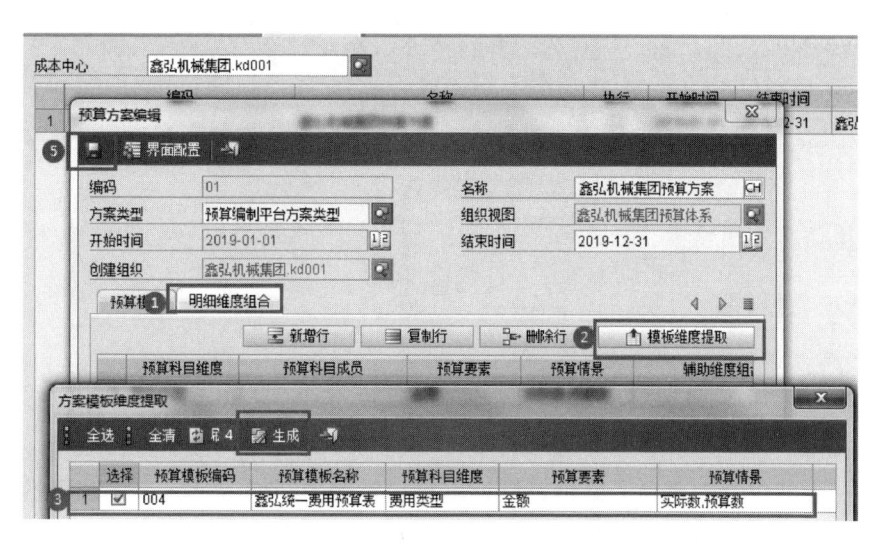

图 4-20 方案模板维度提取

组织(见图 4-21),分配成功后,会在"预算模板分配报告"中显示分配成功。

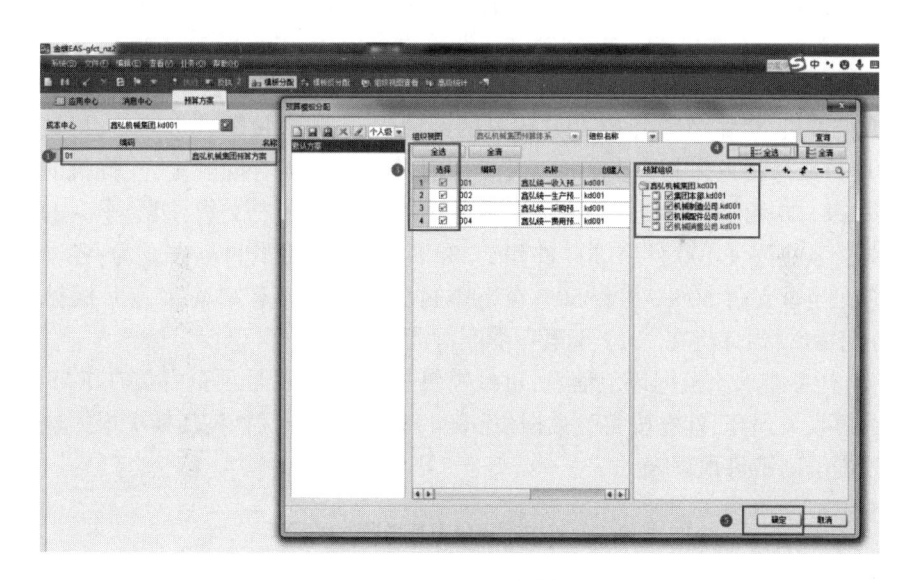

图 4-21 分配模板

③执行预算方案。预算方案分配后需要执行方案(见图 4-22)。执行预算方案后,才能进行预算控制。

4.3.3 预算编制

预算的编制以企业的战略目标为基础,根据企业的战略目标提出企业的长短期计划,确定预算的长短期目标,并通过执行使预算管理的目标落到实处。在 EAS

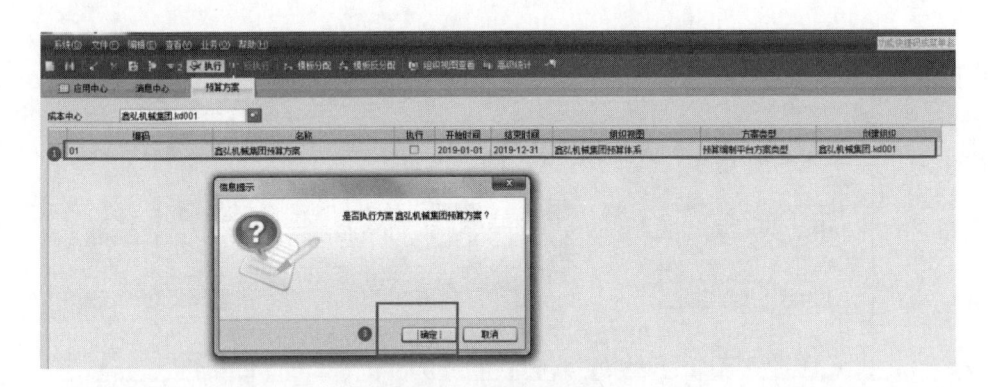

图 4-22 执行预算方案

系统中，预算编制主要是根据预算模板进行预算表的新增、提交、上报和审批。固定预算表和动态预算表分别对应固定预算模板和动态预算模板。而预算编制包括普通预算编制和滚动预算编制。对预算进行审批时可由本级审批也可上报认可后审批。

4.3.3.1 机械销售公司.用户账号编制销售预算

（1）任务描述（L004）。2018年底，机械销售公司.用户账号接到了一单大生意，2019年全年为公司的一位老客户——某大型机械批发商生产4 600台0.5吨级微型挖掘机，机械销售公司.用户账号的经理估计，如果接下这份订单，机械制造公司.用户账号将再无剩余生产能力生产其他产品。根据合同规定，挖掘机的价格是每件29 800元，机械销售公司.用户账号需按季度向客户交货，四个季度的供货量分别为800件、1 100件、1 500件和1 200件，合同规定的付款方式为：各季度的货款应在当季支付50%，其余50%在下季付讫，目前，该客户尚欠鑫弘机械集团150万元货款，预计将在2019年第一季度付清。

（2）任务要求。根据以上信息，机械销售公司.用户账号预算专员在EAS系统编制销售收入预算，首先按实验数据（见表4-7）新增收入固定表，其次根据题目给出的数据编制销售预算表。

表 4-7 机械销售公司新增收入固定表

报表编码	预算模板	币别	预算版本	创建期间	报表名称
001	鑫弘统一收入预算表	人民币	执行版本	2019年	按系统自动生成的报表名称

（3）具体操作。

第一步：进入预算编制序时簿界面。切换组织为机械销售公司.用户账号，进入预算编制序时簿界面的路径为【战略管理】—【预算编制平台】—【预算编制】—

80

【预算编制】。

第二步:新增固定预算表。进入预算编制序时簿-条件查询界面,成本中心为机械销售公司.用户账号,预算方案为鑫弘机械集团预算方案。

进入预算编制序时簿界面,新增固定预算表,并编辑相关信息后,点击"保存",如图 4-23 和图 4-24 所示。

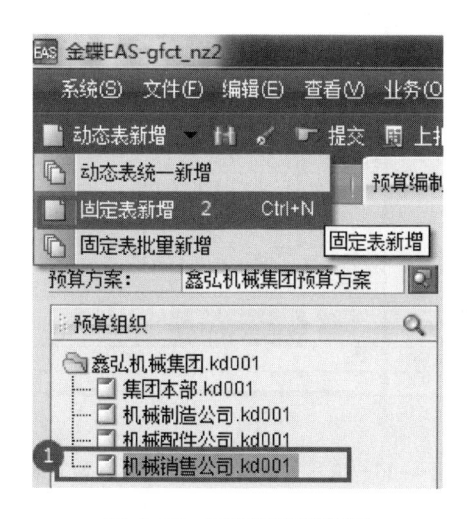

图 4-23　固定预算表新增

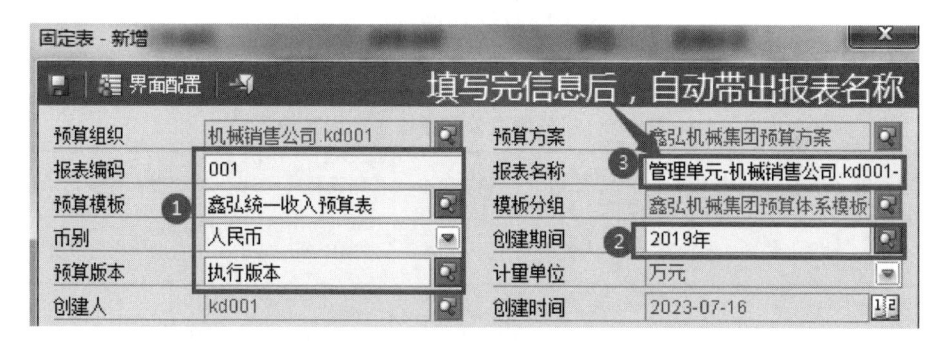

图 4-24　编制固定表相关信息

第三步:填写并提交预算表,如图 4-25 所示。

4.3.3.2　机械制造公司.用户账号根据销售预算编制生产预算

(1)任务描述(L005)。机械制造公司.用户账号预计,为保证供货的连续性,预算期内各季度的期末产品库存量应达到下期销售量的 20%,从与客户的长期合作关系来看,年末的产品库存量应维持和年初相一致的水平,大约为 200 台,才能够保证及时为客户供货。据此,机械制造公司.用户账号编制 2019 年度生产预算。

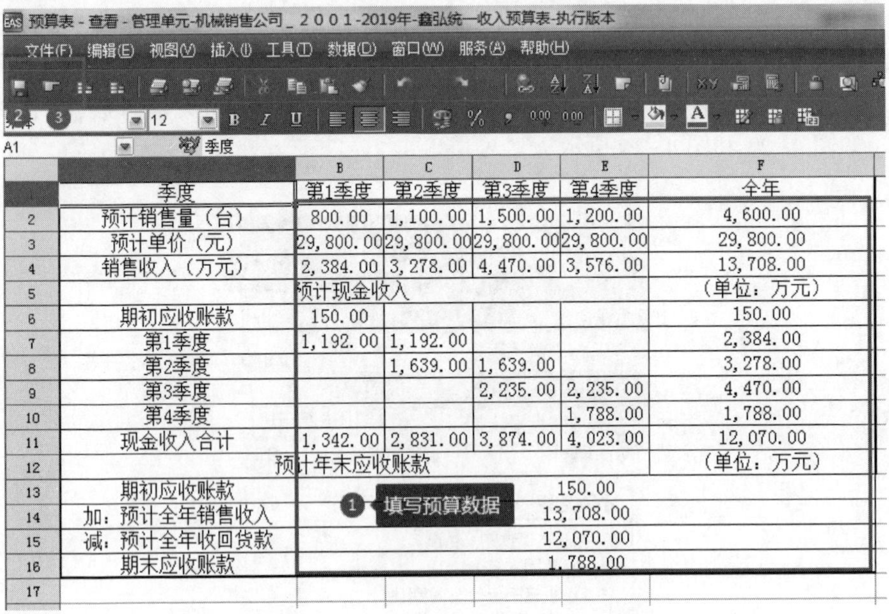

```
EAS 预算表 - 查看 - 管理单元-机械销售公司 _ 2 0 0 1 -2019年-鑫弘统一收入预算表-执行版本
文件(F) 编辑(E) 视图(V) 插入(I) 工具(T) 数据(D) 窗口(W) 服务(A) 帮助(H)
```

季度	第1季度	第2季度	第3季度	第4季度	全年
预计销售量（台）	800.00	1,100.00	1,500.00	1,200.00	4,600.00
预计单价（元）	29,800.00	29,800.00	29,800.00	29,800.00	29,800.00
销售收入（万元）	2,384.00	3,278.00	4,470.00	3,576.00	13,708.00
预计现金收入					（单位：万元）
期初应收账款	150.00				150.00
第1季度	1,192.00	1,192.00			2,384.00
第2季度		1,639.00	1,639.00		3,278.00
第3季度			2,235.00	2,235.00	4,470.00
第4季度				1,788.00	1,788.00
现金收入合计	1,342.00	2,831.00	3,874.00	4,023.00	12,070.00
预计年末应收账款					（单位：万元）
期初应收账款				150.00	
加：预计全年销售收入				13,708.00	
减：预计全年收回货款				12,070.00	
期末应收账款				1,788.00	

❶ 填写预算数据

图4-25 填写并提交鑫弘统一收入预算表

（2）任务要求。根据以上信息，机械制造公司.用户账号预算专员在EAS系统编制生产预算，首先根据表4-8中的数据新增生产固定模板，其次根据题目给出的数据计算编制生产预算表。

表4-8 机械制造公司新增生产固定表

报表编码	预算模板	币别	预算版本	创建期间	报表名称
002	鑫弘统一生产预算表	人民币	执行版本	2019年	按系统自动生成的报表名称

（3）具体操作。参照4.3.3.1机械销售公司.用户账号编制销售预算的方法，此处不再赘述，操作结果如图4-26所示。

4.3.3.3 机械配件公司.用户账号根据生产预算编制采购预算

（1）任务描述（L006）。假定机械制造公司.用户账号生产挖掘机主要使用一种合金材料，根据以往的生产经验来看，平均每台挖掘机需用料5千克，这种合金材料一直由配件公司以每千克200元的价格跟一位长期合作的供应商定购，并且双方约定，购货款在购货当季和下季各付一半。目前，机械配件公司.用户账号尚欠该供应商货款400 000元，预计将在2019年第一季度付清，公司为保证生产的连续性，规定预算期内各期末的材料库存量应达到下期生产需要量的10%，同时规定各年末的预计材料库存应维持在600千克左右。

4 预算管理

图 4-26 鑫弘统一生产预算表

（2）任务要求。根据以上信息，机械配件公司.用户账号预算专员在 EAS 系统编制采购预算，首先根据表 4-9 中的数据新增固定模板，其次按照题目给出的数据编制采购预算。

表 4-9 机械配件公司新增生产固定表

报表编码	预算模板	币别	预算版本	创建期间	报表名称
003	鑫弘统一采购预算表	人民币	执行版本	2019 年	按系统自动生成的报表名称

（3）具体操作。参照 4.3.3.1 机械销售公司.用户账号编制销售预算的方法，此处不再赘述，操作结果如图 4-27 所示。

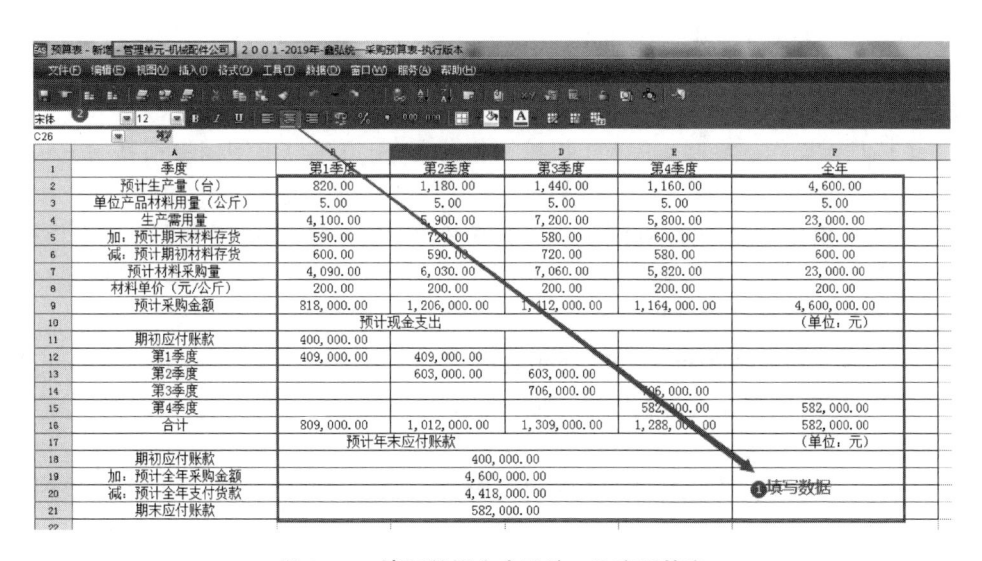

图 4-27 填写并提交鑫弘统一生产预算表

4.3.3.4 集团本部.用户账号编制费用预算

(1)任务描述(L007)。集团本部.用户账号采用的是自下而上的预算编制方法,在每年的10月份开始预算编制工作。集团本部.用户账号预计2019年度的销售费用项目包括12项,管理费用项目包括13项,财务费用项目仅包括3项,均属于变动成本,受销售情况影响很大。销售费用预算以销售预算为基础编制,使用本量利分析法,实现销售费用、管理费用和财务费用的最有效使用,根据预算期的可预见变化来调整,提高费用的使用效率,据此编制2019年1月至12月的费用预算。

(2)任务要求。

①集团本部.用户账号新增固定表,编制2019年1月至12月的费用预算,固定表新增的具体信息如表4-10所示。

表4-10 集团本部新增费用固定表

报表编码	预算模板	币别	预算版本	创建期间
004	鑫弘统一费用预算表	人民币	执行版本	2019年

②编制集团本部.用户账号2019年1月至12月的各项费用预算情况。集团本部.用户账号参考增量预算法按照增长和减少比例进行预算的编制,2019年1月数据是参考以往年份1月数据制定的,按照每个月增长1%的比例增加销售费用、管理费用。由于春节影响,2月业务较少,因此2月销售费用比上个月减少1%,管理费用比上个月减少3%,3月至6月处于销售稳定期,销售费用比上个月均增长1%,管理费用比上个月均增长2%,7月至9月是销售较旺季,销售费用、管理费用比上个月均增长3%,10月至12月是销售特旺季,销售费用、管理费用比上个月均增长4%,据此编制费用预算。

(3)具体操作。参照4.3.3.1 机械销售公司.用户账号编制销售预算的方法,此处不再赘述。

对于费用预算表,可以直接在系统中填写费用预算表,也可以先下载费用预算模板(见图4-28)。下载预算表后,填写好相关数据后导入EAS系统,然后保存、提交,如图4-29和图4-30所示。

4.3.4 预算编制结果的提交和上报

预算提交:预算表支持工作流审批,预算编制完毕,可进行提交,进入工作流审批处理。

预算上报:当下级组织的预算编制完毕后,需要上级组织进行认可和审核时,下级需要将预算表上报。

4.3.4.1 任务描述(L008)

集团本部.用户账号预算专员编制完成费用预算后对预算进行提交并将预算

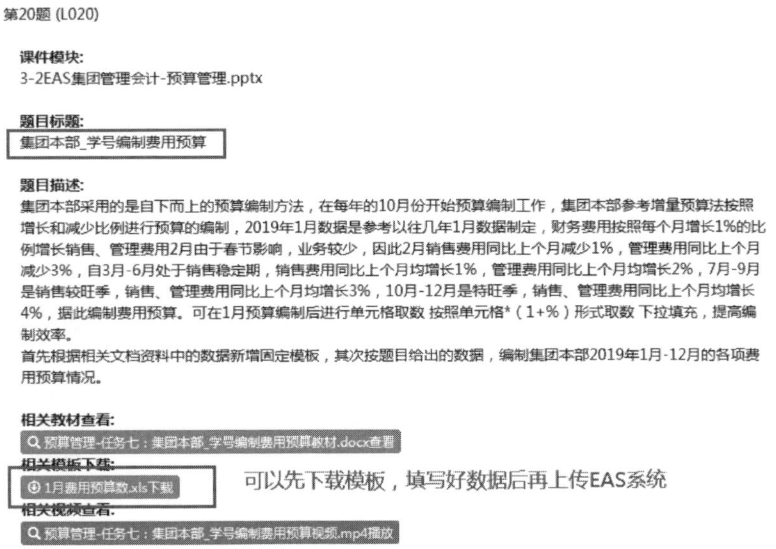

第20题 (L020)

课件模块:
3-2EAS集团管理会计-预算管理.pptx

题目标题:
集团本部_学号编制费用预算

题目描述:
集团本部采用的是自下而上的预算编制方法，在每年的10月份开始预算编制工作，集团本部参考增量预算法按照增长和减少比例进行预算的编制，2019年1月数据是参考以往几年1月数据制定，财务费用按照每个月增长1%的比例增长销售、管理费用2月由于春节影响，业务较少，因此2月销售费用同比上个月减少1%，管理费用同比上个月减少3%，自3月-6月处于销售稳定期，销售费用同比上个月均增长1%，管理费用同比上个月均增长2%，7月-9月是销售较旺季，销售、管理费用同比上个月均增长3%，10月-12月是特旺季，销售、管理费用同比上个月均增长4%，据此编制费用预算。可在1月预算编制后进行单元格取数 按照单元格*（1+%）形式取数 下拉填充，提高编制效率。
首先根据相关文档资料中的数据新增固定模板，其次按题目给出的数据，编制集团本部2019年1月-12月的各项费用预算情况。

相关教材查看:
预算管理-任务七：集团本部_学号编制费用预算教材.docx查看

相关模板下载:
1月费用预算数.xls下载

可以先下载模板，填写好数据后再上传EAS系统

相关视频查看:
预算管理-任务七：集团本部_学号编制费用预算视频.mp4播放

图 4-28　下载费用预算模板

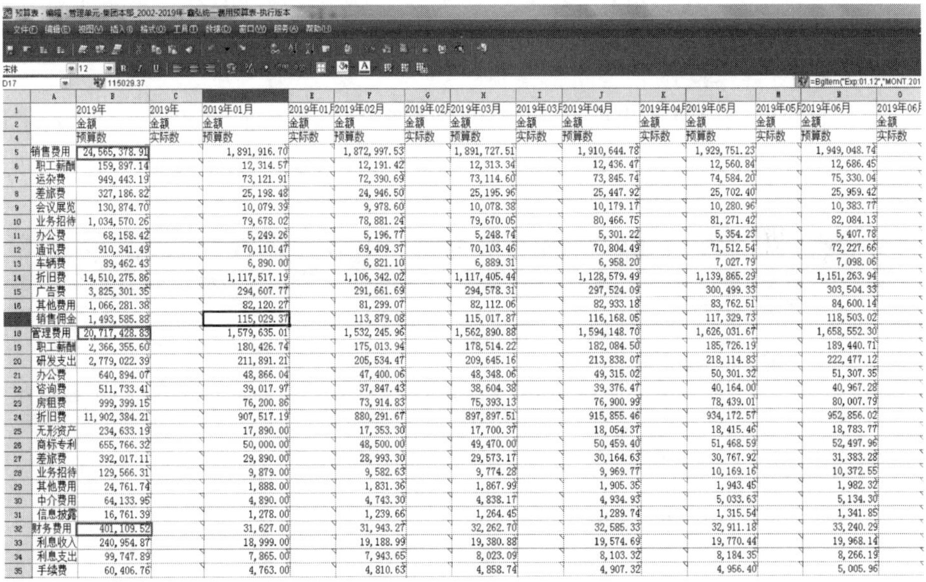

	A	B	C	D	E	F	G	H	I	J	K	L	M	N	O
1		2019年	2019年	2019年01月	2019年01月	2019年02月	2019年02月	2019年03月	2019年03月	2019年04月	2019年04月	2019年05月	2019年05月	2019年06月	2019年06月
2		金额	金额	金额	金额	金额	金额	金额	金额	金额	金额	金额	金额	金额	金额
4		预算数	实际数	预算数	实际数	预算数	实际数	预算数	实际数	预算数	实际数	预算数	实际数	预算数	实际数
5	销售费用	24,565,378.91		1,891,916.70		1,872,997.53		1,891,727.51		1,910,644.78		1,929,751.23		1,949,048.74	
6	职工薪酬	159,897.14		12,314.57		12,191.42		12,313.34		12,436.47		12,560.84		12,686.45	
7	运杂费	949,443.19		73,121.91		72,390.69		73,114.60		73,845.74		74,584.20		75,330.04	
8	差旅费	327,186.82		25,198.48		24,946.50		25,195.96		25,447.92		25,702.40		25,959.42	
9	会议展览	130,874.70		10,079.39		9,978.60		10,078.38		10,179.17		10,280.96		10,383.77	
10	业务招待	1,034,570.26		79,678.02		78,881.24		79,670.05		80,466.75		81,271.42		82,084.13	
11	办公费	68,158.42		5,249.26		5,196.77		5,248.74		5,301.22		5,354.23		5,407.78	
12	通讯费	910,341.49		70,110.47		69,409.37		70,103.46		70,804.49		71,512.54		72,227.66	
13	车辆费	89,462.43		6,890.00		6,821.10		6,889.31		6,958.20		7,027.79		7,098.06	
14	折旧费	14,510,275.86		1,117,517.19		1,106,342.02		1,117,405.44		1,128,579.49		1,139,865.29		1,151,263.94	
15	广告费	3,825,301.35		294,607.77		291,661.69		294,578.31		297,524.09		300,499.33		303,504.33	
16	其他费用	1,066,281.38		82,120.27		81,299.07		82,112.06		82,933.18		83,762.51		84,600.14	
	销售佣金	1,493,585.88		115,029.37		113,879.08		115,017.87		116,168.05		117,329.73		118,503.02	
18	管理费用	20,717,428.83		1,579,635.01		1,532,245.96		1,562,890.88		1,594,148.70		1,626,031.67		1,658,552.30	
19	职工薪酬	2,366,355.60		180,426.74		175,013.94		178,514.22		182,084.50		185,726.19		189,440.71	
20	研发支出	2,779,022.39		211,891.21		205,534.47		209,645.16		213,838.07		218,114.83		222,477.12	
21	办公费	640,894.07		48,866.04		47,400.06		48,348.06		49,315.02		50,301.32		51,307.35	
22	咨询费	511,733.41		39,017.97		37,847.43		38,604.38		39,376.47		40,164.00		40,967.28	
23	房租费	999,399.15		76,200.86		73,914.83		75,393.13		76,900.99		78,439.01		80,007.79	
24	折旧费	11,902,384.21		907,517.19		880,291.67		897,897.51		915,855.46		934,172.57		952,856.02	
25	无形资产	234,633.19		17,890.00		17,353.30		17,700.37		18,054.37		18,415.46		18,783.77	
26	商标专利	655,766.32		50,000.00		48,500.00		49,470.00		50,459.40		51,468.59		52,497.96	
27	差旅费	392,017.11		29,890.00		28,993.30		29,573.17		30,164.63		30,767.92		31,383.28	
28	业务招待	129,566.31		9,879.00		9,582.63		9,774.28		9,969.77		10,169.16		10,372.55	
29	其他费用	24,761.74		1,888.00		1,831.36		1,867.99		1,905.35		1,943.45		1,982.32	
30	中介费用	64,133.95		4,890.00		4,743.30		4,838.17		4,934.93		5,033.63		5,134.30	
31	信息披露	16,761.39		1,278.00		1,239.66		1,264.45		1,289.74		1,315.54		1,341.85	
32	财务费用	401,109.52		31,627.00		31,943.27		32,262.70		32,585.33		32,911.18		33,240.29	
33	利息收入	240,954.87		18,999.00		19,188.99		19,380.88		19,574.69		19,770.44		19,968.14	
34	利息支出	99,747.89		7,865.00		7,943.65		8,023.09		8,103.32		8,184.35		8,266.19	
35	手续费	60,406.76		4,763.00		4,810.63		4,858.74		4,907.32		4,956.40		5,005.96	

图 4-29　填写费用预算(上半年)

情况上报给鑫弘机械集团.用户账号,由集团预算主管进行预算的审核,在预算数据合理的情况下进行认可后审批,若不符合集团管理规范可打回。

图 4-30 填写费用预算(下半年)

4.3.4.2 任务要求

集团本部.用户账号预算专员在 EAS 系统中直接将预算表提交上报给鑫弘机械集团.用户账号。

4.3.4.3 具体操作

返回预算编制序时簿界面后,选中集团本部.用户账号下的已经提交的费用预算表进行上报(如果预算费用表还没提交则需要先提交再上报),如图 4-31 所示。

图 4-31 预算上报

4.3.5 预算表的认可和审批

预算表认可是指上级组织对直接下级上报的预算表进行认可,若不认可,则打回,打回是上级组织可将直接下级组织已上报的预算表进行打回处理,打回后下级组织可修改后重新上报。

预算表审批:下级上报的预算表,上级认可之后,可进行预算表审批。

4.3.5.1 预算表的打回

(1)任务描述(L009)。鑫弘机械集团.用户账号预算主管对报上来的费用预算表进行核对,按照集团内部管理要求,费用预算与销售预算保持强联关系,并参考往年销售情况进行费用预算,发现集团本部.用户账号预算专员上报的费用预算表中1月销售费用—差旅费的预算比以往3年都多出了20%,由于机械行业的特性,销售费用—差旅费向来较为稳定,参考往年差旅费数据比较可行,预算主管认为集团本部.用户账号虚报差旅费预算,打回费用预算表,由预算专员重新调整1月销售费用—差旅费的预算数后重新提交和上报。

(2)任务要求。鑫弘机械集团.用户账号预算主管在EAS系统中打回集团本部.用户账号预算专员上报的预算表,并填写打回原因:销售费用—差旅费编制不合理,比往年预算额多了20%。

(3)具体操作。第一步:进入预算表编制管理界面。切换组织为鑫弘机械集团.用户账号,进入预算表编制管理界面的路径为【战略管理】—【预算编制平台】—【预算编制】—【预算编制管理】,在条件查询时"创建期间"需要与预算表的创建期间一致(在此也就是2019年),否则无法查询到对应的预算表,如图4-32所示。

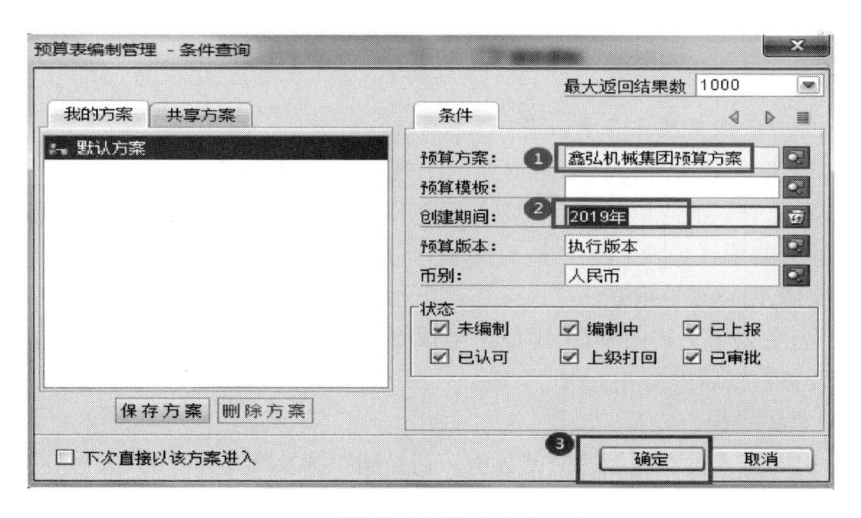

图4-32 预算表编制管理-条件查询界面

第二步:打回预算表。进入预算编制管理序时簿界面后,勾选集团本部.用户账号的费用预算表,点击工具栏的"打回",输入打回意见(销售费用—差旅费编制不合理:比往年预算额多了20%)后点击"保存",如图4-33所示。

【说明】

(1)如果在集团本部界面上报了预算,但是切换到鑫弘机械集团组织界面进行审批时没有找到这个上报的预算导致无法打回,主要原因是学生上报预算时的期间选错了。

(2)如果上级打回时,意见输入有误,但打回意见不可以修改,需要修改打回意见时,只能打回后让下级组织重新提交预算表,再次打回的时候输入意见。

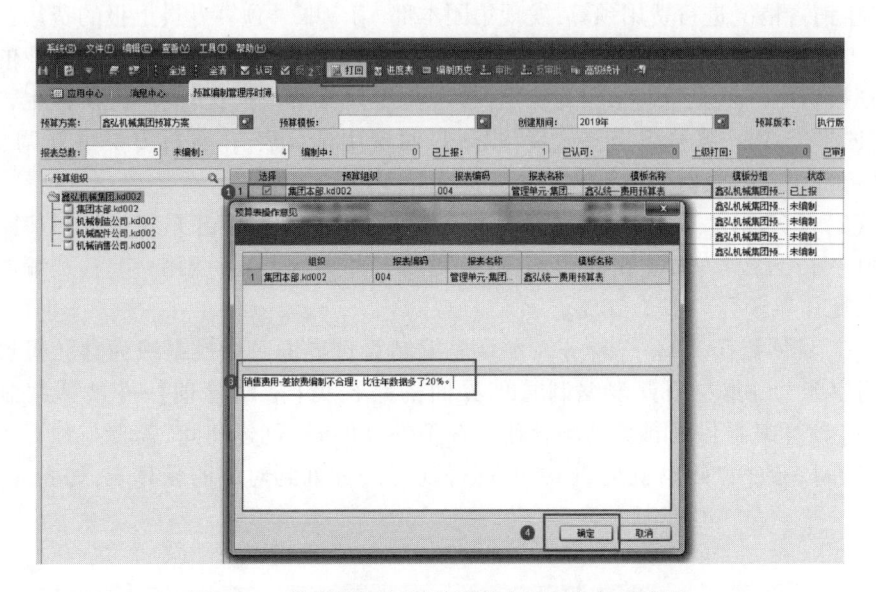

图4-33 选择需要打回的预算表并输入打回意见

4.3.5.2 调整预算后重新提交上报

(1)**任务描述(L010)**。集团本部.用户账号预算专员接收到打回的费用预算表,并查看了打回的原因,重新调整销售费用—差旅费的预算,在销售费用—差旅费1月原有的预算基础上减少了20%,重新填写1月预算后重新提交并上报给鑫弘机械集团.用户账号审查。

(2)**任务要求**。集团本部.用户账号预算专员在EAS系统中针对打回的费用预算表调整数据后提交并上报。

(3)**具体操作**。

第一步:进入预算编制序时簿界面。切换组织为集团本部.用户账号。进入路径为【战略管理】—【预算编制平台】—【预算编制】—【预算编制】。

第二步:调整预算后重新提交和上报。从鑫弘机械集团.用户账号打回的预算表在集团本部显示的状态为"上级打回",直接点击"修改",调整预算,并重新提交和上报,如图 4-34 和图 4-35 所示。(在编辑历史模块可查看打回原因。)

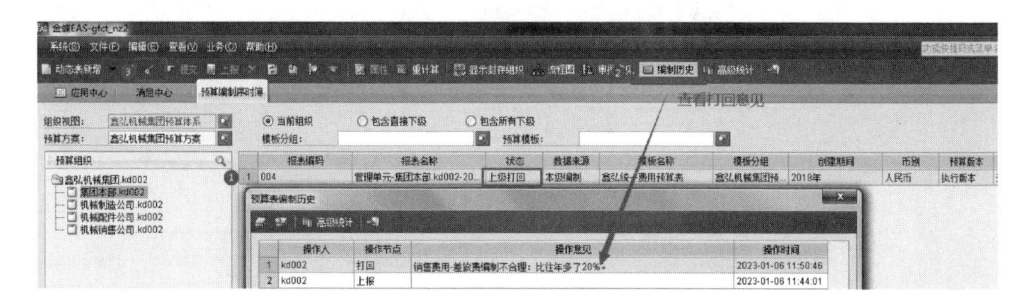

图 4-34 查看打回意见

图 4-35 修改预算数据

【说明】由于是在上报后打回预算表重新修改预算表的,容易出现修改了 1 月的销售费用——差旅费金额后对应 2—12 月金额没有发生对应变化的现象,此时建议检查单元格是否被锁定,若被锁定则进行解锁后,重新输入预算金额进行保存,则 2—12 月对应单元格的数据才会发生对应的变化(见图 4-36),必须注意此点。

4.3.5.3 预算表的认可和审批

(1)任务描述(L011)。鑫弘机械集团.用户账号预算主管对集团本部.用户账号修改后重新上报的费用预算表进行重新核对和参考往年相关数据后,认为集团本部.用户账号预算专员费用预算填制合理,予以认可并审批。

图 4-36 单元格解锁

（2）任务要求。鑫弘机械集团.用户账号预算主管在 EAS 系统中认可和审批上报的预算表。

（3）具体操作。第一步：进入预算编制管理序时簿界面。切换组织为鑫弘机械集团.用户账号，进入预算编制管理序时簿界面，进入路径为【战略管理】—【预算编制平台】—【预算编制】—【预算编制管理】。

第二步：进行预算表的确认和审批。进入预算编制管理序时簿界面后，勾选集团本部.用户账号的费用预算表，点击工具栏的"认可"，进行预算表认可。认可后勾选集团本部.用户账号的预算表点击"审批"，进行预算表审批，审批完成后预算表状态为已审批，如图 4-37 所示。

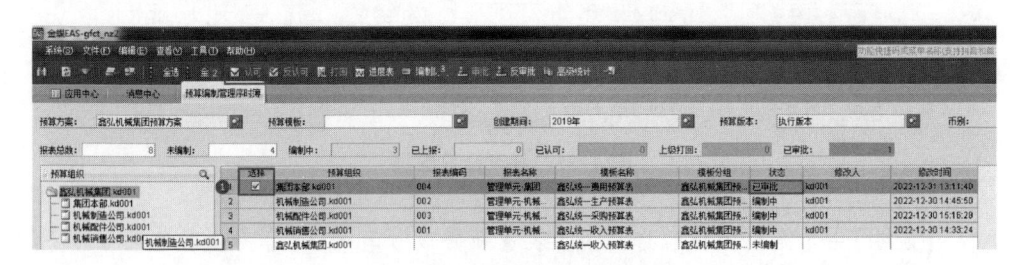

图 4-37 预算表认可和审批

【说明】预算表被认可后如果需要修改，那么需要进行反认可。如果既认可也审批了预算表，则进行修改时需要进行反审批后才能反认可。具体操作是选中对应的预算表，在工具栏点击"反审批"，点击反审批后需要反认可的则点击"反认可"，根据是否需要修改来进行打回，回到集团本部.用户账号来修改预算表数据。如果预算表本级或下级数据已经被调整，不能反审批，如图 4-38 所示。

图 4-38　无法进行反审批

4.3.6　预算控制

预算控制有广义和狭义之分。狭义的预算控制是指限制计划外经营活动及预算外费用支出,或对其进行严格的审核以确保费用支出的合理性和预算目标达成。广义的预算控制是指预算管理全过程本质上都属于管理控制活动。

预算控制应当遵循以下原则:

第一,严肃性与灵活性统一原则。要保障经营目标的实现必须严格执行既定的预算,控制超预算费用支出;同时企业处于一个变化的经营环境中,当外部环境发生大的变化时,需要适时调整经营方案及相关费用。

第二,投入产出比原则。预算调整不能拍脑袋,需要以是否属于真实的业务需求,尤其以是否符合投入产出比为判断标准。

第三,重要性原则。并非所有的事项都需要纳入预算控制,应根据经营活动的重要性选择预算控制对象。

第四,指标控制与程序控制相结合原则。基于管理活动的复杂性,某些事项难以建立明确的控制标准,应该通过适当程序进行控制。

第五,刚柔相济原则。对于受外部因素影响较大且经常变化的经营活动,预算难以频繁调整,应采用柔性方式进行控制,重点在于事后的分析、评估及可考核。

4.3.6.1　设置预算控制相关系统参数

(1)任务描述(L012)。

①查看费用管理是否参与预算控制:若不为是,则修改为是(集团本部组织),费用管理 CP001 参数。

②查看单据提交后是否立即扣减预算:若不为是,则修改为是(集团本部组织),费用管理 CP009 参数。

③集团本部费用会计设置。集团本部费用管理系统参数—备用金辅助账类型为职员。

(2)具体操作。

第一步:进入参数设置界面。切换组织到集团本部.用户账号。进入设置系统参数界面的路径为【系统平台】—【系统工具】—【系统配置】—【参数设置】。

第二步:修改费用管理CP001参数。进入参数设置界面后,在左边的参数文件夹选择【财务会计】下的【费用管理】,在参数列表中查看参数CP001费用管理是否参与预算控制,如果不是,则需要设置费用管理模块的相关参数,首先设置参数编码为CP001,选中CP001后点击工具栏的"修改"进入设置参数值界面,然后点击"控制范围",进入参数控制范围界面,勾选"控制",把参数值由"否"改为"是"后点击"保存"确认,如图4-39所示。

图4-39 修改费用管理CP001参数

第三步:修改费用管理CP009参数。操作步骤参考费用管理CP001参数修改步骤。

第四步:设置集团本部费用管理系统参数—备用金辅助账类型。点击"费用管理"的"其他参数",取消勾选"行政组织",勾选"职员",然后点击"保存",如图4-40所示。

4.3.6.2 新增控制方式

控制方式的选择决定了实际业务匹配到的预算数据如何进行预算扣减,也就是预算可用余额的计算逻辑。针对预算维度组合设置控制方式,支持当期控制、累计控制、总量控制、分组控制、弹性控制等。

(1)任务描述(L013)。鑫弘机械集团本部.用户账号需要对费用进行控制,对于集团本部.用户账号的差旅费的控制方式为当期控制,并不允许超预算。

(2)任务要求。预算专员需要在系统内维护好控制方式以便预算控制能够按照集团本部.用户账号的要求进行控制,控制方式具体数据如表4-11所示。

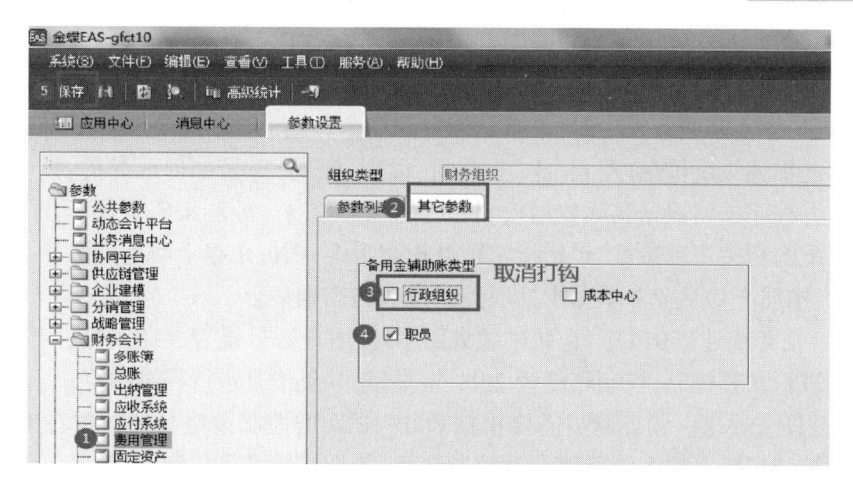

图 4-40　修改备用金辅助账类型

表 4-11　新增控制方式具体数据

成本中心	预算科目成员	控制方式	控制期间按范围	允许超预算	控制算法
集团本部	01.03 差旅费	当期控制	按季控制	不允许	明细

(3)具体操作。

第一步:进入控制方式设置界面。切换组织为集团本部.用户账号组织,进入控制方式设置界面,进入路径为【战略管理】—【预算控制平台】—【控制方式】—【控制方式】。

第二步:设置控制方式。具体操作步骤如图 4-41 所示。

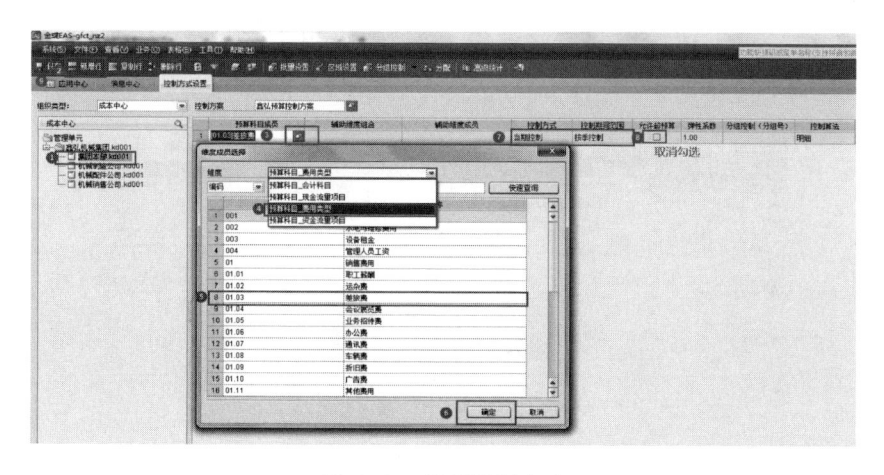

图 4-41　设置控制方式

4.3.6.3 新增控制策略

控制策略设置是用来设置业务单据上的字段信息和预算数据的匹配查询关系的,即当一个实际业务发生时,单据上设置的业务日期、组织、业务类别等信息和预算数据的描述维度信息(科目、组织、期间、币别、要素)等是如何匹配的,控制策略设置告诉程序如何根据实际数据找到相应的预算信息。控制策略提供了预算控制数据匹配的相关逻辑参数,包括指定预算扣减组织、根据单据上哪些业务项目寻找预算数,本质上是从业务单据中抽取控制参数的规则集合。

(1)任务描述(L014)。鑫弘机械集团本部.用户账号设置控制策略,对费用报销过程进行预算控制,控制年度为2019年整年,并且按月进行控制预算。

(2)任务要求。预算专员需要根据表4-12新增控制策略具体数据在EAS系统新增控制策略以便系统能够自动控制预算,最后启用预算控制策略。

表4-12 新增控制策略具体数据

策略编码	策略名称	业务系统	业务单据	开始日期	结束日期	维度组合	业务日期	预算扣减项	期间分类
001	费用报销单控制策略	费用管理	费用报销单	2019-1-1	2019-12-31	分录费用类型编码|预算科目_费用类型	申请日期	分录.预算扣减值	年+半年+季+月

(3)具体操作。

第一步:进入控制策略设置界面。切换组织为集团本部.用户账号,进入新增控制策略设置界面,进入路径为【战略管理】—【预算控制平台】—【控制策略】—【控制策略】。

第二步:设置控制策略。进入控制策略设置界面后,选中集团本部.用户账号,点击"新增",进入预算控制策略编辑界面,编辑相关资料后,点击"保存",如图4-42和图4-43所示。

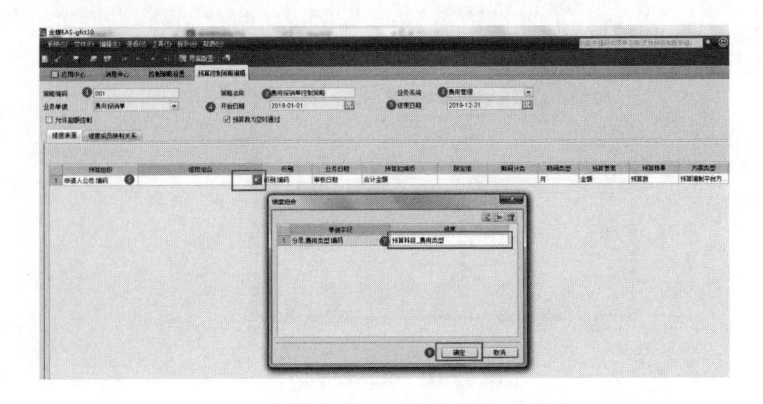

图4-42 确认维度组合

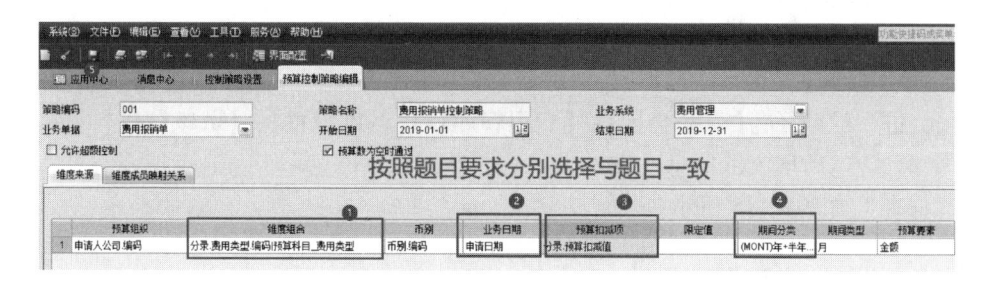

图 4-43 保存控制策略

返回控制策略设置界面,点击"启用"进行控制策略启用,如图 4-44 所示。

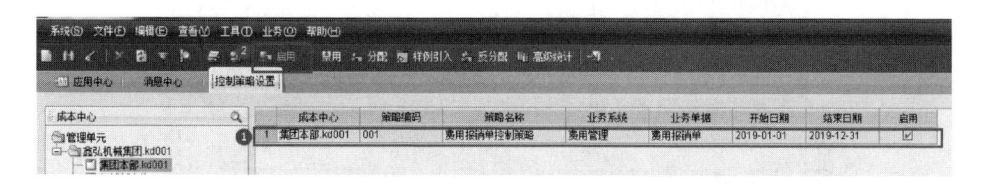

图 4-44 启用控制策略

4.3.6.4 预算控制业务实现

(1)任务描述(L015)。①新增收款信息。集团本部.用户账号费用会计新增收款信息,主要记录费用报销人银行卡情况,根据表 4-13 新增收款信息表的数据新增收款信息(此处使用学生姓名也就是分配的用户账号作为收款人录入系统)。

表 4-13 新增收款信息

收款人	收款银行	收款账号
用户账号	中国银行深圳罗湖支行	666555888009

②新增费用报销单。模拟集团本部.用户账号员工为学生姓名(用户账号)在 2019 年 1 月 23 日报销一笔销售费用——差旅费 22 000 元,发生时间是 2019 年 1 月 20 日,新增一张费用报销单,填写相关信息:

表头:申请日期为 2019-01-23;申请人部门为集团本部.用户账号,费用支付部门、公司为集团本部.用户账号;支付方式为网银支付。

表体——费用清单:业务类型为营销费用,费用类型为销售费用——差旅费,发生时间为 2019-1-20,不含税金额为 22 000 元。

表体——收款信息:收款人为学生姓名(用户账号),原币金额为 22 000 元。

费用报销单提交不了,提示:组织集团本部下差旅费预算余额不足!

（2）具体操作。

①新增收款信息。

第一步：进入收款信息界面。切换组织为集团本部.用户账号，进入收款信息界面，进入的路径为【财务会计】—【费用管理】—【基础设置】—【收款信息】。

第二步：新增收款信息。进入收款信息界面后点击"新增"，输入相关信息，点击"保存"，如题4-45所示。

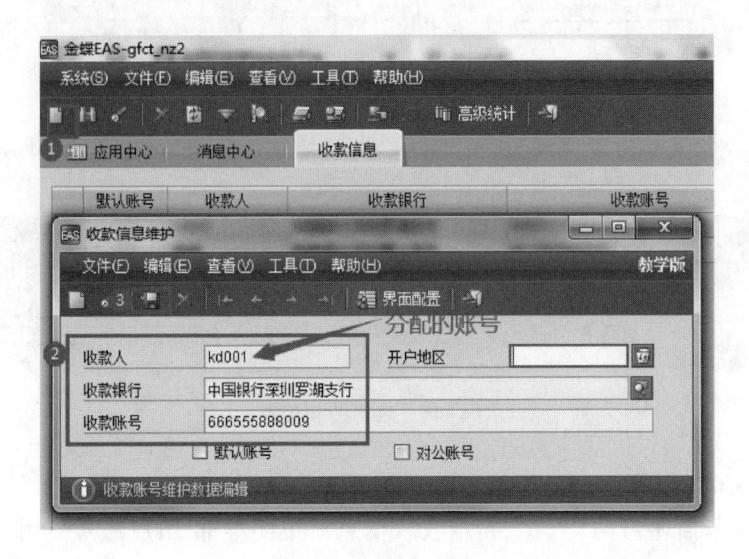

图4-45 新增收款信息

②新增费用报销单。

第一步：进入费用报销单界面。组织为集团本部.用户账号，进入路径为【财务会计】—【费用管理】—【费用报销】—【费用报销单】。

第二步：确认查询条件。点击费用报销单会弹出过滤条件，确认相应的查询条件，如图4-46所示。

【说明】

（1）确认过滤条件时，选择不同的过滤条件结果不同，务必保证过滤条件选择正确，否则有些单据查找不出来。

（2）可将经常查询的条件保存为方案，勾选"下次直接以该方案进入"。

第三步：新增费用报销单。进入费用报销单界面后点击"新增"，进入费用报销单编辑界面，在表头录入相关信息后到【费用清单】表体的页签，填写相关信息，如图4-47所示。

需要注意的是，在填写【费用清单】时，需将下方的滚动条拉动到右边，检查费用支付部门和公司是否为集团本部.用户账号，如图4-48所示。

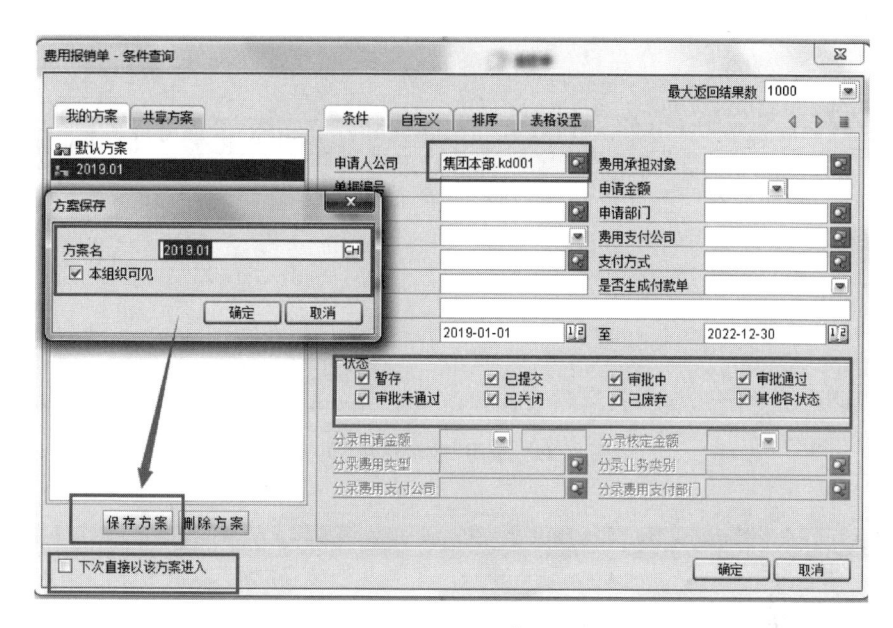

图 4-46 条件查询

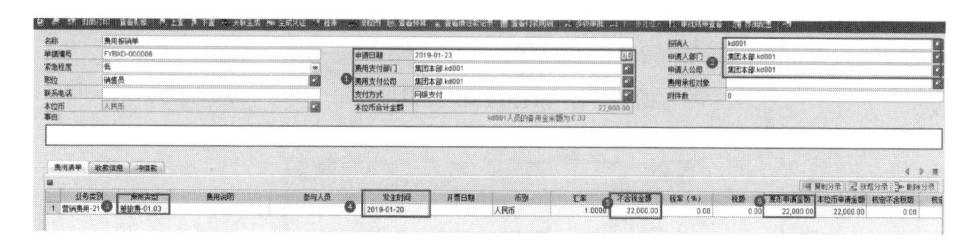

图 4-47 新增费用报销单

图 4-48 填写"费用清单"页签

然后切换到【收款信息】页签,点击"新增分录",选择前面新增的以用户账号为收款人的收款信息,点击"确定",并在"原币金额"栏输入 22 000,如图 4-49 所示。

可在单据界面上实时查询预算的情况,最后保存提交,提示预算不足时,方可继续下一道题目,如图 4-50 和图 4-51 所示。

【说明】在查看预算时,发现预算数为 0,其原因可能是预算编制表没有审批,需要返回去先审批预算表。

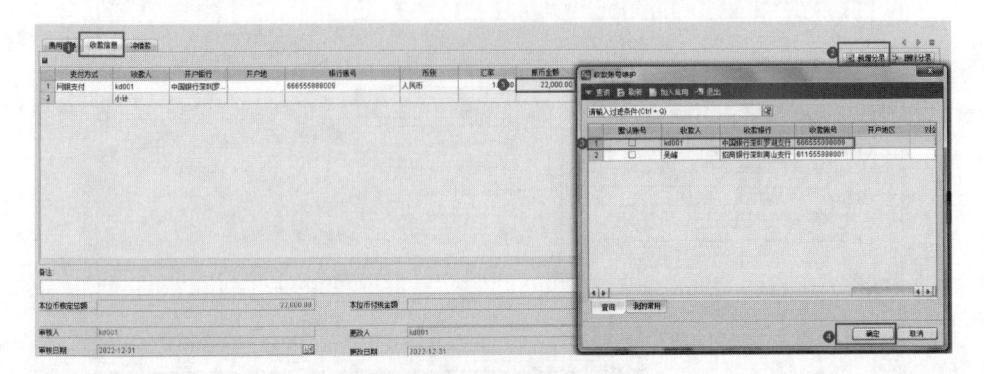

图 4-49 填写"收款信息"页签

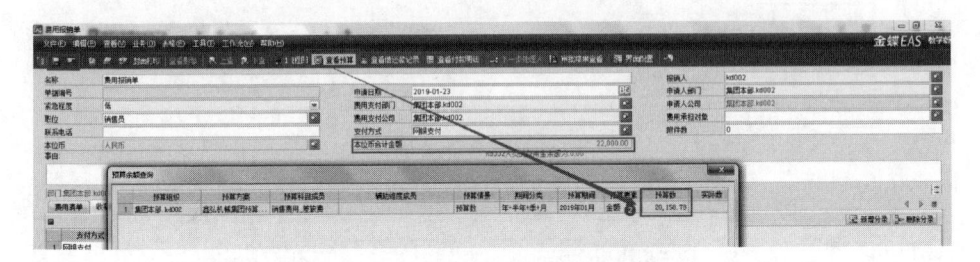

图 4-50 保存提交"费用报销单"

图 4-51 预算余额不足

4.3.7 预算调整

预算一般是提前制定的,到实际执行时,企业情况与外部经济环境可能已经发生变化,原来的假设可能已不适用,需要调整预算数据。预算表调整主要查看调整中或已审批状态的预算表,可进行预算调整、提交和审批。预算调整的一般流程是:调整申请—调整审核—预算调整—批注下达。

4.3.7.1 任务描述(L016)

原定集团本部.用户账号销售部在 2019 年 1 月预计需要完成 400 万元的业绩,按照与业务大致配比 0.5%并结合上月差旅费情况产生差旅费预算额,但 2019 年

1月市场整体比较活跃,销售部统计截止到1月20日,销售业绩已有488万元,因为业绩拉动导致的销售人员出差频次和频率发生变化,直接导致了2019年1月23日员工为学生报销差旅费超过原有预算,不可提交费用报销单,不能报销,预算专员了解情况后按照真实业绩大致配比0.5%调整销售费用—差旅费的预算,并审批调整后的预算。

4.3.7.2 任务要求

(1)集团本部.用户账号预算专员将2019年1月销售费用—差旅费预算由20 158.78元调整为24 400元,要求使用预算表调整来完成预算数据的调整。

(2)调整完成后打开原来的费用报销单,可看到预算额度已调整为24 400元,提交并审批费用报销单,维护核定金额为22 000元,完成整个预算控制—调整闭环业务。

4.3.7.3 具体操作

第一步:进入预算表调整序时簿。组织为集团本部.用户账号,进入预算表调整序时簿,进入路径为【战略管理】—【预算编制平台】—【预算调整】—【预算表调整】。

第二步:调整差旅费预算。进入预算表调整序时簿界面后,选中报表004,点击"预算调整",进入预算调整-编辑界面,将2019年1月销售费用—差旅费预算由20 158.78元调整为24 400元,如图4-52所示。

第三步:审批预算表调整。提交后的预算表调整状态为调整中(见图4-53),未生效,必须进行审批才能生效,选中预算表后点击表头"审批",进入审批界面(见图4-54),审批后的预算表调整才会生效,如图4-55所示。

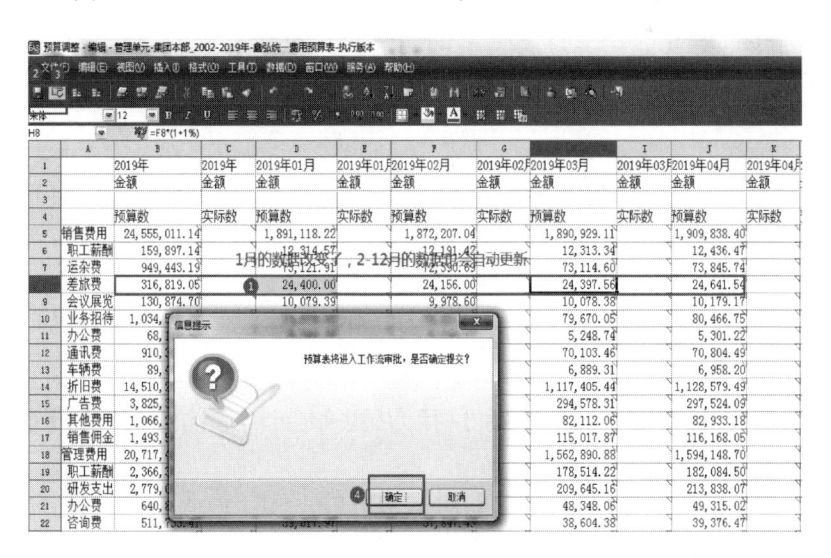

图 4-52 调整预算

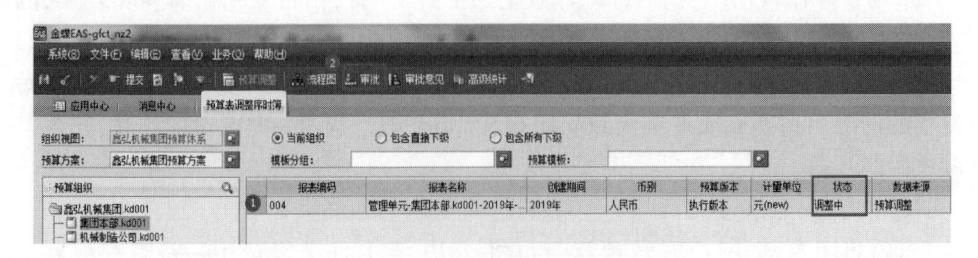

图 4-53　进入预算表调整审批界面

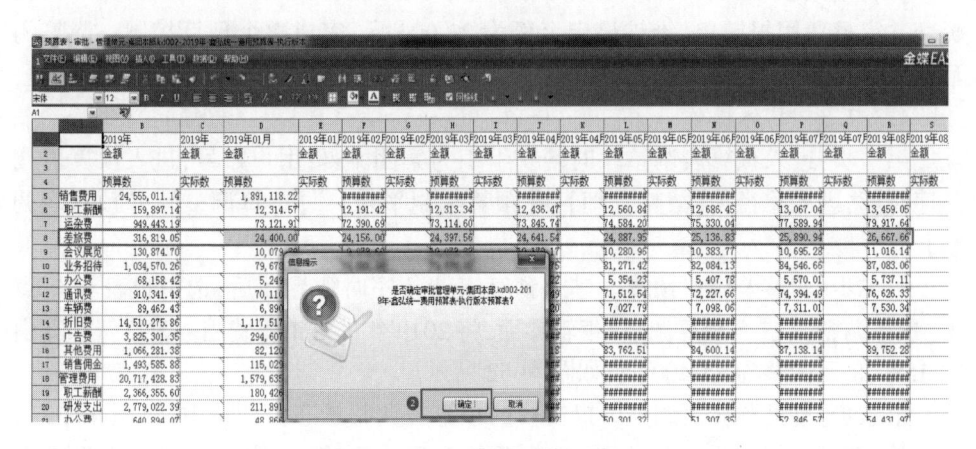

图 4-54　审批预算表调整

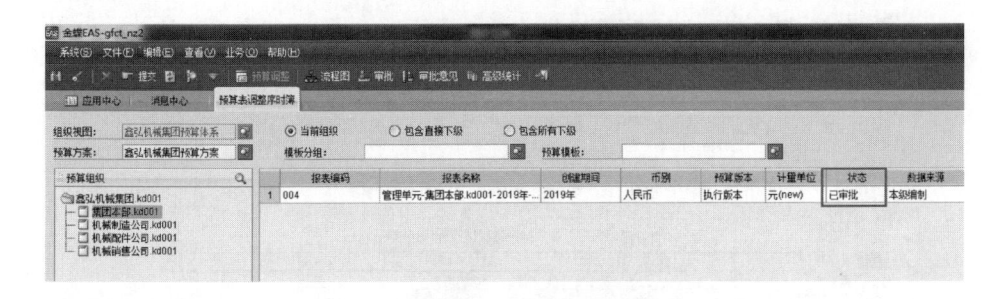

图 4-55　已审批预算表调整

第四步：返回费用报销单界面，路径为【财务会计】—【费用管理】—【费用报销】—【费用报销单】。

进入费用报销单界面后，选择费用报销单后，点击"修改"（见图 4-56），进入费用报销单编辑界面，点击"查看预算"可以看到预算的数据跟之前的 4.3.6.4（L015）的预算数不同，此处显示的预算数是调整后的预算数据，然后点击"提交"，如图 4-57 所示。

图 4-56　选择费用报销单

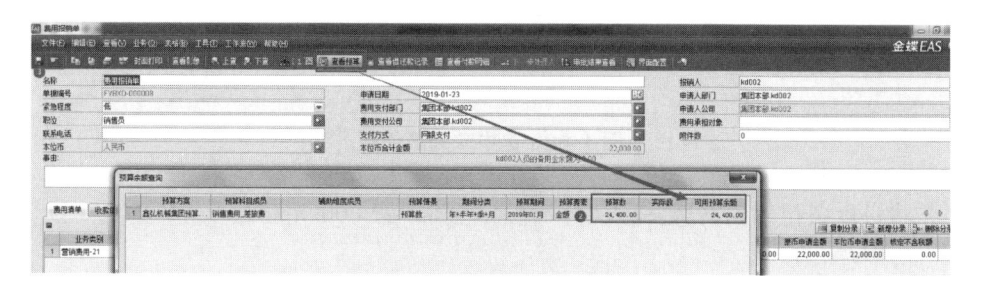

图 4-57　提交费用报销单

费用报销单提交后,该报销单回到工作流程进行审批,切换到消息中心进行审批处理,如图 4-58 和图 4-59 所示。

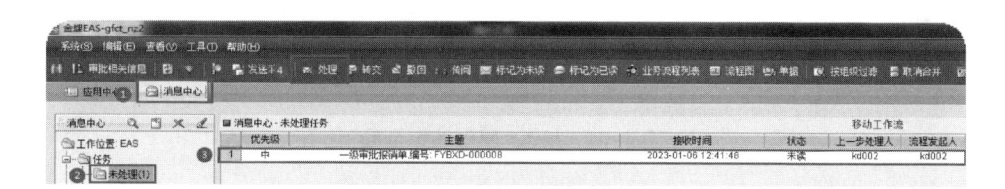

图 4-58　处理提交的费用报销单

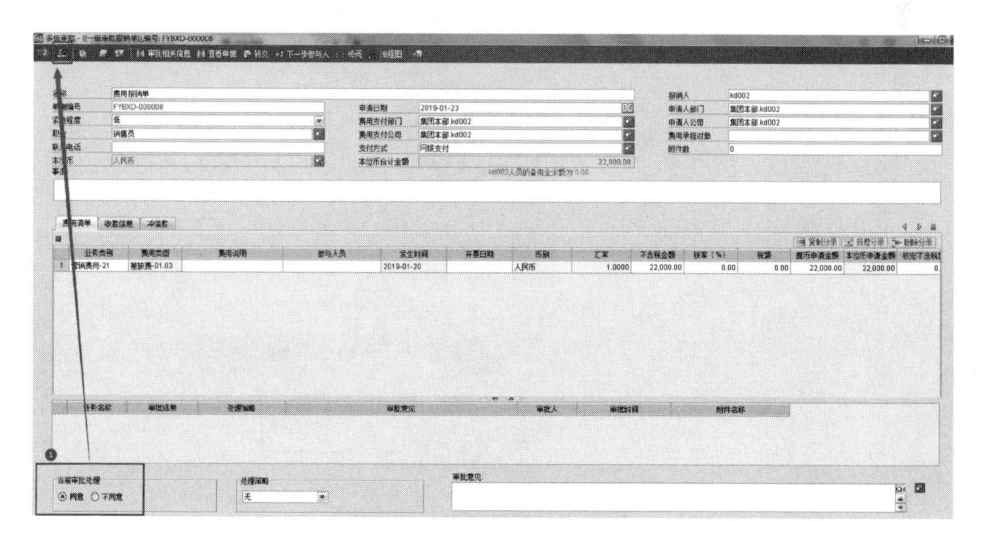

图 4-59　审批提交的费用报销单

审批后,刷新消息中心,可以看到需要填写核定金额的未处理任务,选中该任务,点击"处理",如图 4-60 所示。

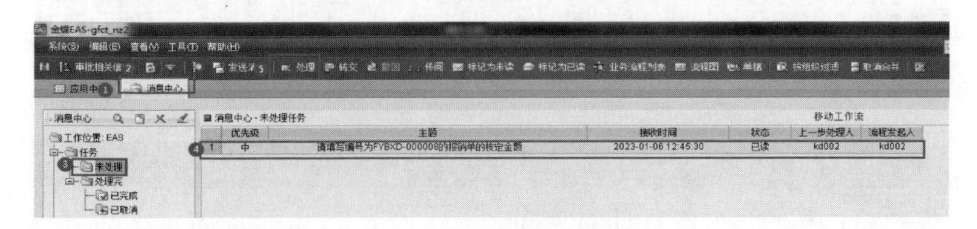

图 4-60 选中未处理任务

将进度条拉动到右边,输入"原币核定金额"22 000 元后点击"提交",审批完成,如图 4-61 所示。

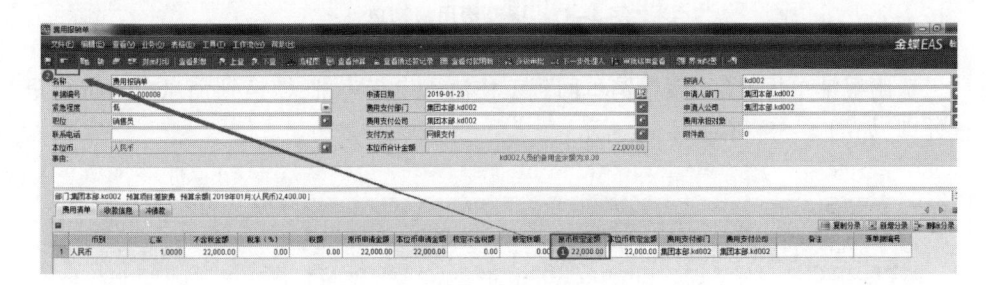

图 4-61 输入"原币核定金额"

4.3.8 滚动预算

滚动预算是预算编制的常用方法之一,其编制流程如图 4-62 所示。

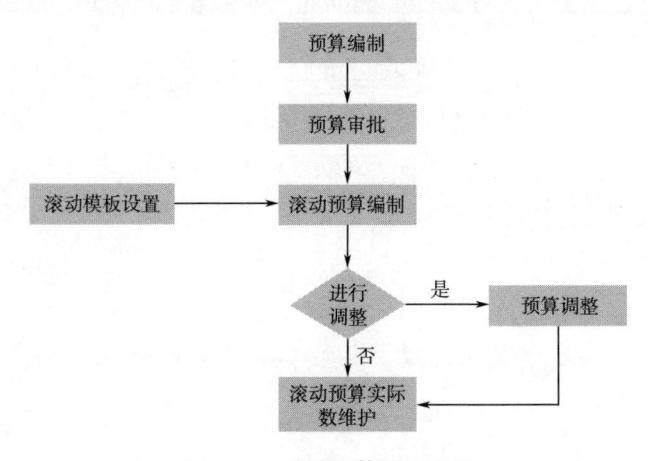

图 4-62 滚动预算编制流程

4.3.8.1 任务描述(L017)

机械制造公司.用户账号采用滚动预算方法编制制造费用预算,2018年底编制2019年第一季度预算,已知2019年1—3月第一季度制造费用预算数如表4-14所示。

表4-14　2019年1—3月第一季度制造费用预算数

编制单位:机械制造公司.用户账号

编制期间:2018年12月

项目	1月份	2月份	3月份	合计
间接人工费用	50 160	53 064	54 384	157 608
水电与维修费用	41 040	43 416	44 496	128 952
设备租金	38 600	38 600	38 600	115 800
管理人员工资	17 400	17 400	17 400	52 200

4.3.8.2 任务要求

(1)新增动态预算模板。机械制造公司.用户账号预算专员在EAS系统中新增动态模板,新增动态模板具体信息如表4-15所示。

表4-15　新增动态模板具体信息

模板编码	模板名称	预算情景	预算版本	预算科目	预算期间	预算要素	编制期间
005	制造费用滚动预算模板	预算数	执行版本	预算科目费用类型:001~004	选择维度成员:2019年1月-3月	金额	手工输入2018年12月

(2)新增机械制造公司.用户账号滚动预算方案。机械制造公司.用户账号在预算管理过程中需要进行滚动预算,为此特别新增一套滚动预算方案供滚动预算使用,机械制造公司.用户账号预算专员在EAS系统中新增机械制造公司预算方案,新增机械制造公司.用户账号滚动预算方案具体信息如表4-16所示。

表4-16　机械制造公司.用户账号滚动预算方案具体信息

编码	名称	组织视图	开始时间	结束时间	预算模板	明细维度组合
02	机械制造公司滚动预算方案	鑫弘机械集团预算体系	2019-1-1	2019-12-31	制造费用滚动预算模板	预算科目维度:费用类型;预算要素:金额;预算情景:预算数

(3)编制动态预算表。机械制造公司.用户账号预算专员在EAS系统中编制制造费用滚动预算表,预算表具体信息表4-17所示,具体数据见表4-14(注意选择不同的预算方案)。在EAS系统中编制动态预算表,提交后直接审批完成以供滚动编制预算使用。

表 4-17　机械制造公司.用户账号制造费用滚动预算表具体信息

报表编码	预算模板	币别	预算版本	创建期间	报表名称
005	制造费用滚动预算模板	人民币	执行版本	2019 年	系统会自动生成

（4）设置滚动调整模板。机械制造公司.用户账号预算专员在 EAS 系统中设置滚动调整模板，调整参数如表 4-18 所示。

表 4-18　机械制造公司.用户账号滚动调整模板调整参数

模板编码	实际数情景
005	实际数

（5）滚动预算编制。2019 年 1 月 1 日机械制造公司.用户账号预算专员在编制 2019 年 1 月滚动预算时，发现以下情况：原设备租赁合同到期，公司新签订的租赁合同中设备年租金将降低 20%。因此机械制造公司.用户账号预算专员在 EAS 系统中进行滚动预算编制并审批预算编制结果（注意选择滚动预算方案）。

4.3.8.3　具体操作

（1）新增动态预算模板。

第一步：进入预算模板列表界面。切换组织为机械制造公司.用户账号，进入预算模板列表界面，路径为【战略管理】—【预算编制平台】—【预算建模】—【预算模板】。

第二步：新增动态预算模板。进入预算模板列表界面后，选中机械制造公司.用户账号，点击"动态模板新增"，进入动态模板界面，根据表 4-15 的信息新增制造费用滚动预算模板，如图 4-63 和图 4-64 所示。

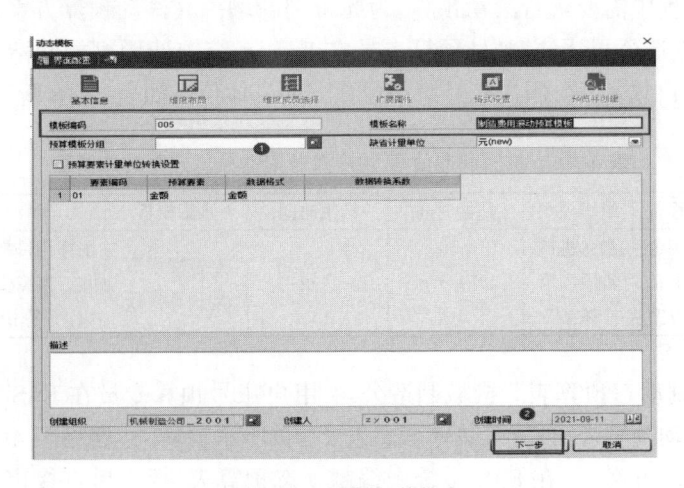

图 4-63　编辑相关信息

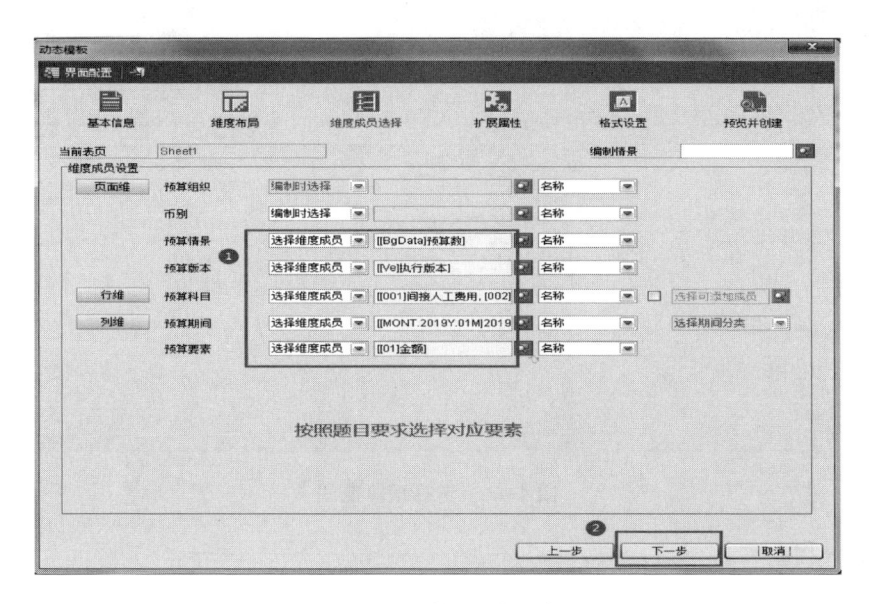

图 4-64　选择对应要素

选择预算科目时注意选择"预算科目_费用类型"001~004,如图 4-65 所示。

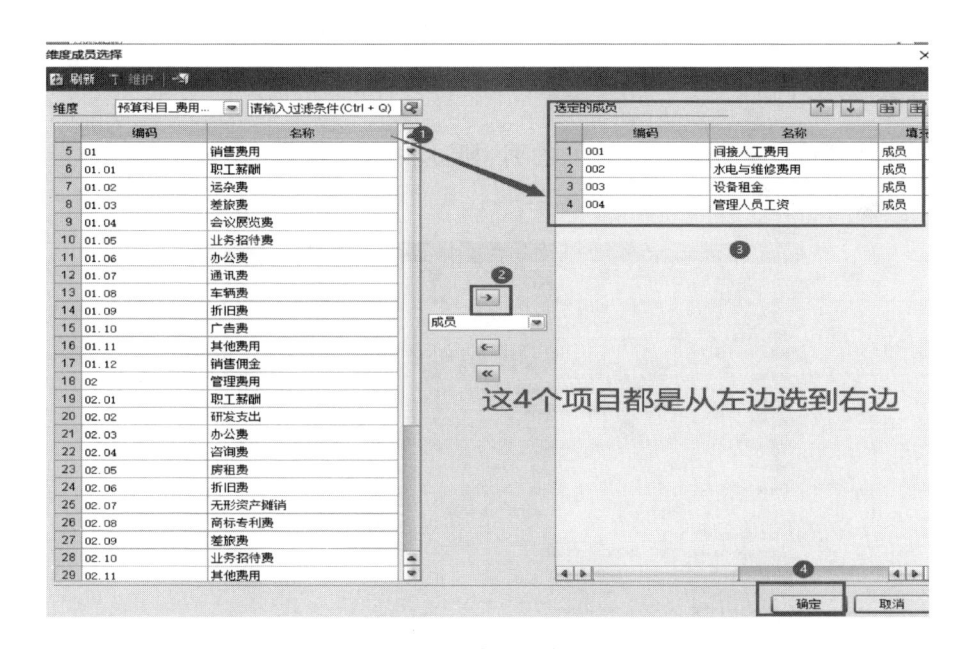

图 4-65　选择预算科目

预算期间时选择 2019 年 1—3 月,如图 4-66 和图 4-67 所示。

105

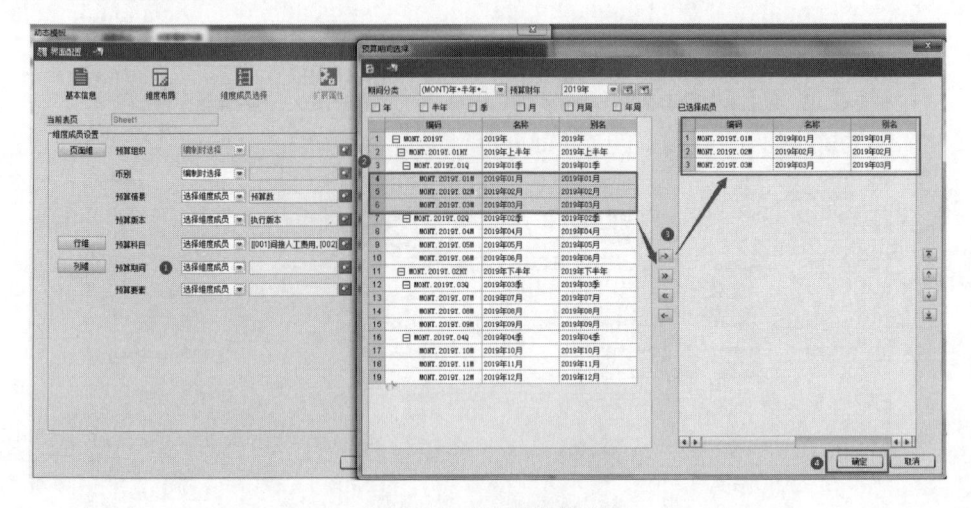

图 4-66 选择预算期间

图 4-67 不应用于其他模块的设置

"编制期间"手动输入 2018 年 12 月,如图 4-68 所示。

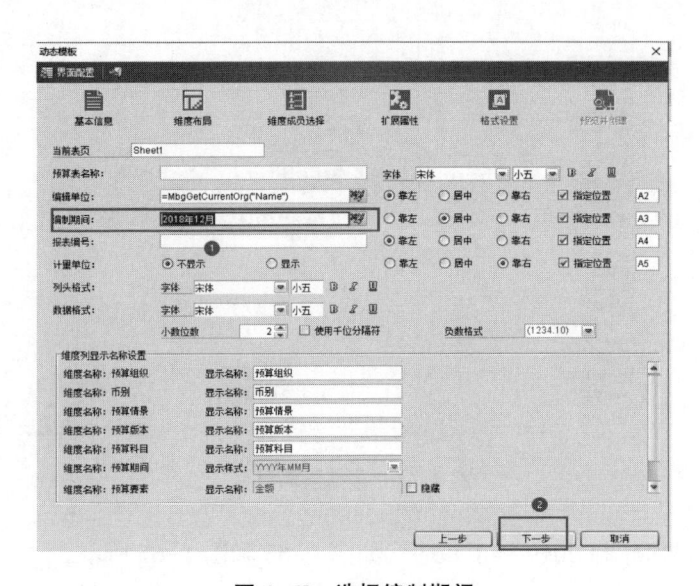

图 4-68 选择编制期间

设置完毕后保存预算模板,如图4-69所示。

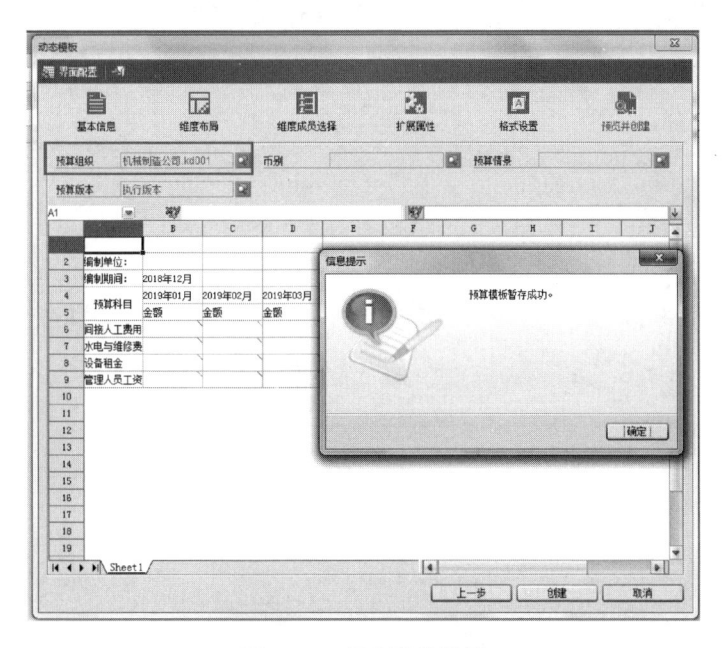

图4-69 保存预算模板

预算模板保存后,进入预算模板—编辑—制造费用滚动预算模板界面,点击"保存",完成制造费用滚动预算模板新增。返回预算模板列表,可以看到新增的制造费用滚动预算模板。

(2)新增机械制造公司.用户账号滚动预算方案。

第一步:进入预算方案界面。组织为机械制造公司.用户账号,进入预算方案界面,路径为【战略管理】—【预算编制平台】—【预算建模】—【预算方案】。

第二步:新增机械制造公司.用户账号滚动预算方案。进入预算方案界面后,点击"新增",进入预算方案编辑界面,根据表4-16的信息新增机械制造公司.用户账号滚动预算方案并保存,具体操作如图4-70和图4-71所示。

(3)编制动态预算表。

第一步:进入预算编制序时簿界面。组织为机械制造公司.用户账号,进入预算编制序时簿界面,在预算编制序时簿-条件查询界面中,选择"02 机械制造公司滚动预算方案"。

第二步:编制制造费用滚动预算表。进入预算编制序时簿界面后,点击"动态表新增",进入动态表-新增界面,根据表4-17的内容编辑相关数据后点击"保存"(见图4-72),进入动态表-编辑界面,根据表4-14的内容录入相关数据后点击"保存"并"提交",进入审批流程,如图4-73所示。

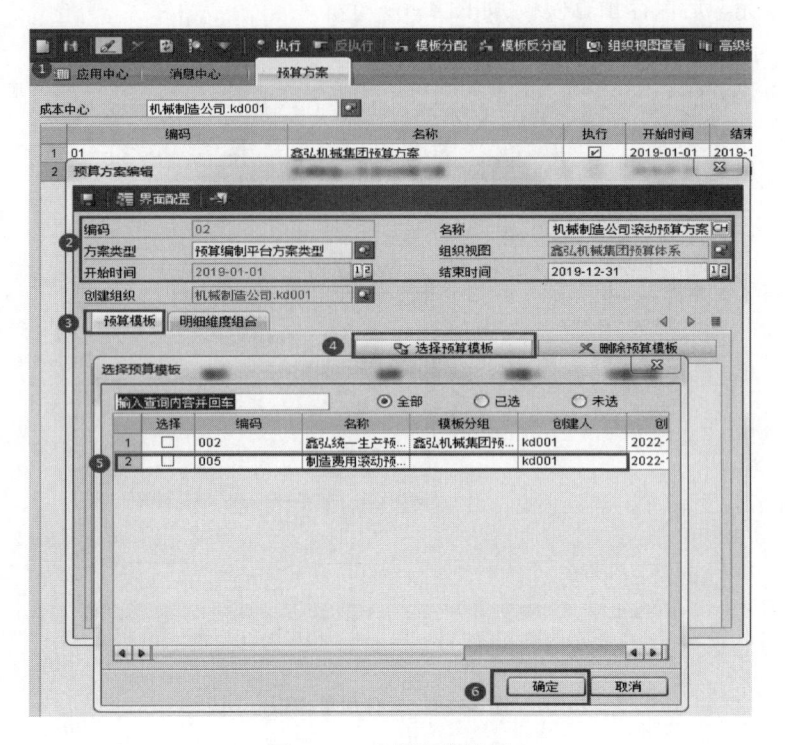

图 4-70 选择预算模板

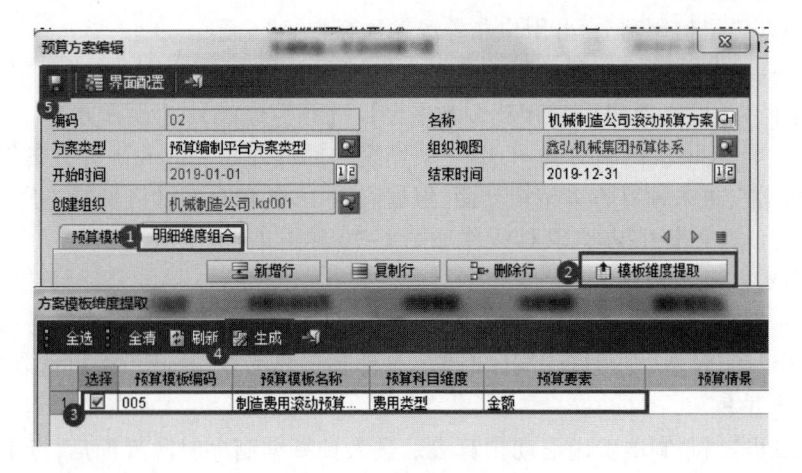

图 4-71 模板维度提取

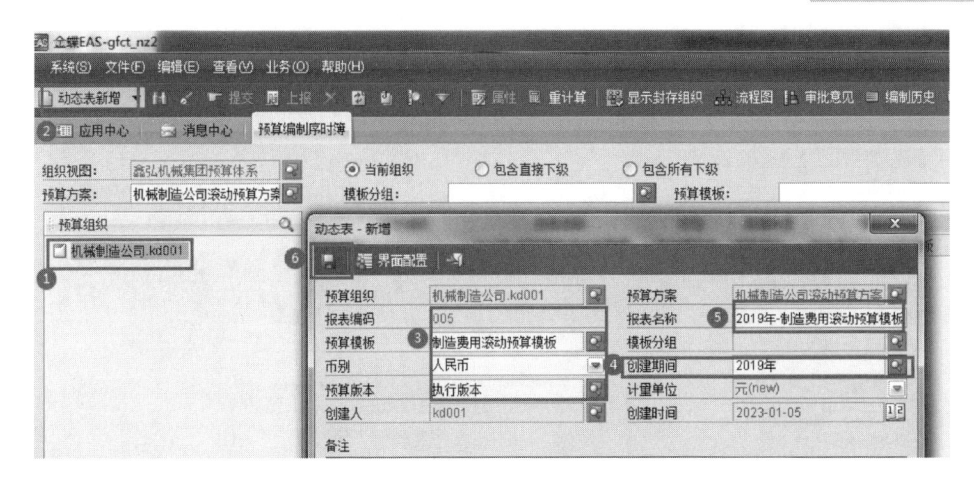

图 4-72 新增制造费用滚动预算表

【说明】新增制造费用滚动预算表时注意选择创建期间为"2019 年"。

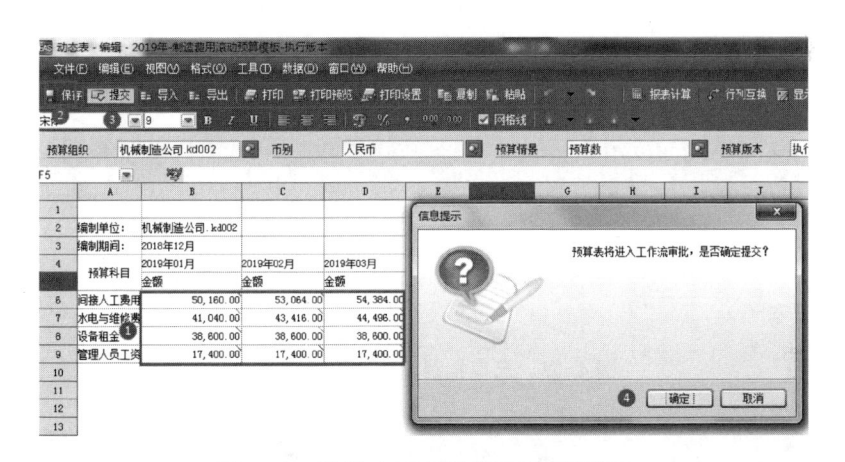

图 4-73 编制、提交制造费用滚动预算表

第三步:审批制造费用滚动预算表。进入预算审批序时簿界面,选中需要审批的报表(005),点击"审批",进行制造费用滚动预算表审批(见图 4-74),审批通过后,需要审批的报表(005)状态变为"已审批",如图 4-75 所示。

(4)设置滚动调整模板。

第一步:进入滚动调整模板设置界面。组织为机械制造公司.用户账号,进入滚动调整模板设置界面,进入路径为【战略管理】—【预算编制平台】—【预算调整】—【滚动调整模板设置】。

第二步:设置滚动调整模板。进入滚动调整模板设置界面后,点击"新增",进入滚动模板设置界面,根据表 4-18 的内容编辑相关数据后点击"确定",确认滚动预算模板设置保存成功,如图 4-76 所示。

109

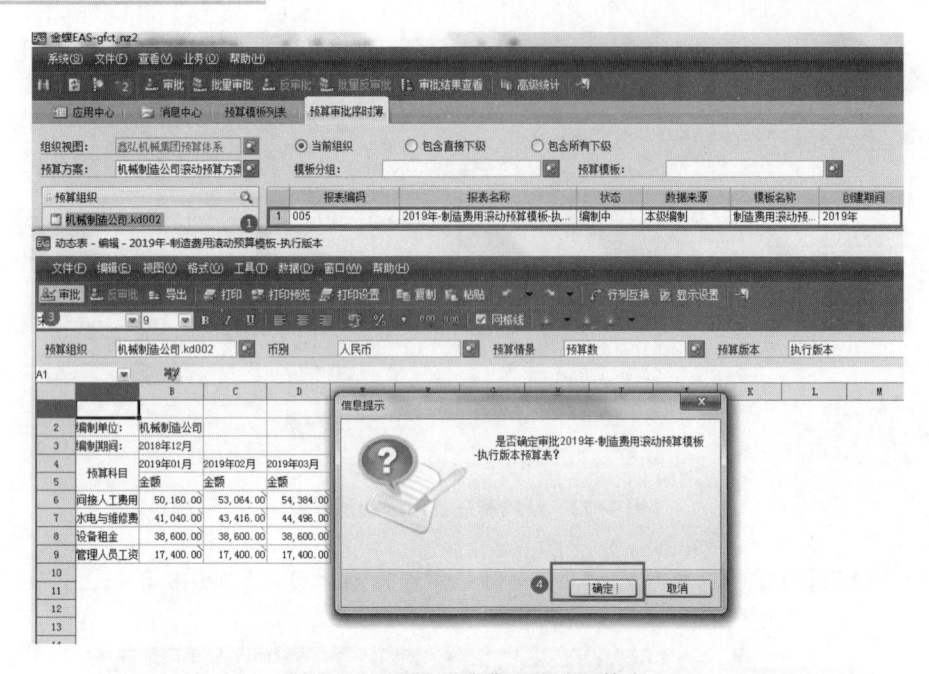

图 4-74　审批制造费用滚动预算表

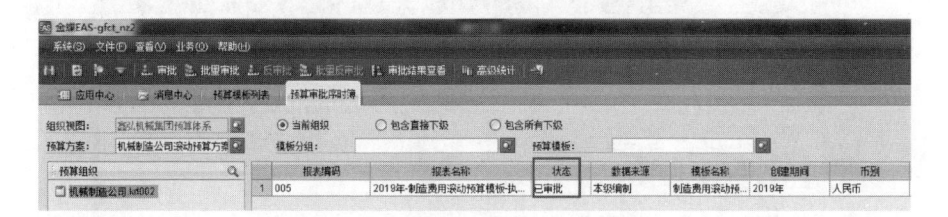

图 4-75　已审批制造费用滚动预算表

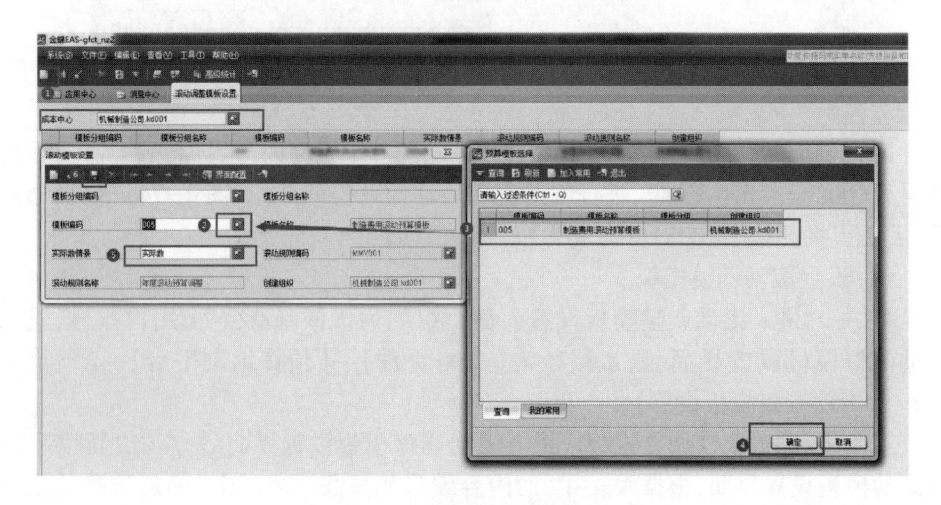

图 4-76　设置滚动调整模板

(5)滚动预算编制。

【说明】滚动预算编制进行滚动调整后,操作不可逆,请谨慎操作,1月滚动预算调整一经审批,无法返回1月滚动预算调整状态,直接跳转至2月滚动预算调整,请确认无误后再审批滚动预算调整结果。

第一步:进入滚动预算调整。组织为机械制造公司.用户账号,进入滚动调整模板设置界面,进入路径为【战略管理】—【预算编制平台】—【预算调整】—【滚动调整】。

第二步:修改2019年1月的设备租金。进入滚动调整序时簿界面后,选中需要调整的报表(005),点击"滚动编制",进入动态表-编辑界面,根据题目要求,把2019年1月的设备租金修改成"30 880",点击"保存",如图4-77所示。

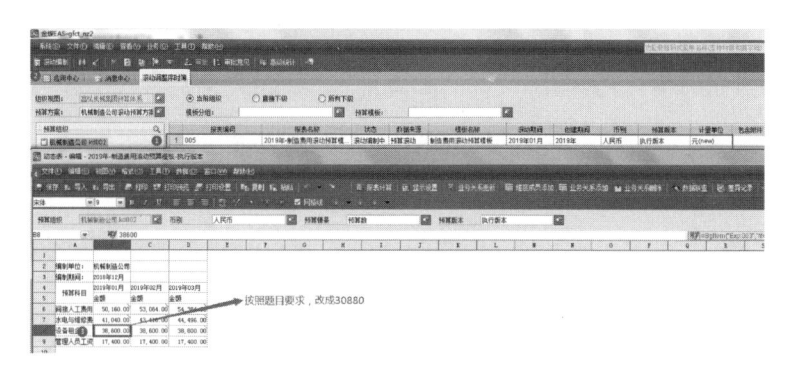

图4-77 修改设备租金

第三步:审批修改后的制造费用滚动预算表。在滚动调整序时簿界面,选中需要审批的报表(005),点击工具栏上的"审批"按钮,进入动态表审批界面,点击"审批",确定审批,选择"审批通过"后点击确定,完成滚动调整审批,如图4-78所示。

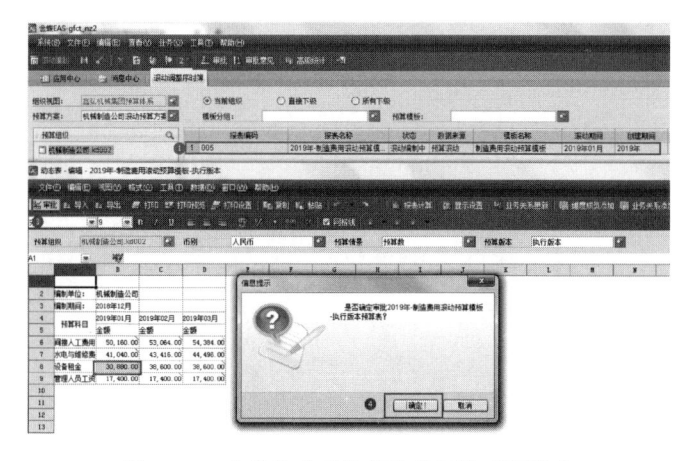

图4-78 审批修改后的制造费用滚动预算表

第四步：审批通过后，返回滚动调整序时簿，选中报表（005），点击"滚动编制"，然后"保存"，可以看到滚动预算表的滚动期间为2019年2月，则说明1月的滚动预算调整已经完成，如图4-79所示。

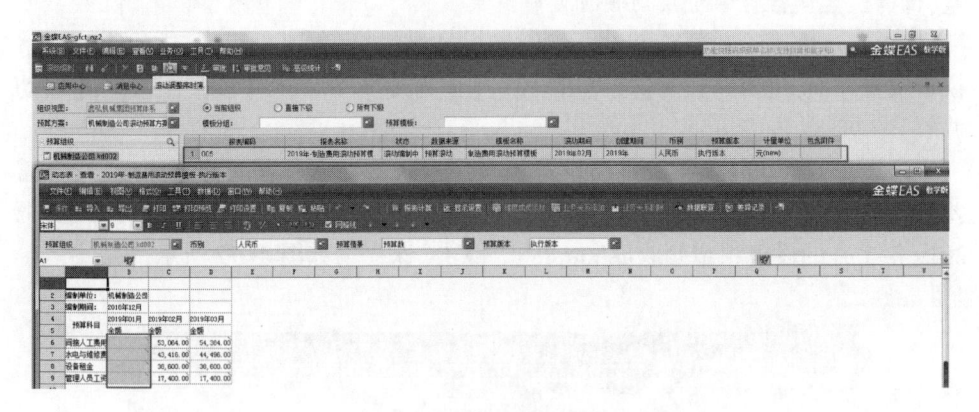

图4-79 完成制造费用滚动预算

5 费用管理

5.1 费用管理概述

5.1.1 集团费用管理

5.1.1.1 集团费用管理的概念

集团费用管理是集团财务管控重要的组成部分,主要是对与集团企业生产、销售、管理相关的费用进行管理。通过集团费用管理规范集团各项费用使用标准和流程,降低集团费用支出,提高集团竞争力。一个集团企业费用管理体系包含费用预测、费用预算、费用核算、费用控制、费用考核/分析以及费用预算6个部分。

5.1.1.2 集团费用管理的形式

集团费用管理主要是由集团财会部门对全部费用支出及费用水平实行综合管理,并按照集团内部组织的分工,实行分级负责,分口管理。同时由集团根据各项预算和计划,对费用进行预算管理和计划管理。集团费用管理的形式如图5-1所示。

图 5-1 集团费用管理的形式

5.1.1.3 集团费用管理的价值和意义

费用管理是集团管控的重要组成部分,也是集团企业进行未来战略决策的一个必不可少的过程,它为整个集团企业的资金流畅奠定了基础,有利于集团企业降低费用,加强管控和提高集团竞争力。

5.1.1.4 集团费用管理流程

集团费用管理流程如图5-2所示。

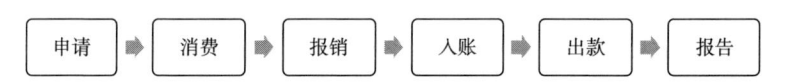

申请 → 消费 → 报销 → 入账 → 出款 → 报告

5-2 集团费用管理流程

5.1.2 EAS系统费用管理模块

费用管理模块属于 EAS 财务会计系统,主要解决日常办公中的借款、报销和费用申请等问题。模块包含 8 个标准表单:借款单、费用报销单、出差借款单、差旅费报销单、费用申请单、出差申请单、物品采购费用报销单、还款单。这些表单之间可以相互关联生成。一般在使用时,表单会先跑一个工作流,工作流审批通过以后,再由表单生成凭证或付款单,从而实现业务审批与财务处理的无缝集成。

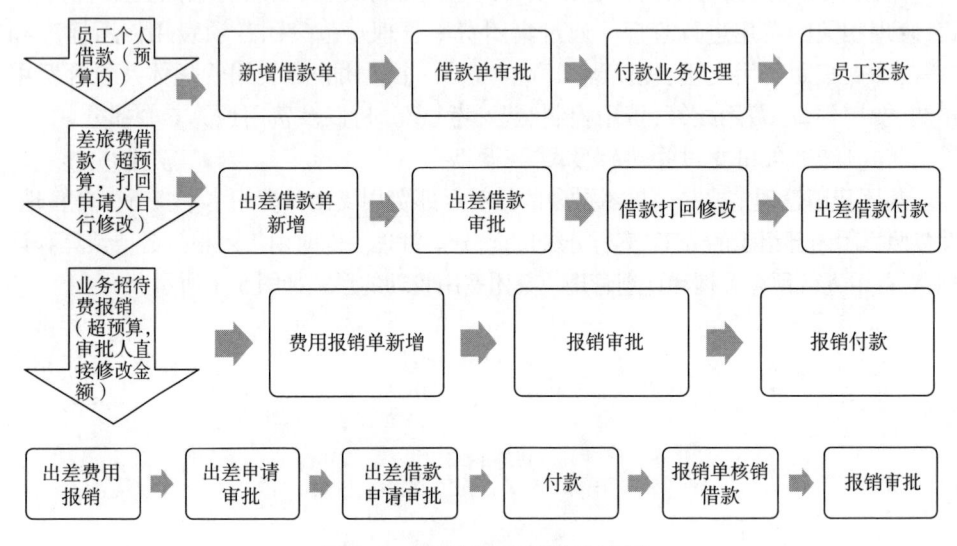

5.2 费用管理实验整体流程

费用管理实验整体流程如图 5-3 所示。

图 5-3 费用管理实验整体流程

5.3 业务实操

5.3.1 员工个人借款

员工个人借款属于单独借款流程,使用借款流程的表单为借款单。借款单用于借款,是一个业务、财务集成的表单。它的业务流程包含工作流审批和财务处理两个过程。新建借款单后首先进行一个工作流审批过程,审批通过以后进行财务过程,借款单可以直接生成凭证。

借款单的主要业务流程包括:①手工在 EAS 客户端新建借款单。②在 EAS 客户端进行借款单工作流审批。③对借款单进行财务处理,生成付款单或凭证。④借款单关联生成费用报销单。⑤借款人在 EAS 客户端进行还款操作。⑥在 EAS 客户端手工关闭借款单。

在实操中,需要正确理解单据状态。

已提交:审核人可以对该单据进行审批处理。如果审核人还未打开过该单据,则制单人可以修改单据内容。

废弃:不再对该单据进行任何操作,涉及的预算进行返还处理。

审核通过:该单据可以进行后续单据生成或后续业务处理。

已付款:借款通过后,出纳已经付款给借款人。

5.3.1.1 任务描述(预算内)(L018)

2019年1月2日,机械销售公司.用户账号销售部吴峰因身体原因需要住院,但高额的住院费使吴峰一时无法承担。情急之下,吴峰向公司进行个人借款10 000元。

5.3.1.2 任务要求

(1)新增借款单。新增借款单之前,在【参数设置】的费用管理—其他参数设置中,修改"备用金辅助账类型"为"职员"。新增收款信息收款人为"吴峰",收款银行为"招商银行深圳南山支行",收款账号为"611555888001"。2019年1月2日,新增借款单,申请人为"吴峰",支付方式为"网银支付";在费用清单页签下,选择费用类型为行政管理—其他费用(02.11),输入借款用途为"员工个人借款",原币申请金额与原币核定金额均为10 000元。

(2)借款单审批。当天(2019年1月2日)部门经理和总经理经核实,同意了吴峰的借款申请及10 000元的核定金额。

(3)付款业务处理。2019年1月2日,机械销售公司.用户账号出纳按照审核通过的核定金额,付款给吴峰,根据审批通过的借款单关联生成付款的付款单即可,付款科目为"库存现金",选择对方科目核算项目为职员吴峰,当天审核通过并付款,财务会计生成凭证,当天财务主管审核通过。

(4)员工还款。2019年1月20日,吴峰痊愈出院,并将借款10 000元全部归还给公司,在费用报销模块,打开借款单,点击还款即可,修改业务日期为"2019年1月20日",收款账号为"销售公司收付账户.用户账号",付款科目为"库存现金",在对方科目核算项目页签下,勾选选择框,编码及名称为"02.用户账号 吴峰",在当天付款给公司,财务会计生成凭证,当天财务主管审核通过。

5.3.1.3 具体操作

(1)新增借款单。

第一步:修改参数设置。切换当前组织为"机械销售公司.用户账号",进入参数设置的路径为【系统平台】—【系统工具】—【系统配置】—【参数设置】。进入参数设置界面后,在左侧依次双击"财务会计""费用管理",然后在右侧的"其他参数"界面,只勾选备用金辅助账类型为"职员",最后点击"保存",如图5-4所示。

【说明】

(1)员工在规定范围内,可自行进行借款处理。单据状态为"已提交"但审批人没有打开时,制单人可修改单据;如果审批人打开过借款单,表单则不能修改。

(2)员工之前有审核通过的费用申请时,可直接关联生成对应借款单。

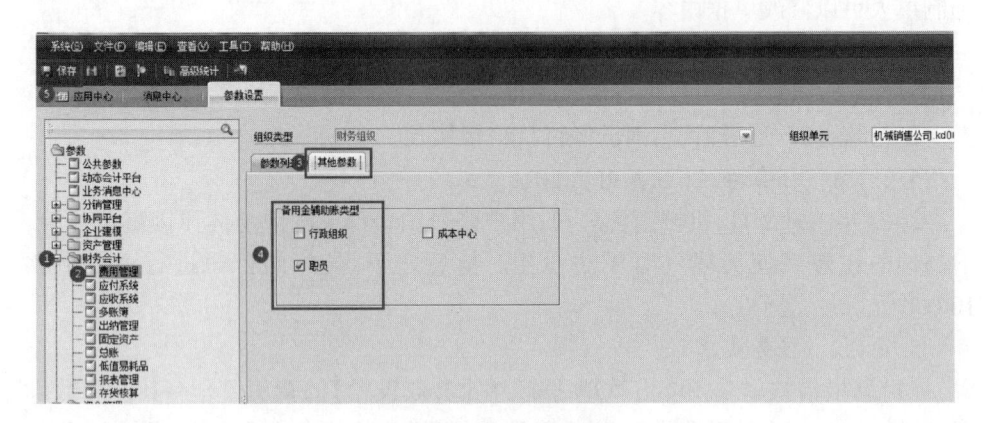

图 5-4　修改参数设置

第二步:新增收款信息。参数设置保存完毕后,新增收款信息,进入收款信息界面的路径为【财务会计】—【费用管理】—【基础设置】—【收款信息】。进入收款信息界面后,点击"新增",按照题目要求输入相关信息后单击"保存",如图 5-5 所示。

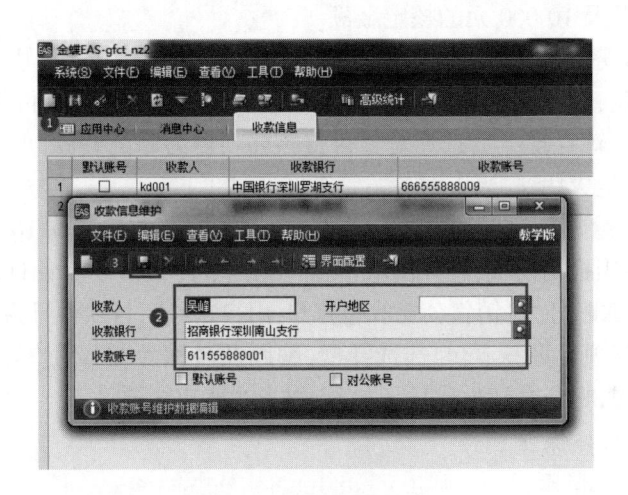

图 5-5　新增收款信息

【说明】在日常业务开始前,可以使用基础资料里的信息来新增收款信息,维护后,借款类和报销类单据新增或维护时可以选择收款信息。

第三步:新增借款单。收款信息保存完毕后,进入新增借款单界面,进入的路径为【财务会计】—【费用管理】—【费用报销】—【借款单】。在借款单-条件查询界面,选择开始日期为"2019 年 1 月 1 日",状态全选,点击"确定",进入借款单序时簿界面,点击"新增",然后按照任务要求(1)录入相关信息,信息审核无误后保存提交,如图5-6和图5-7所示。

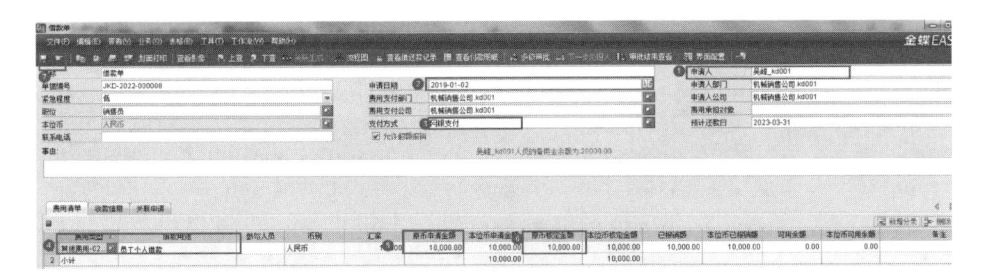

图5-6 录入借款单信息

【说明】如果借款单上显示备用金辅助账是0,需核实销售公司辅助账备用金是否录入数据了,是否全部初始化了。

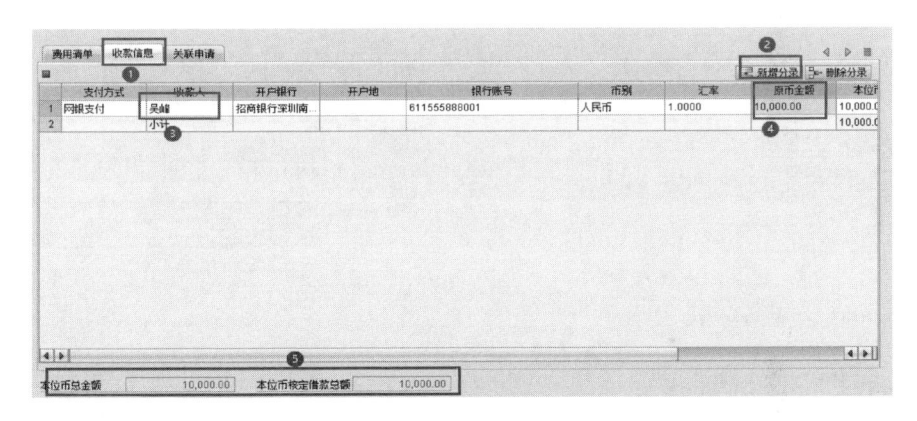

图5-7 录入收款信息

【说明】在费用清单界面,选择费用类型为"行政管理—其他费用",注意不要选错。

(2)借款单审批(二级审批后核定金额)。

第一步:一级审批。当前组织为"机械销售公司.用户账号",在消息中心界面,点击"刷新",可以在未处理业务中看到主题为"一级审批借款单"的未处理任务消息提醒,选中该未处理任务,点击"处理",进行一级审批,最后依次点击"保存""提交审批结果"。

第二步:二级审批。提交一级审批结果后,在消息中心界面,可以在未处理业务中看到主题为"二级审批借款单"的未处理任务消息提醒,选中该未处理任务,点击"处理",进行二级审批,最后依次点击"保存""提交审批结果"。

第三步:借款单报销金额核定。提交二级审批结果后,在消息中心界面,可以在未处理业务中看到主题为"请填写借款单的报销核定金额"的未处理任务消息提醒(见图 5-8),选中该未处理任务,点击"处理"进入报销金额核定界面,进行金额核定并提交,如图 5-9 所示。

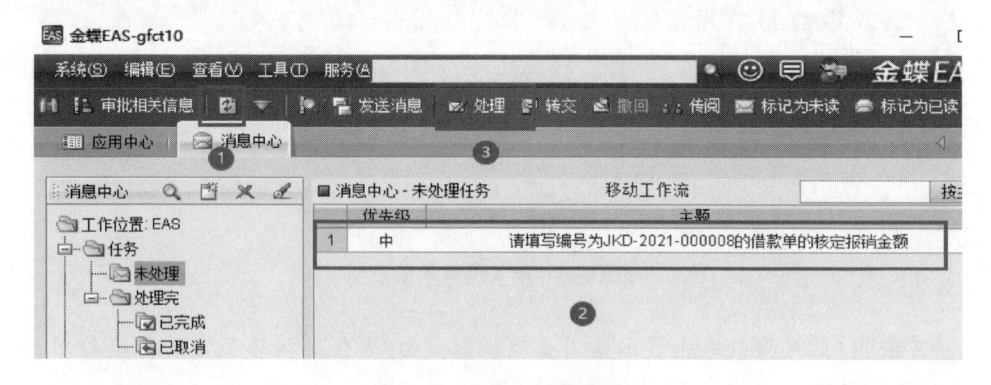

图 5-8 选择未处理任务

图 5-9 借款单报销金额核定并提交

【说明】

(1)员工提交借款单后,系统自动给审批人发送消息提醒,进行工作流审批。

(2)一级审批人可以看到借款单详细信息,审核金额等信息是否符合要求,给出审批意见并提交审批结果。

(3)二级审批人根据一级审批人的意见以及借款单详情,判断是否审批通过。

(4)二级审批通过后,领导根据公司预算等实际情况,决定是否需要更改借款单的核定金额。

(3)付款业务处理。

第一步:新增付款单并保存提交。当前组织为"机械销售公司.用户账号",进入借款单序时簿界面,进入路径为【财务会计】—【费用管理】—【费用核算】—【借款单】。进入借款单-条件查询界面,选择业务开始日期为"2019年1月1日",点击"确定",进入费用核算的借款单序时簿界面。选中审批通过的借款单(金额为10 000元),点击"关联生成",目标单据类型为"付款单",转换规则为"借款单到付款单(付款用)"(见图5-10),点击"确定",进入付款单编辑界面,进行付款单编辑(见图5-11),并保存提交,如图5-12所示。

图5-10 借款单转换成付款单

【说明】转换规则不能选错,在操作时注意检查。

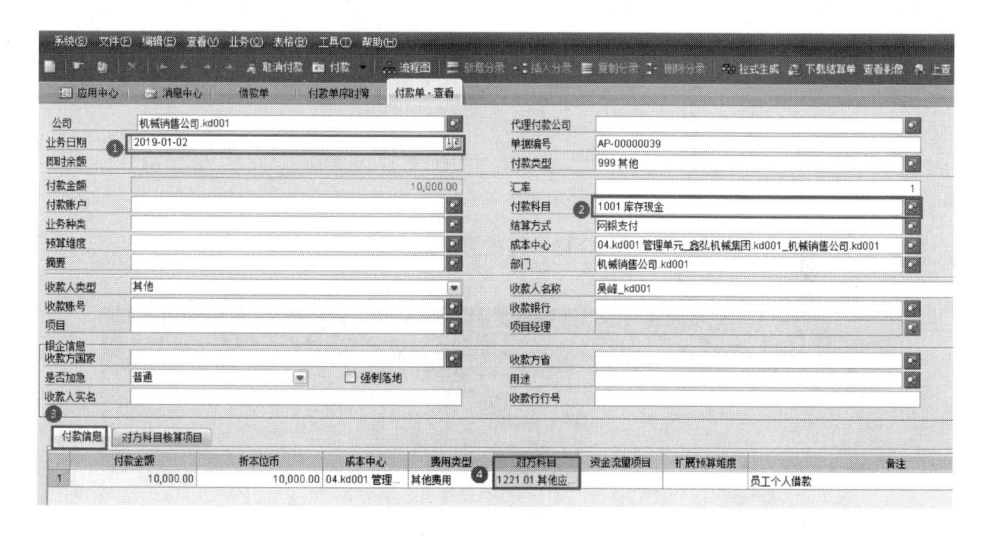

图5-11 编辑付款单

第二步:付款单审批、付款并生成凭证。付款单提交后,进入付款单序时簿界面进行付款,进入路径为【财务会计】—【出纳管理】—【收付款处理】—【付款单查询】,进入条件查询界面,选择业务开始日期为"2019年1月1日",点击"确定"进入付款单序时簿界面,进行付款并生成凭证,如图5-13所示。

第三步:提交、审核凭证,如图5-14所示。

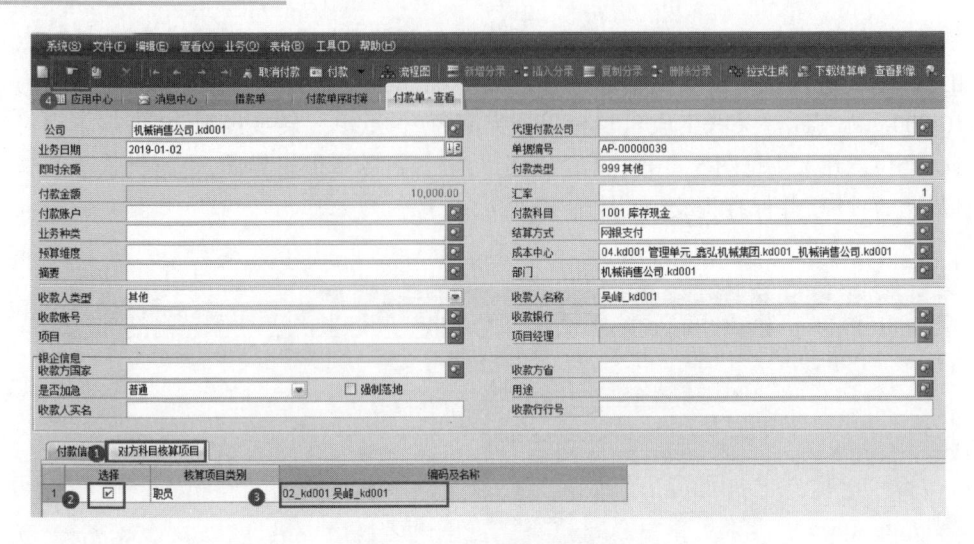

图 5-12　保存并提交付款单

图 5-13　付款并生成凭证

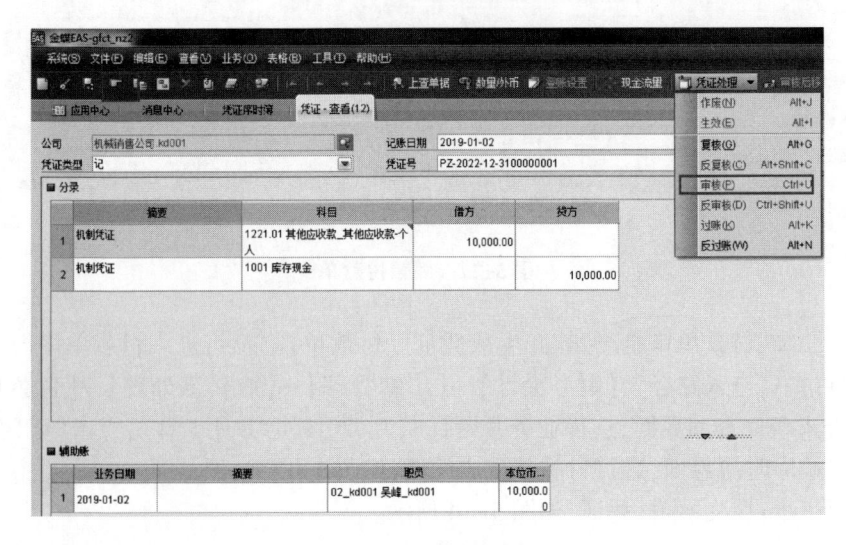

图 5-14　提交并审核凭证

【说明】生成的凭证如果还没审核也可以通过【财务会计】—【总账】—【凭证处理】—【凭证查询】进入凭证序时簿界面,找到还没审核的凭证提交审核。

(4)员工还款。

第一步:生成还款付款单。当前组织为"机械销售公司.用户账号",进入费用核算的借款单界面,进入路径为【财务会计】—【费用管理】—【费用核算】—【借款单】。进入借款单-条件查询界面,选择开始日期为"2019 年 1 月 1 日",点击"确定",进入借款单界面,选中审批通过的借款单(金额为 10 000 元),点击"还款",按照转换规则[目标单据类型为"付款单",转换规则为"借款单到付款单(还款用)"],生成付款单,如图 5-15 所示。

图 5-15　生成付款单

进入付款单编辑界面,编辑相关信息,保存并提交,如图 5-16 和图 5-17 所示。

图 5-16　编辑付款单

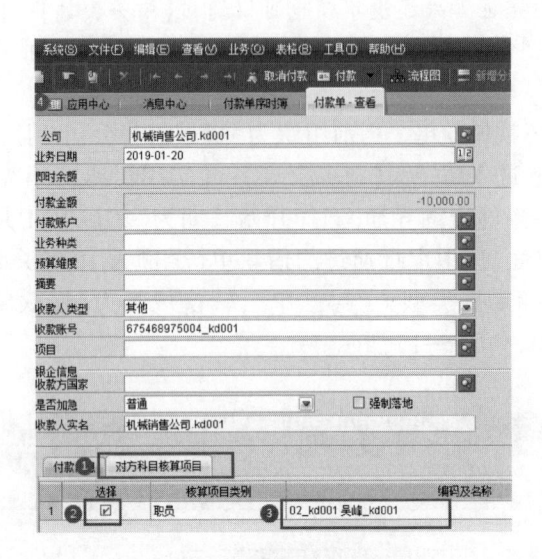

图 5-17 保存、提交付款单

第二步:付款单审批,付款并生成凭证。
第三步:提交并审核生成的凭证,如图 5-18 所示。

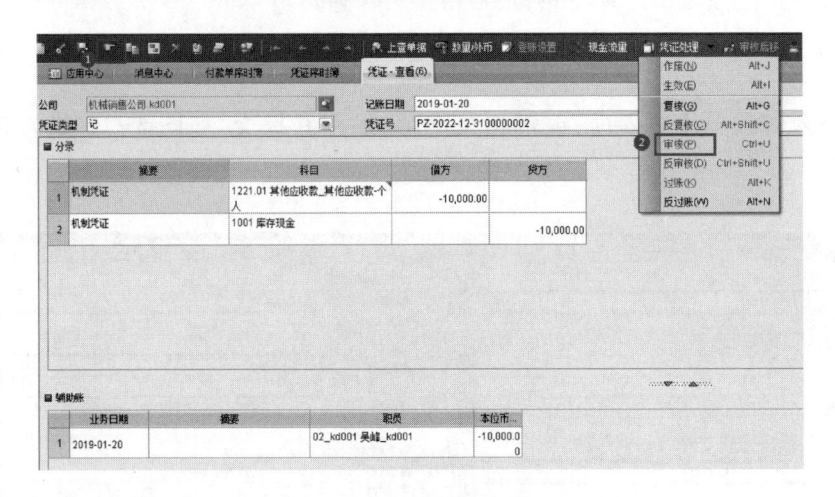

图 5-18 提交并审核凭证

5.3.2 差旅费借款

差旅费借款属于单独借款流程,使用借款流程的表单为出差借款单。出差借款单用于出差相关费用借款,是一个业务、财务集成的表单。它的业务流程包含工作流审批和财务处理两个过程。出差借款单变为"已付款"状态,说明借款动作完成,钱已经付出,后面就可以进行报销或还款了。

出差借款单的主要业务流程包括：①手工在EAS客户端新建出差借款单。②在EAS客户端进行工作流审批。③对出差借款单进行财务处理，生成付款单或凭证。④出差借款单关联生成差旅费报销单。⑤在EAS客户端进行还款操作(未报销完才需要还款)。⑥在EAS客户端手工关闭出差借款单。

5.3.2.1　任务描述(超预算，打回申请人自行修改)(L019)

(1)出差借款单新增。2019年1月10日，机械销售公司.用户账号销售部吴峰将从深圳出发前往北京出差一周，已购来回机票共2 050元，预计市内公交费250元，住宿费1 350元，原币核定金额3 650元，由于金额较大，特向公司申请出差借款。1月8日，销售部吴峰进行出差借款单新增，支付方式为网银支付。

(2)出差借款审批。2019年1月8日，部门经理同意借款给吴峰，但是总经理根据本季度的差旅费预算计划以及员工个人报销标准，判定吴峰的报销金额不合理，比正常规定的差旅费报销额度高出5%，将吴峰的出差借款申请打回。

(3)出差借款打回修改。2019年1月8日，销售部吴峰修改住宿费为1 167.5元，原币核定金额为3 467.5元，重新提交审批，当天部门经理和总经理审核通过。

(4)出差借款付款。2019年1月9日，出纳根据审批通过的借款单核定金额，付款给吴峰，在费用核算—出差借款单中，关联生成付款单，付款科目为"库存现金"，选择对方科目核算项目为职员吴峰，当天审批通过并付款，财务会计生成凭证，当天财务主管审核通过。

5.3.2.2　具体操作

(1)出差借款单新增。

第一步：进入出差借款单界面。当前组织为"机械销售公司.用户账号"，进入出差借款单界面的路径为【财务会计】—【费用管理】—【费用报销】—【出差借款单】，在出差借款单条件查询界面，修改开始日期为"2019年1月1日"，点击"确定"，进入出差借款单界面。

第二步：新增出差借款单。进入出差借款单界面后，点击"新增"，进入出差借款单-新增界面，录入相关信息后，依次点击"保存""提交"，如图5-19所示。

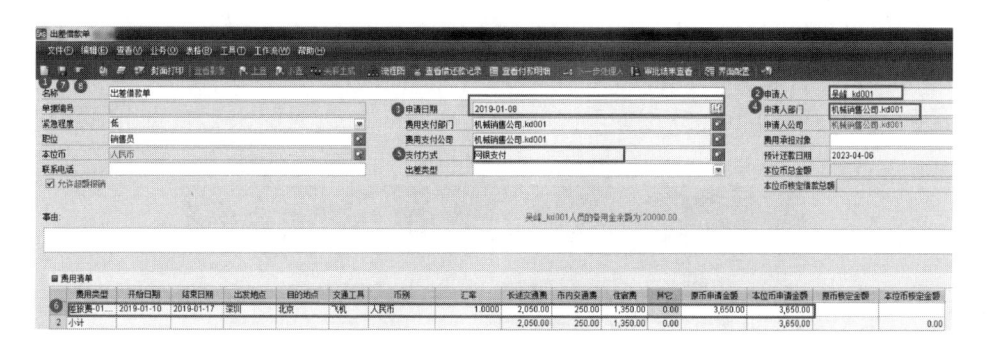

图5-19　新增出差借款单

(2)出差借款审批(二级审批打回修改)。

第一步:一级审批。当前组织为"机械销售公司.用户账号",点击"消息中心",在消息中心界面的未处理业务中看到主题为"一级审批出差借款单"的未处理任务消息提醒。选中该未处理任务,点击"处理",进行一级审批处理,最后依次点击"保存""提交审批结果"。

第二步:二级审批(不通过,并"打回修改")。提交一级审批结果后,在二级审批出差借款单处理界面,总经理根据本季度的差旅费预算计划以及员工个人报销标准,判定吴峰的报销金额不合理,比正常规定的差旅费报销额度高出5%,将吴峰的出差借款申请打回,在"当前审批处理"下,勾选"不同意",处理策略选择"打回修改",最后依次点击"保存""提交审批结果",如图5-20所示。

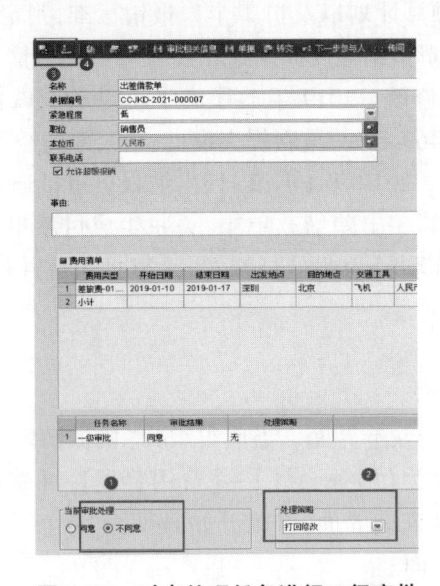

图 5-20　对未处理任务进行二级审批

(3)出差借款打回修改。

第一步:修改出差借款单。返回费用报销的出差借款单界面,选中需要修改的出差借款单(金额为3 650元,见图5-21),点击"修改",进入出差借款单编辑界面,修改住宿费为1 167.5元,原币核定金额为3 467.5元(见图5-22),点击"提交"。

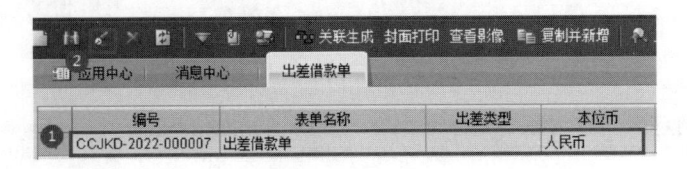

图 5-21　选择需要修改的出差借款单

图 5-22 修改出差借款单

第二步:重新审批。对修改后提交的出差借款单进行一级、二级审批通过。

第三步:出差借款单报销金额核定。提交一级二级审批结果后,返回消息中心界面,可以在未处理业务中看到主题为"请填写出差借款单的报销核定金额"的未处理任务消息提醒,选中该未处理任务,点击"处理"进入报销金额核定界面,进行金额核定并提交。

(4)出差借款付款。

第一步:新增付款单,并保存提交。当前组织为"机械销售公司_学号",进入费用核算的出差借款单界面,进入路径为【财务会计】—【费用管理】—【费用核算】—【出差借款单】。进入出差借款单条件查询界面,选择业务开始日期为"2019年1月1日",点击"确定"。

进入费用核算的出差借款单界面后,选中审批通过的出差借款单(金额为3 467.50 元),点击"关联生成",目标单据类型为"付款单",转换规则为"出差借款单到付款单(付款)",点击"确定",进入付款单-新增界面,录入相关信息后依次"保存""提交",如图 5-23 图 5-24 所示。

图 5-23 新增付款单

第二步:审批付款单、付款并生成凭证。付款单提交后,进入付款单序时簿界

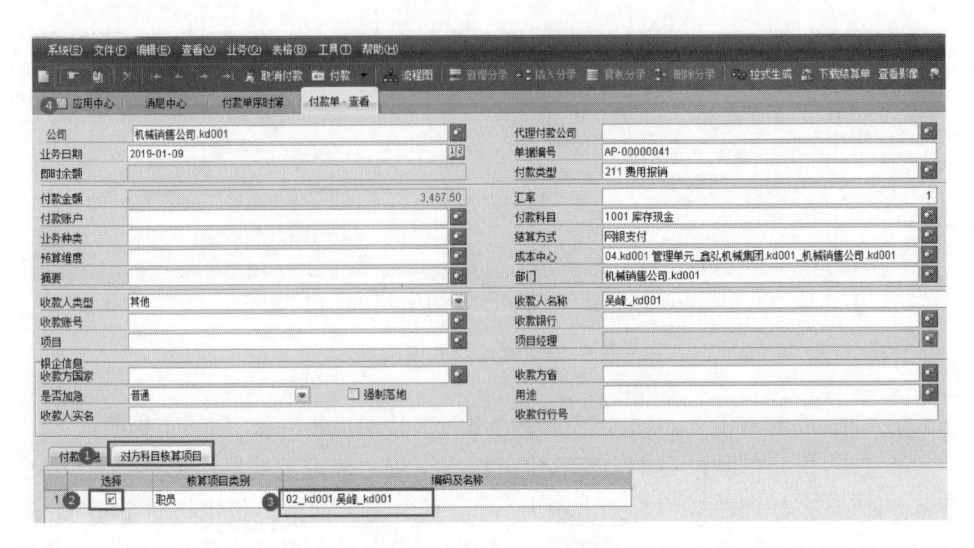

图 5-24 保存提交付款单

面,进入路径为【财务会计】—【出纳管理】—【收付款处理】—【付款单查询】,在付款单条件查询界面,选择业务开始日期为"2019年1月1日",点击"确定",进入付款单序时簿界面。在付款单序时簿界面,选中刚刚提交的付款单(金额为 3 467.50元),点击"审批",审批通过后点击"付款"并对已付款单据生成凭证,如图 5-25 所示。

图 5-25 审批、付款及生成凭证

第三步:提交并审核凭证。凭证生成后需要提交并审核,如图 5-26 所示。

5.3.3 业务招待费报销

业务招待费报销属于单独报销流程业务。使用报销流程的表单有费用报销单。费用报销单用于报销,是一个业务、财务集成的表单。它的业务流程包含工作流审批和财务处理两个过程。报销单单独新建或由上游表单关联生成后,首先进行一个工作流审批过程,审批通过以后进行财务过程。

费用报销单的主要业务流程包括:①手工在 EAS 客户端新建费用报销单。②在 EAS 客户端进行工作流审批。③对费用报销单进行财务处理,生成凭证或付款单。④在 EAS 客户端手工关闭费用报销单。

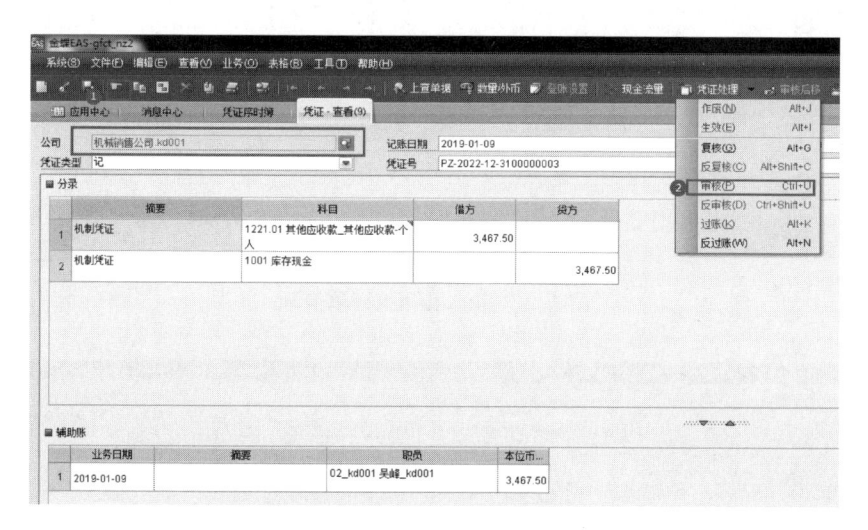

图 5-26 提交审核凭证

5.3.3.1 任务描述业务招待费(超预算,审批人直接修改金额)(L020)

(1)费用报销单新增:2019 年 1 月 3 日,机械销售公司.用户账号销售部吴峰接待客户,发生不含税金额为 800 元的餐费,当天生成费用报销单,支付方式为网银支付,费用支付部门为机械销售公司,业务类别为营销费用,费用类型为业务招待费,发生时间为 2019 年 1 月 3 日,税率为 13%,核定不含税额为 800 元,新增收款信息为吴峰的收款账户,原币金额 904 元。

(2)报销审批:2019 年 1 月 3 日,部门经理和总经理同意吴峰的报销申请,但总经理根据公司预算及餐费标准,在核对金额时,将报销单核定不含税金额修改为 600 元,收款信息的原币金额修改为 678 元。

(3)报销付款:2019 年 1 月 4 日,出纳根据审核通过的报销单,按核定金额 678 元付款给吴峰,在费用核算—费用报销单模块关联生成付款单,付款科目为"库存现金",付款信息页签下的对方科目为"其他应收款_个人",选择对方科目核算项目为职员吴峰,当天审批通过并付款,财务会计当天生成凭证,财务主管审核通过。

5.3.3.2 具体操作

(1)费用报销单新增。

第一步:进入费用报销单界面。切换当前组织为"机械销售公司.用户账号",进入费用报销单界面,进入路径为【财务会计】—【费用管理】—【费用报销】—【费用报销单】。在费用报销单条件查询界面,修改开始日期为"2019 年 1 月 1 日",点击"确定",进入费用报销单界面。

第二步:新增费用报销单。进入费用报销单界面,点击"新增",进入费用报销单-新增界面,录入相关信息后,依次点击"保存""提交",如图 5-27、图 5-28 和图 5-29 所示。

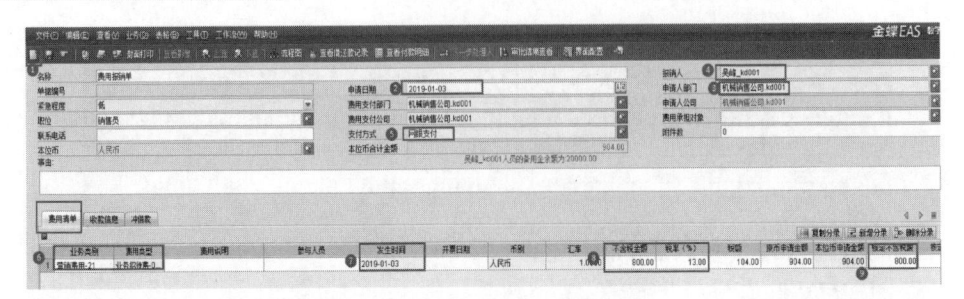

图 5-27 录入费用报销单信息

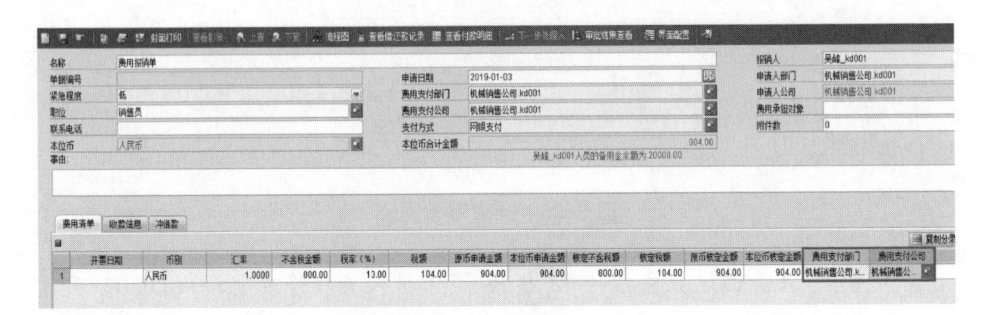

图 5-28 选择费用支付部门

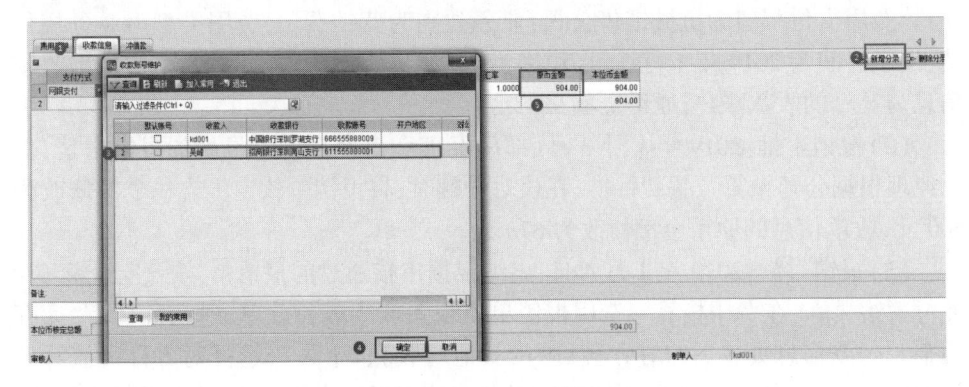

图 5-29 录入收款信息

(2) 报销审批。

第一步:一级审批。确认当前组织为"机械销售公司.用户账号"。(不需要二级审批)

第二步:核定金额(审批人直接修改金额)。提交一级审批结果后,返回"消息中心"界面,在未处理业务中选择主题为"请填写报销单的报销核定金额"的未处理任务,点击"处理",进行报销金额核定。在报销金额核定界面,修改核定不含税金额为 600 元,收款信息的原币金额修改为 678 元,点击"提交",如图 5-30、图 5-31 所示。

图 5-30　修改核定不含税金额

图 5-31　修改原币金额

(3) 报销付款。

具体操作步骤请参考 5.3.1(3) 付款业务处理，注意在关联生成时转换规则要选择正确，如图 5-32 和图 5-33 所示。

【说明】"关联生成"时，目标单据类型为"付款单"，转换规则为"报销单到付款单(按核定金额付款)"。

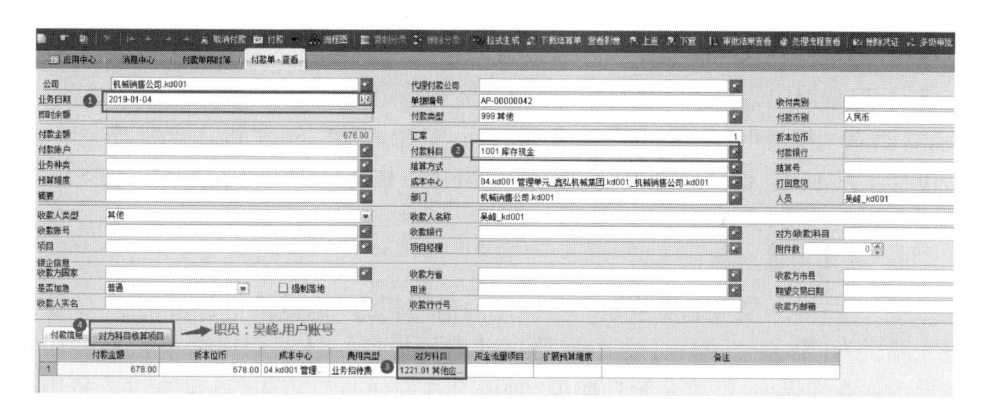

图 5-32　编辑付款单

图 5-33　生成并审核凭证

129

5.3.4 广告费申请

广告费申请属于费用申请流程业务。使用费用申请流程的表单有费用申请单。费用申请单用于进行费用申请工作流审批和预算控制,费用申请单工作流审批通过以后可以关联生成借款单或报销单。一般来说,只做费用申请审批和预算扣减,费用申请单提交时会扣除相应费用类型的预算,实际发生借款或报销业务时,再由费用申请单关联生成借款单或报销单。

费用申请单的主要业务流程包括:①手工在 EAS 客户端新建费用申请单。②在 EAS 客户端进行工作流审批。③对费用申请单关联生成借款单或报销单(支持一张费用申请单生成多张借款单/报销单,支持多张费用申请单生成一张借款单/报销单)。④在 EAS 客户端手工关闭费用申请单。

5.3.4.1 任务描述(L021)

经过多年的研发积累,鑫弘装载机技术应用取得巨大突破,成功研发并投入生产 FL9-N 装载机,新款装载机技术全面升级,更高效、更强悍的功能可以满足更复杂繁重的工况需求。机械销售公司针对 FL9-N 装载机"可靠、高效、节能、智能"的特征制订营销计划,预计在前期进行大量的广告投入,以获得知名度。

5.3.4.2 任务要求

(1)费用申请单新增。2019 年 1 月 15 日,机械销售公司.用户账号销售部的吴峰申请广告费用 100 000 元,支付方式为网银支付,不允许超额报销,费用类型为广告费,申请原因为拍摄宣传广告,原币金额和核定金额均为 100 000 元。

(2)费用申请审核。由于申请金额较高,需经过部门经理和总经理两次审核,2019 年 1 月 15 日,部门经理审核通过后,总经理审核通过 90 000 元用作广告支出。

5.3.4.3 具体操作

(1)费用申请单新增。

第一步:进入费用申请单界面。切换当前组织为"机械销售公司.用户账号",进入路径为【财务会计】—【费用管理】—【费用报销】—【费用申请单】,在费用申请单条件查询界面,修改开始日期为"2019 年 1 月 1 日",点击"确定",进入费用申请单界面。

第二步:新增费用申请单。进入费用申请单序时簿界面后,点击"新增",进入费用申请单新增界面,根据任务要求(1)录入相关信息后,依次点击"保存""提交",如图 5-34 所示。

【说明】

(1)费用申请流程由员工发起,保存提交费用申请单后,如果审核人还没有打开申请单,则制单人可以修改单据;如果审核人已打开费用申请单,则不能修改单据。

(2)下游报销单的报销额可以超出费用申请单的核定金额。

(3)系统根据金额与核定金额的差值,会返还相应费用类型下的预算。

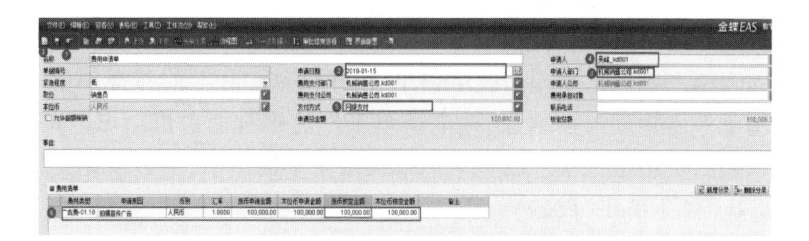

图5-34 费用申请单新增

(2) 费用申请审核(二级审批通过)。

第一步:进行一级审批(通过)。确认当前组织为"机械销售公司.用户账号"。

第二步:进行二级审批(通过)。

第三步:核定金额(审批人直接修改金额)。核定金额具体操作参考5.3.3(2)报销审批的步骤,需要注意的是"修改原币核定金额为90 000元",如图5-35所示。

图5-35 修改原币核定金额

【说明】

(1) 员工提交费用申请单后,系统自动给审批人发送消息提醒,进行工作流审批。

(2) 一级审批人可以看到费用申请单详细信息,确认审核金额等信息是否符合要求,给出审批意见并提交审批结果。

(3) 二级审批人根据一级审批人的意见以及费用申请单详情,判断是否审批通过。

(4) 二级审批通过后,领导根据公司预算等实际情况,决定是否需要更改费用申请单的核定金额。

5.3.5 出差费用报销全流程

出差费用报销全流程主要包括出差申请—出差借款—差旅费报销费—财务处理。涉及的表单主要包括出差借款申请单、出差借款单和差旅费报销单。其中,出差申请单用于差旅管理与控制,出差申请单工作流审批通过以后可以关联生成出差借款单或差旅费用报销单。出差申请单仅限于书面申请,不做预算控制。

5.3.5.1 任务描述(L022)

机械销售公司.用户账号销售部吴峰,准备于2019年1月20日乘坐飞机从深圳前往西安出差,23号返回深圳,预计发生长途交通费3 600元,市内交通费200元,住宿费1 200元。

5.3.5.2 任务要求

(1)出差申请审批流程。2019年1月15日,销售部吴峰提出出差申请,当天部门经理和总经理审核通过。

(2)出差借款申请审批流程。2019年1月15日,吴峰向公司借款5 000元,关联出差申请单生成出差借款单,支付方式为网银支付,费用类型为差旅费(01.03),币别为人民币,核定金额为5 000元;当天部门经理和总经理同意吴峰的出差借款申请,但总经理根据公司预算及吴峰的差旅费标准,核对金额时,将借款单核定金额修改为4 800元。

(3)付款流程。2019年1月16日,出纳根据审核通过的借款单,按核定金额付款给吴峰,付款科目为"库存现金",选择对方科目核算项目为职员吴峰,当天财务会计生成付款凭证,提交并审核。

(4)报销单核销借款。2019年1月23日,销售部吴峰出差4天后返回公司,根据实际支出,上交发票并提出差旅费报销申请4 800元,与借款金额相等,新增差旅费报销单核销借款,根据出差借款单关联生成差旅费报销单,选择收款信息为"职员吴峰",在冲借款页签选择对应的借款单。

(5)报销审批。2019年1月23日,部门经理和总经理同意吴峰的报销申请。

(6)会计处理。2019年1月23日,机械销售公司.用户账号财务会计,根据差旅费报销单生成凭证(报销额小于等于借款额的报销单),提交并审核。

5.3.5.3 具体操作

(1)出差申请审批。

第一步:新增出差申请单。切换当前组织为"机械销售公司.用户账号",进入路径为【财务会计】—【费用管理】—【费用报销】—【出差申请单】。在出差申请单条件查询界面,修改开始日期为"2019年1月1日",点击"确定"。

进入出差申请单序时簿界面后,点击"新增",进入出差申请单新增界面,录入相关信息后,依次点击"保存"" 提交",如图5-36所示。

【说明】

(1)出差申请单在用户需要出差,预计产生费用时或申请借款前使用。

5 费用管理

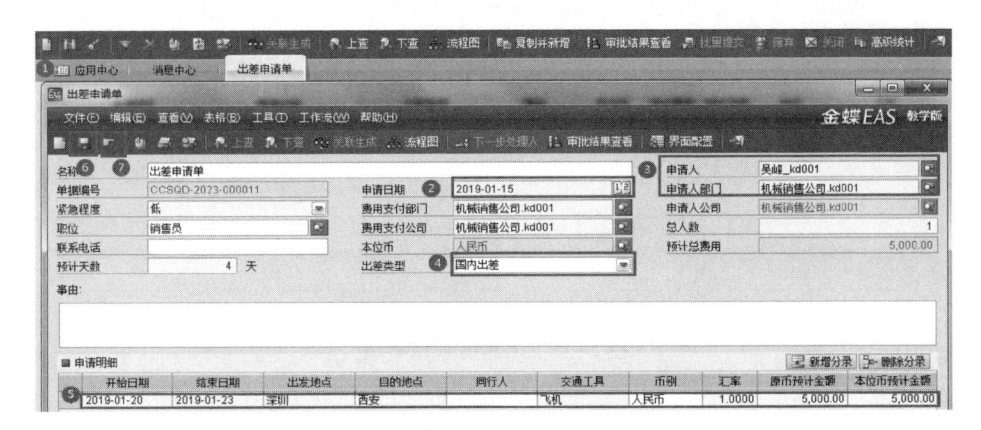

[图片:出差申请单界面截图]

图 5-36　新增出差申请单

（2）出差申请单新建并提交时，系统会校验必填字段。提交后，出差申请单变为"已提交"状态，此时的出差申请单可以由制单人继续修改，如果审批人已打开出差申请单，则表单不能修改。

第二步：出差申请单审批。进行一级、二级审批通过。

（2）出差借款申请审批。

第一步：新增出差借款单。返回费用报销的出差申请单界面。选中审批通过的出差申请单（金额为 5 000 元），点击"关联生成"，进行单据转换，进入出差借款单-新增界面，如图 5-37 所示。

[图片:出差借款单-新增界面截图]

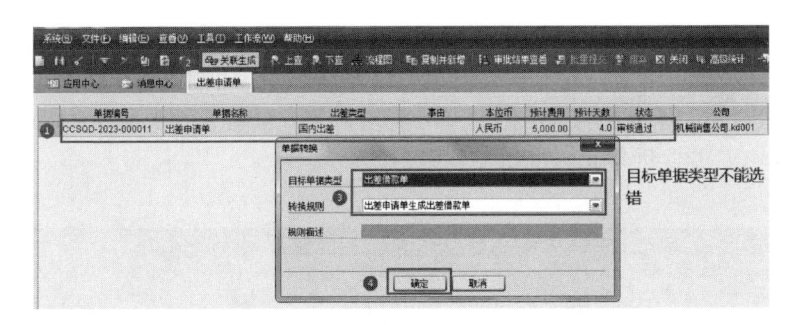

图 5-37　出差借款单-新增界面

在出差借款单-新增界面，录入相关信息后依次点击"保存""提交"，如图 5-38 所示。

第二步：出差借款单审批。确认当前组织为"机械销售公司.用户账号"，进行一级、二级审批通过操作。

第三步：修改核定金额。进入核定金额处理界面，将原币核定金额修改为 4 800 元后，点击"提交"，如图 5-39 所示。

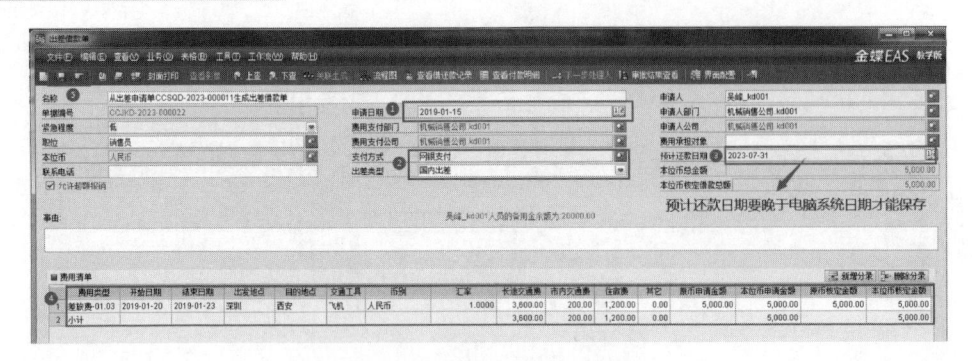

图 5-38　出差借款单新增

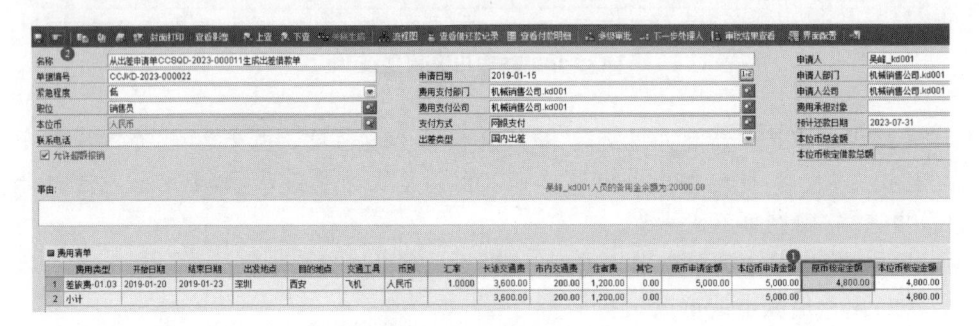

图 5-39　修改核定金额

(3) 出差借款付款。

第一步：新增付款单，并保存提交。确认当前组织依是"机械销售公司.用户账号"，返回费用核算的出差借款单界面，路径为【财务会计】—【费用管理】—【费用核算】—【出差借款单】。选中审批通过的出差借款单(金额为 5 000 元)，点击"关联生成"，进行单据转换，进入付款单-新增界面，如图 5-40 所示。[可以参考 5.3.2(4)出差借款付款]

图 5-40　单据转换

在付款单-新增界面,录入相关信息后依次点击"保存""提交",如图 5-41 所示。

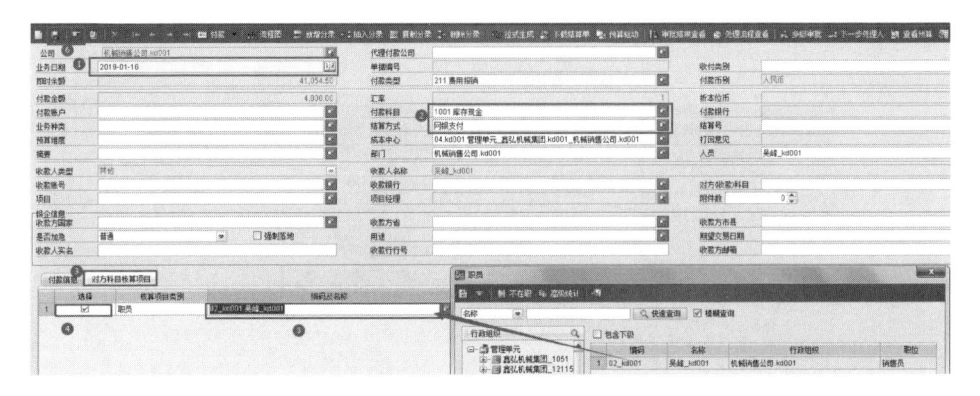

图 5-41　新增付款单

第二步:审批付款单、付款并生成凭证(可以在付款单-新增界面执行操作,也可以在付款单序时簿界面执行操作),如图 5-42 所示。

图 5-42　审批付款单、付款并生成凭证

第三步:提交并审核凭证,如图 5-43 所示。

图 5-43　提交并审核凭证

(4)报销单核销借款。确认当前组织单元为"机械销售公司.用户账号",进入费用报销的出差借款单界面,进入路径为【财务会计】—【费用管理】—【费用报销】—【出差借款单】。在出差借款单条件查询界面,选择开始日期为"2019 年 1 月

135

1日",点击"确定"。

进入出差借款单序时簿界面,选中审批通过的出差借款单(金额为5 000元),点击"关联生成"进行单据转换(见图5-44),修改申请日期,录入冲借款相关信息后保存提交,如图5-45所示。

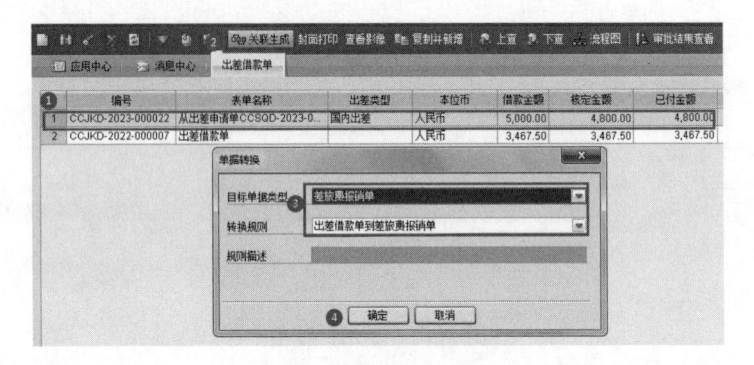

图5-44　单据转换

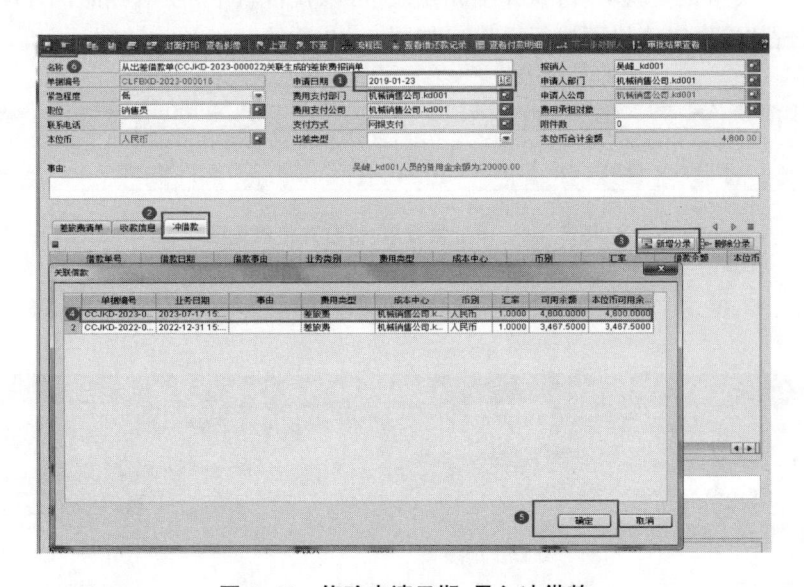

图5-45　修改申请日期、录入冲借款

(5)报销审批。进行一级、二级审核通过,并修改原币核定金额为4 800,如图5-46所示。

图5-46　修改原币核定金额

(6) 会计处理。

第一步:返回差旅费报销单界面,路径为【财务会计】—【费用管理】—【费用核算】—【差旅费报销单】。进入差旅费报销单界面后,选中审批通过的差旅费报销单(金额为 4 800 元),点击"生成凭证",选择转换规则,进行凭证生成,如图 5-47 所示。

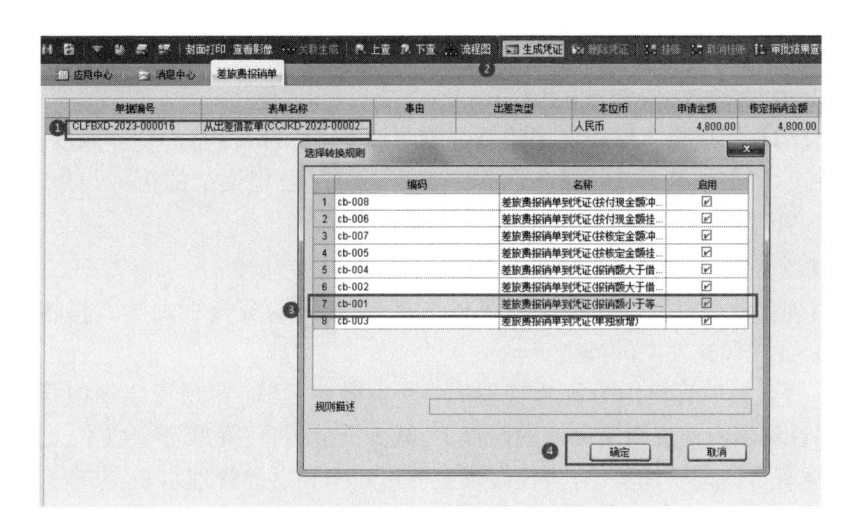

图 5-47 生成凭证

第二步:提交并审核凭证,如图 5-48 所示。

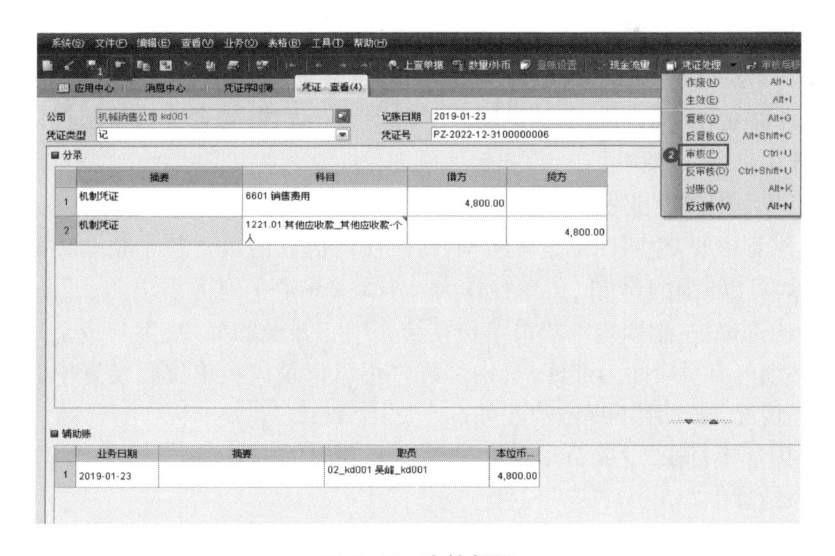

图 5-48 审核凭证

6 资金结算管理

6.1 资金结算管理概述

6.1.1 资金结算管理的概念

资金结算管理是将整个集团的资金集中到集团总部,由总部统一调度、管理和运用。EAS 资金结算系统帮助集团客户实现对分子公司资金的统一归集、统一支付和统一管理,帮助集团客户实现资金的实时管理。

6.1.2 资金结算管理的必要性

(1)现代社会对资金管理的要求越来越高,传统的资金管理模式将越来越不能适应企业现代化发展的需要。

(2)资金集中管控作为资金管理的一个有效的模式,实现资金集中管理与控制,在保证集团内部资金流动性的前提下,减少资金闲置,降低资金成本,充分发挥集团整体资金的规模优势,有效提高资金使用效率和财务管理水平,发挥企业集团整体融资优势,同时降低金融风险,最终实现资金留存和运用的合理化。

6.1.3 EAS 系统中的资金结算管理

EAS 资金结算系统主要适用于采用集中收付资金制度的企业,提供内部账户体系建立、基础资料维护、柜台结算单结算中心业务处理、多结算中心业务处理、账簿查询、报表查询以及手续费管理、保证金管理业务。

资金结算系统与出纳管理、预算管理、利息管理、总账系统等各业务系统一体化集成,保障业务信息与财务信息的高度同步与一致性,为企业决策层提供实时的业务管理信息。

6.1.4 相关专业名词

(1)结算中心:也叫内部金融机构,指集团内成立的负责整个企业集团的日常资金结算,可以依附于本部,或单独作为一个结算中心的财务组织。

(2)内部账户:集团内部成员单位在结算中心开设的账户,参与资金集中结算的公司必须先有对应的内部账户,内部账户用以记录成员单位与结算中心的资金结算业务情况,也可用于现金池业务。

(3)内部银行账户:成员单位在结算中心开立的账户,用于资金结算业务,金融机构为结算中心。

(4)中心账号:结算中心在真实银行开设的银行账户及资金中心母账号。

(5)银行账户:银行账户是出纳管理系统核心基础资料之一,银行日记账、收款单、付款单等业务单据都会使用银行账户信息。银行账户用于记录企业内部银行资金流动,出纳系统以银行账户为载体展示日记账和报表。

(6)对外收款:由结算中心发起,收到集团外部单位的来款后通知成员单位。

(7)对外付款:由付款方发起,向集团外部单位付款的业务。

(8)对内收款:由收款方发起,收到集团内部单位来款的业务。

(9)对内付款:由付款方发起,向集团内部单位付款的业务。

6.1.5 资金结算业务流程

在 EAS 系统中,资金结算业务流程主要包括四种:①结算中心发起的对外收付款业务;②成员单位发起的对外收付款业务;③结算中心发起的对内收付款业务;④成员单位发起的对内收付款业务。具体流程如图 6-1 至图 6-8 所示。

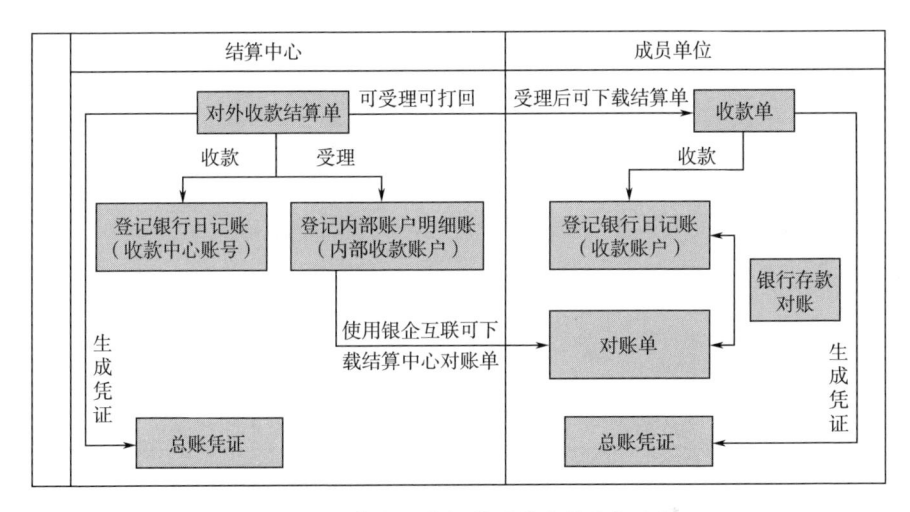

图 6-1 结算中心发起的对外收款业务流程

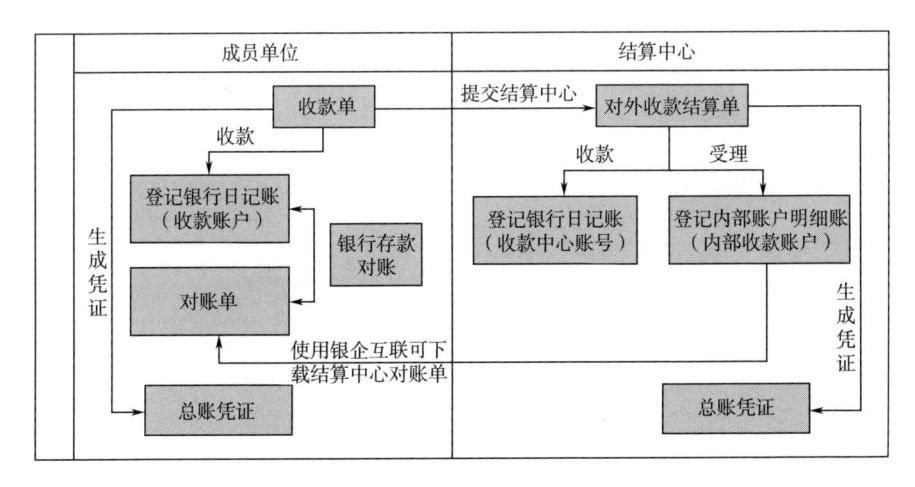

图 6-2 成员单位发起的对外收款业务流程

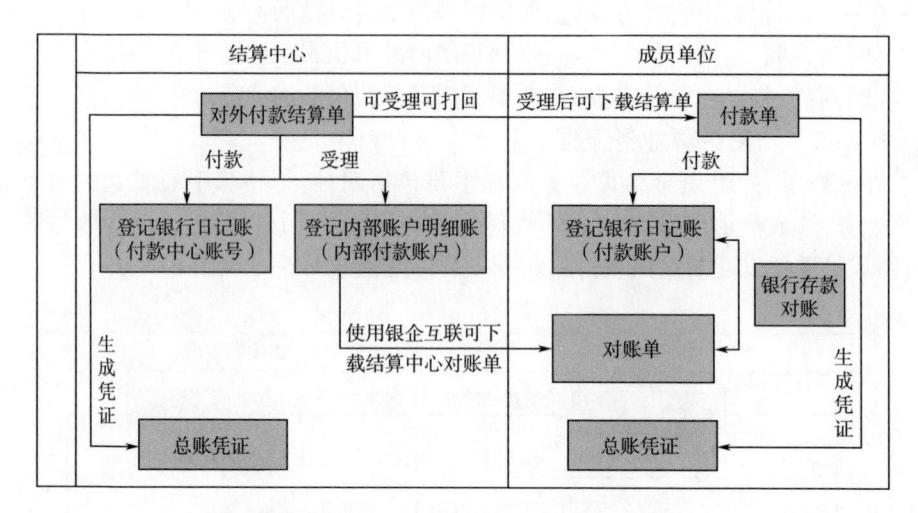

图 6-3 结算中心发起的对外付款业务流程

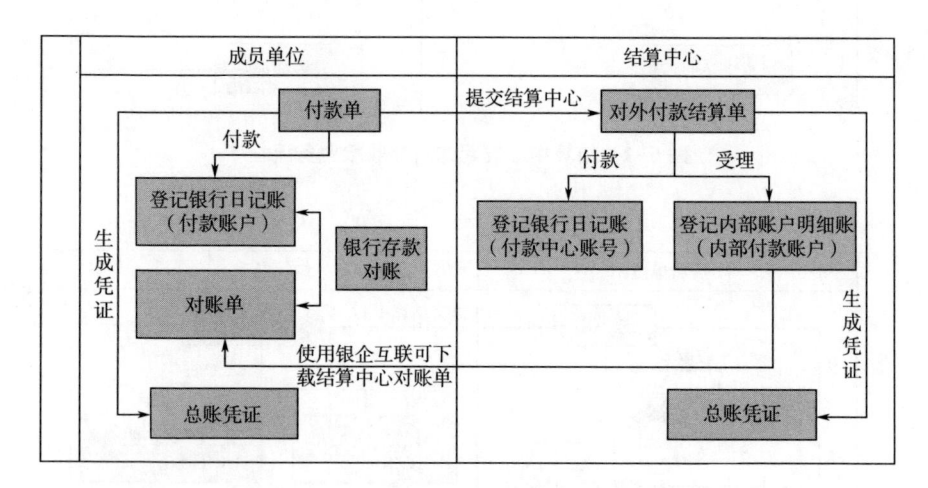

图 6-4 成员单位发起的对外付款业务流程

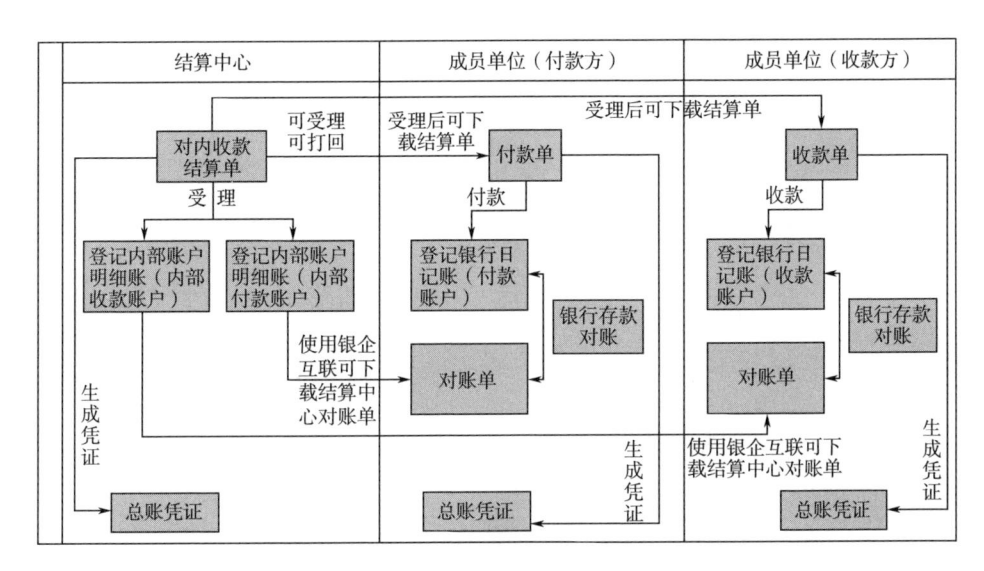

图 6-5　结算中心发起的对内收款业务流程

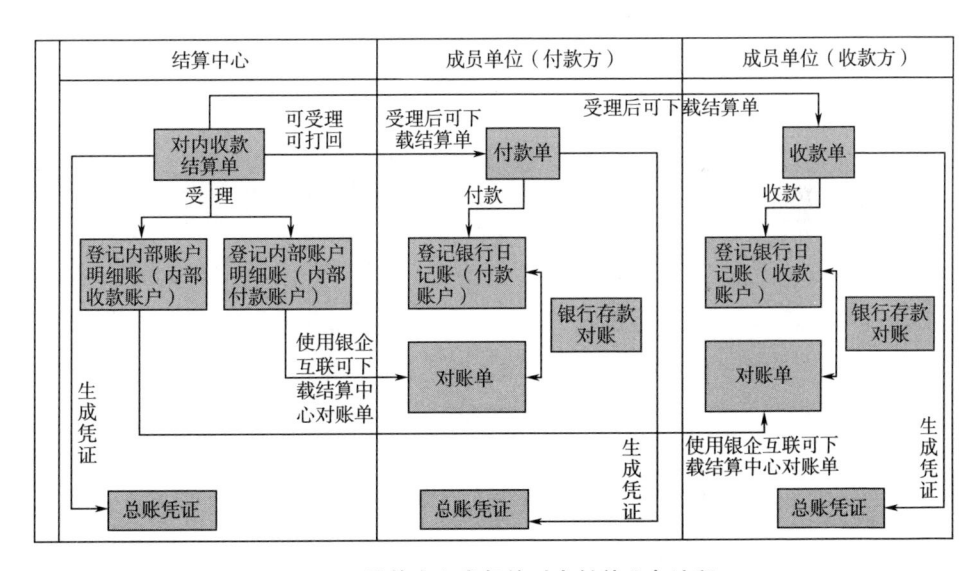

图 6-6　结算中心发起的对内付款业务流程

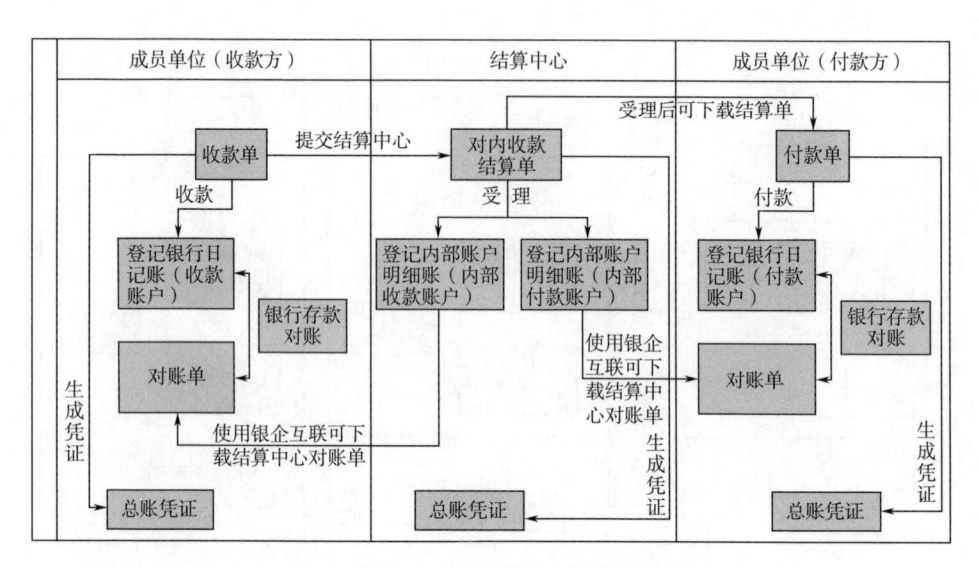

图 6-7　成员单位发起的对内收款业务流程

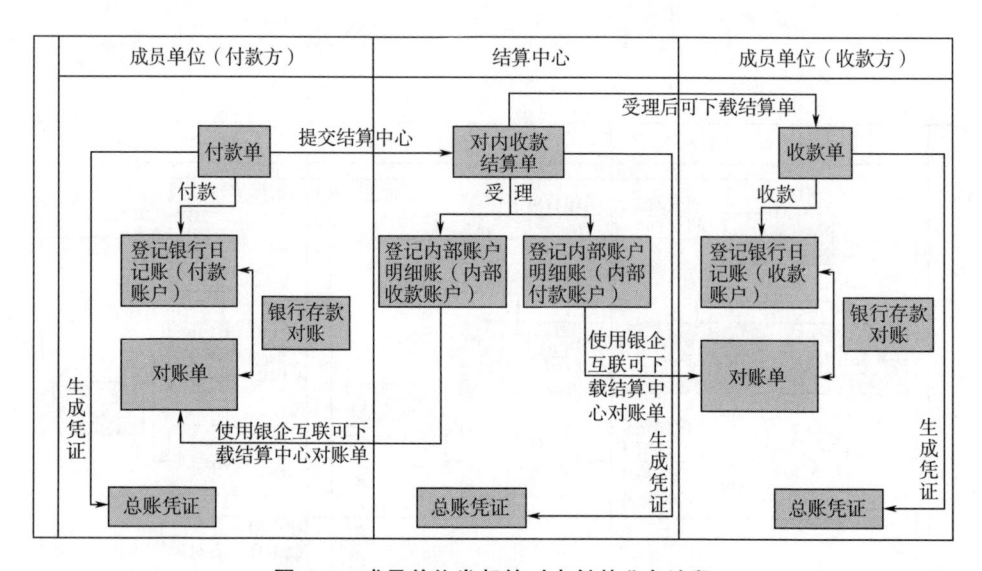

图 6-8　成员单位发起的对内付款业务流程

6.2　资金结算实验整体流程

EAS 资金结算系统主要适用于采用集中收付资金制度的企业,提供内部账户体系建立、基础资料维护、柜台结算单结算中心业务处理、多结算中心业务处理、账簿查询、报表查询以及手续费管理、保证金管理业务。在 EAS 系统中,资金结算实验的整体流程如图 6-9 所示。

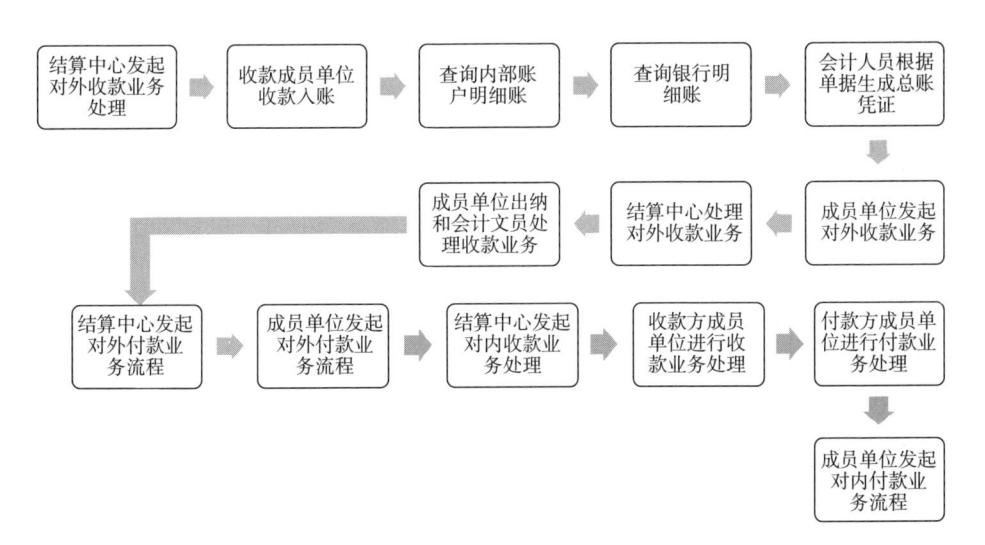

图 6-9 资金结算实验整体流程

6.3 业务实操

6.3.1 案例背景

鑫弘机械集团业务范围涵盖挖掘机、装载机、叉车等大型机器的生产、销售等各个领域,在中国机械制造市场中处于主导地位,但是下属成员单位业务分布范围广、产业链条长、内部业务板块关联性强,企业之间的交易和资金支付频繁,涉及资金规模比较大,对成员单位的企业账户监管难度大,账户的分散管理使得鑫弘机械集团出现了资金沉淀的现象,集团管理层深刻意识到这样的现象不利于集团发挥资金整体规模优势,同时也会降低资金的使用效率。

基于这样的背景,鑫弘机械集团决定实行资金集中结算,以结算中心的方式管理成员单位资金并以结算中心的身份进行对内对外收付款业务的处理。鑫弘机械集团利用信息化系统进行资金结算:鑫弘机械集团提出实行资金集中管理后采购了一套可以辅助实现资金管理的系统,通过建立结算中心、内部账户、内部银行账户的方式实现对内对外收付款的业务需求,以集中结算为基础解决资金分散、闲置等问题,通过账户集中管理和"内部化结算",提高鑫弘机械集团资金的内部运行效率,减少不必要的外部贷款,真正做到盘活资金。

6.3.2 结算中心发起对外收款业务处理

在 EAS 系统中,对外收款结算单用于在集中结算管理模式下,财务公司或结算中心作为内部银行集中办理成员单位的收款业务。

结算业务的对外收款单的来源目前有五种,包括:①手工新增;②银企互联的收款类交易明细生成;③成员单位的收款类型为"对外收款"的收款单【提交结算中心】生成;④结算中心作为委托贷款的受托方,由委托贷款收款通知拉式生成对外收款单;⑤成员单位的付款类型为"资金上划"的付款单在参数 TM105 为是的情况下付款时自动生成的对外收款结算单。

在实操中,要正确理解对外收款单的单据状态。

(1)受理:表示结算中心知晓此笔业务,对这笔业务受理后可进行收款,收款至结算中心的收款账号即母账号。

(2)反受理/取消受理:受理后可反受理,使得单据回到提交状态,可重新受理。

(3)收款:收款中心收到客户打款后结算中心出纳进行收款业务处理,登记收款中心账号银行日记账。

6.3.2.1 任务描述(L023)

2019 年 1 月 1 日,结算中心(集团本部.用户账号)收到耀星公司_用户账号的银行到账单,银行到账单信息为资金母账户_用户账号收机械销售公司.用户账号销售货款 16 890 元,集团本部.用户账号在 EAS 系统内记录对外收款并受理收款。

6.3.2.2 任务要求

集团本部.用户账号资金主管在 EAS 系统中处理此笔业务。

6.3.2.3 具体操作

第一步:进入对外收款结算单界面。切换组织为集团本部.用户账号,进入对外收款结算单界面,进入路径为【资金管理】—【资金结算】—【结算业务】—【对外收款】,注意过滤条件的选择,可以保存该查询方案,方便下次使用,如图 6-10 所示。

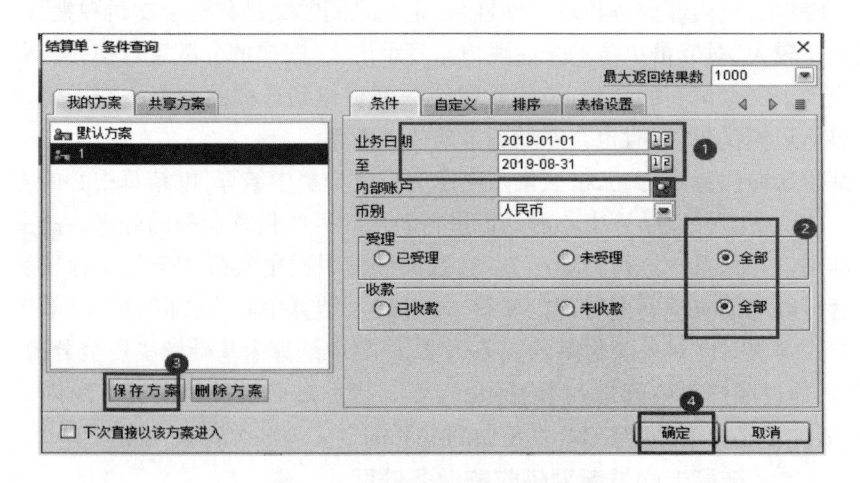

图 6-10 结算单-条件查询界面

第二步:对外收款结算单新增。进入对外收款结算单界面,点击"新增",进入对外收款-新增界面,进行对外收款单新增,录入相关信息后保存提交,并进行"受理",受理成功后点击"收款",如图 6-3 所示。

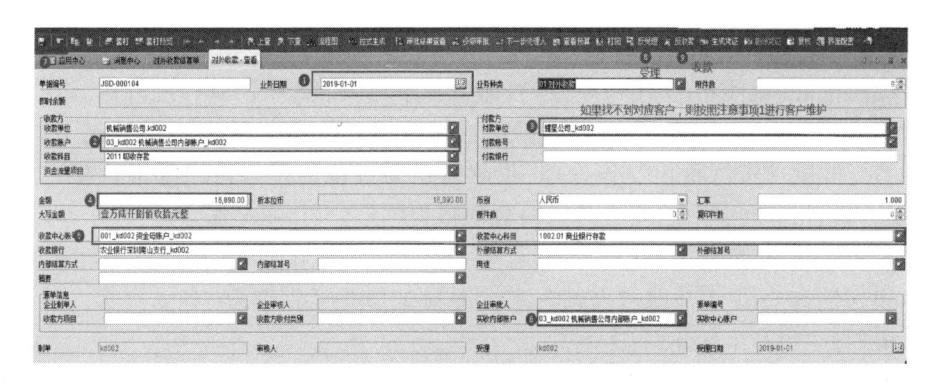

图 6-11 对外收款单新增、受理并收款

【说明】

(1) 客户维护。如果在新增对外收款结算中找不到付款单位(如客户耀星公司_用户账号),则需要执行【企业建模】—【主数据】—【客户】—【客户】命令,在左侧选中外部客户,右侧选中"耀星公司_用户账号",点击"修改",进入客户-修改界面,点击"财务资料"页签,可以看到财务组织名称为"集团本部.用户账号",然后点击保存即可。

(2) 受理成功后即可进行收款,说明客户已经将钱打至对外收款结算单上的收款中心账户了。收款完成后单据状态更新为已结算,已结算的代表已收款,只有已结算的对外收款结算单在系统参数是单据登账的情况下系统才能自动登银行日记账,这个收款的动作会影响任务(L026)——查询结算中心组织对应的银行日记账。

(3) 连续新增问题。若提交后系统自动新增了一张空白单据,可以设置不让系统自动新增空白单据,即取消勾选"连续新增"(见图 6-12),这样就可以对原单据继续进行其他业务操作了。

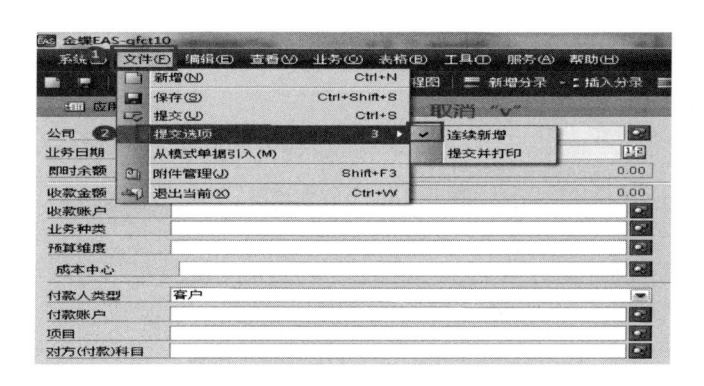

图 6-12 取消"连续新增"

6.3.3 收款成员单位收款入账

6.3.3.1 任务描述（L024）

结算中心(集团本部.用户账号)打印收款单位内部账户的到账通知单,供收款单位机械销售公司.用户账号收款入账,机械销售公司.用户账号出纳通过下载结算单登记收款单进行收款业务处理,收款账户为机械销售公司内部银行账户_学号,对方科目为应收账款,对方科目核算项目为耀星公司_用户账号。

6.3.3.2 任务要求

机械销售公司.用户账号出纳在 EAS 系统处理此笔业务。

6.3.3.3 具体操作

第一步:进入收款单-新增界面。切换组织为机械销售公司.用户账号,进入出纳收款单新增界面,进入路径为【财务会计】—【出纳管理】—【收付款处理】—【收款单新增】。

第二步:收款单新增。进入收款单-新增界面后,点击"下载结算单",下载 6.3.2 中提及的对外收款结算单(金额为 16 890 元),进行单据关联,返回收款单-新增界面,录入相关信息后保存提交,如图 6-13、图 6-14 和图 6-15 所示。

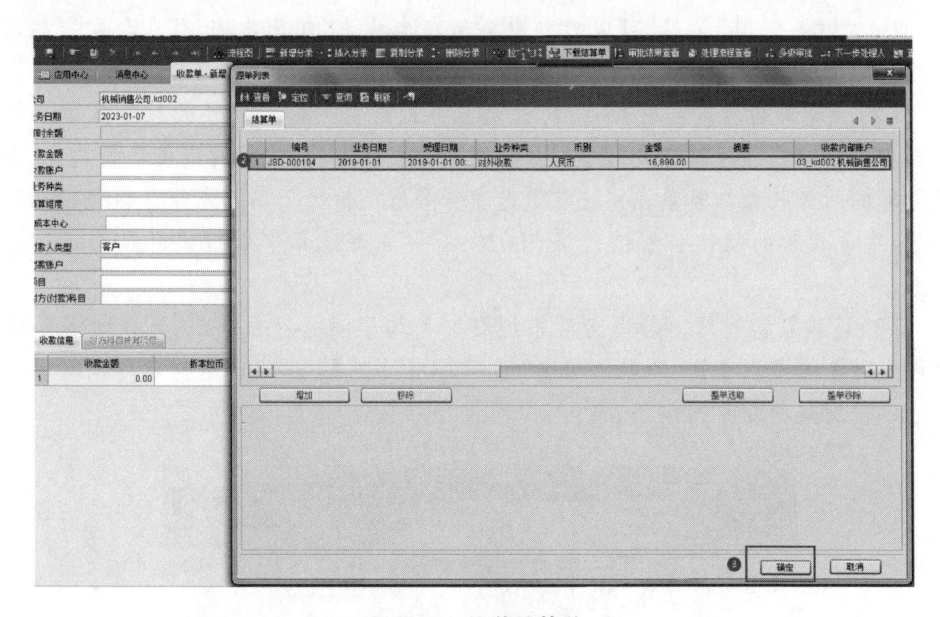

图 6-13 下载结算单

第三步:收款单审批并收款。机械销售公司.用户账号出纳对提交的收款单进行审批并收款,如图 6-16 所示。

【说明】

(1)若原单据界面已经关闭则可以到收款单序时簿界面查到刚才做的单据,进入路径为【财务会计】—【出纳管理】—【收付款处理】—【收款单查询】,进入收

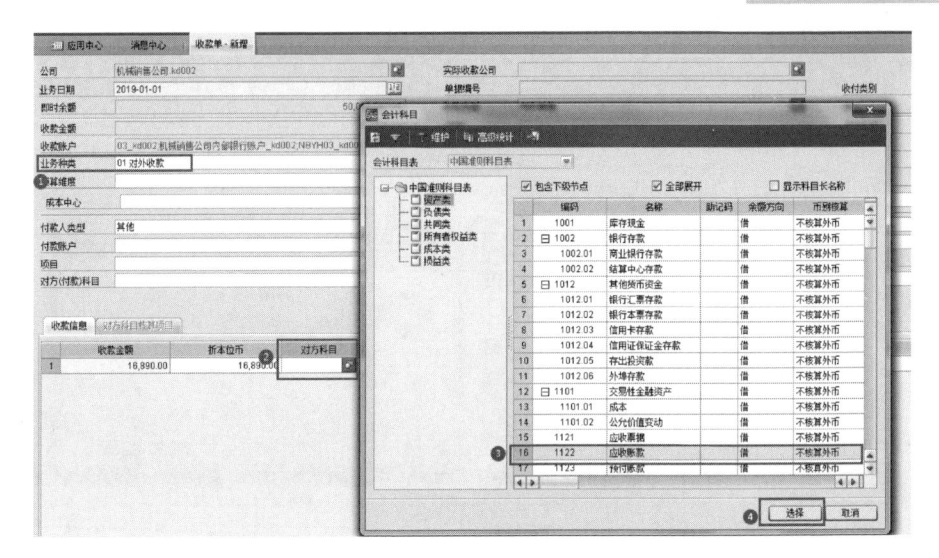

图 6-14 录入收款单收款信息

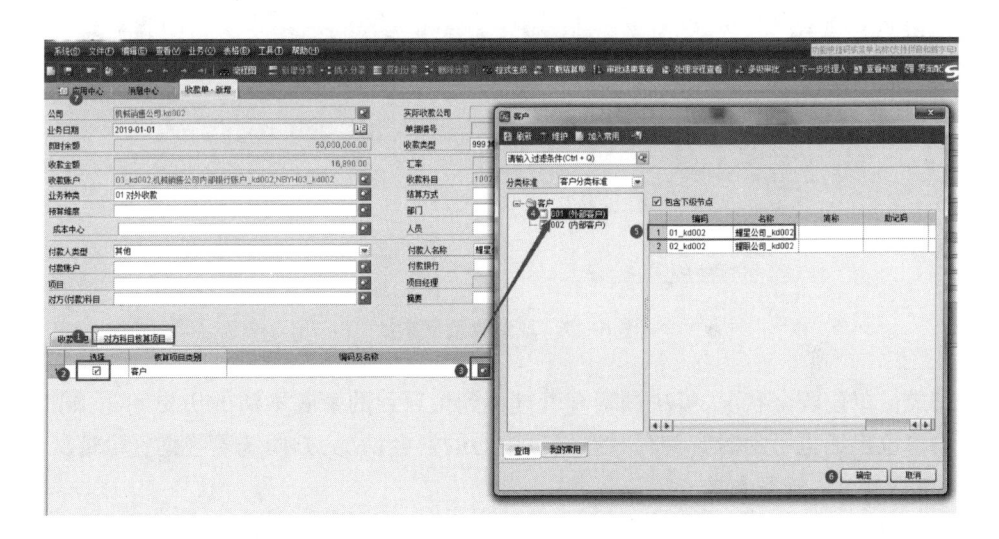

图 6-15 录入收款单对方科目核算

款单序时簿界面后,点击刚生成的单据进行审批并收款即可。

(2)可在收款单序时簿内上查和下查关联单据,上查上游单据,下查下游单据,体现了业务的关联度。

(3)若需要对收款单进行修改,则收款单位需要取消收款后反审批才可以修改,如图 6-17 所示。

6.3.4 查询内部账户明细账

6.3.4.1 任务描述(L025)

结算中心进行外部收款,受理业务后记入收款单位的内部存款账户以便随时

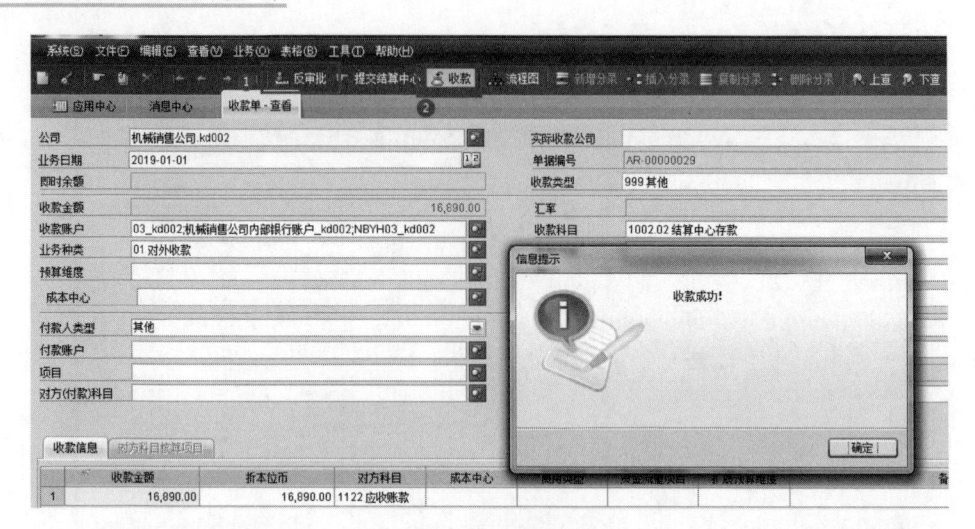

图 6-16 审批并收款

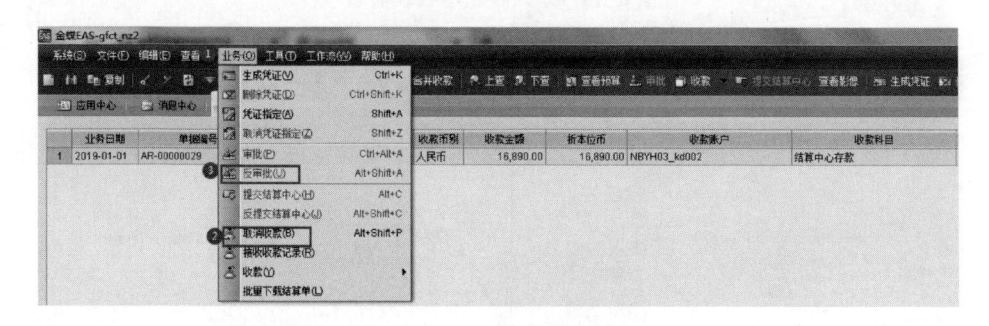

图 6-17 取消收款反审批

查询成员单位资金状况,解决因资金管理不到位导致的家底不清的历史问题,同时成员单位出纳也可随时查询存放在结算中心的资金情况,方便统筹规划资金情况。

6.3.4.2 任务要求

(1)机械销售公司.用户账号出纳查询在结算中心开设的内部账户的余额情况;

(2)集团本部.用户账号资金主管查询成员单位机械销售公司.用户账号内部账户发生额增减和余额情况。

6.3.4.3 具体操作

(1)机械销售公司.用户账号出纳查询在结算中心开设的内部账户的余额情况。

第一步:进入内部账户明细账界面。切换组织单元为机械销售公司.用户账号,进入内部账户明细账界面的路径为【财务会计】—【出纳管理】—【统计报表】—【内部账户明细账】,在内部账户明细账条件查询界面选择"按月查询"(2019 年

1月),然后点击"确认"。

第二步:查询在结算中心开设的内部账户的余额情况。进入内部账户明细账界面后可以看到机械销售公司.用户账号的内部账户明细账显示的对外收款记录,表明存放在集团本部.用户账号结算中心的钱变多了,对于结算中心来说是负债,故显示在贷方,如图6-18所示。

图6-18 查询内部账户余额

(2)集团本部.用户账号资金主管查询成员单位机械销售公司_学号内部账户发生额增减和余额情况。

第一步:进入内部账户明细账界面。切换组织为集团本部.用户账号,进入内部账户明细账界面,进入路径为【资金管理】—【资金结算】—【账簿查询】—【内部账户明细账】。

第二步:查询机械销售公司.用户账号在结算中心开设的内部账户的余额。对于集团本部.用户账号来讲,对外收款是机械销售公司.用户账号发生的,因此机械销售公司存放在集团本部账号的钱更多了,故显示在贷方,如图6-19所示。

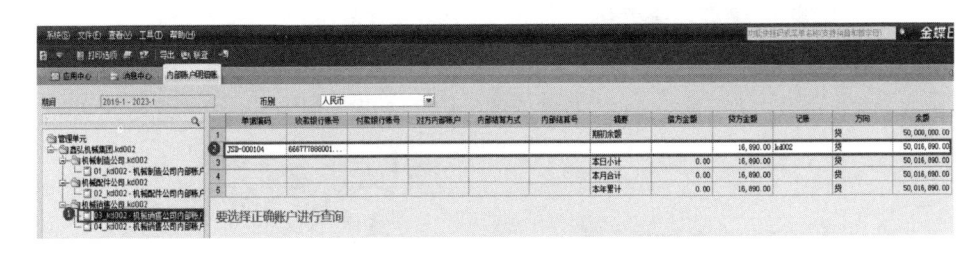

图6-19 查询内部账户余额

【说明】

(1)如果能查询到对应的记录,表明与此任务相关的前置业务没有问题,如果没有找到对应的记录,则与此任务相关的前置业务没有做对,需要进行检查。

(2)查询内部账户明细账的时候,如果是结算中心也就是说用集团本部账号查询内部账户明细账,则需要在资金管理—资金结算模块查询,但是如果是成员单元查询内部账户明细账,需要在财务会计—出纳管理模块查询,因为只有是内部金融机构对应的集团内公司才能使用资金结算模块!

(3)若对外收款结算单取消受理,则内部账户明细账自动取消登记。

(4)内部账户余额增加记贷方,减少记借方。

6.3.5 查询银行日记账

6.3.5.1 任务描述(L026)

通过对外收款业务,结算中心母账户银行存款余额增加,结算中心(集团本部.用户账号)出纳需要登记银行日记账,因设置了按单据登账,在对外收款后系统自动登记银行日记账,出纳可随时查询母账户银行日记账;通过对外收款业务,机械销售公司.用户账号出纳登记内部银行账户银行日记账。

6.3.5.2 任务要求

(1)集团本部.用户账号出纳查询6.3.2任务中收款后产生的银行日记账;

(2)机械销售公司.用户账号出纳查询6.3.3任务中收款后产生的银行日记账。

6.3.5.3 具体操作

(1)集团本部.用户账号出纳查询6.3.2任务中收款后产生的银行日记账。

第一步:进入银行日记账界面。切换组织为集团本部.用户账号,进入银行日记账界面,进入路径为【财务会计】—【出纳管理】—【银行存款】—【银行日记账】,在银行日记账-条件查询界面选择"按期间查询"(2019年1月),然后点击"确认",如图6-20所示。

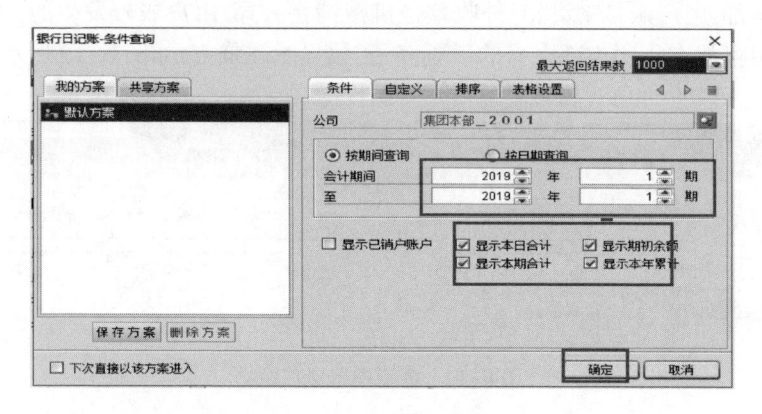

图6-20 确认查询条件

第二步:查询6.3.2任务中收款后产生的银行日记账。进入银行日记账界面后,查询银行日记账,如图6-21所示。

【说明】若在此处查询不到银行日记账,则需要检查两个地方:一是任务(L023)的对外收款结算单是否进行了收款。二是集团本部.用户账号下出纳系统第一个参数是否设置为单据登账。

图 6-21　查询银行日记账

（2）机械销售公司.用户账号出纳查询 6.3.3 任务中收款后产生的银行日记账。

第一步：进入银行日记账界面。切换机械销售公司.用户账号，进入银行日记账界面，进入路径为【财务会计】—【出纳管理】—【银行存款】—【银行日记账】。在银行日记账-条件查询界面选择"按月查询"（2019 年 1 月），然后点击"确认"。

第二步：查询 6.3.3 任务中收款后产生的银行日记账。进入银行日记账界面后，查询银行日记账，如图 6-22 所示。

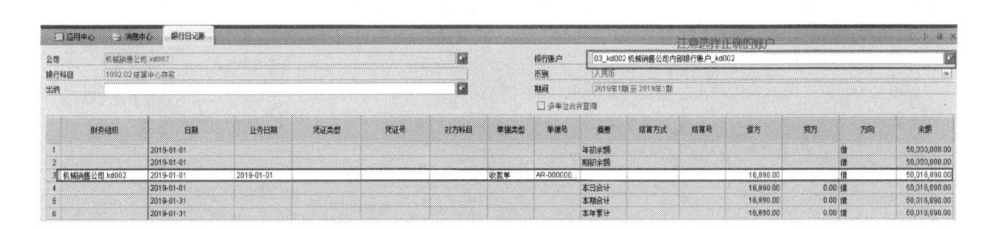

图 6-22　查询银行日记账

6.3.6　会计人员根据单据生成总账凭证

6.3.6.1　任务描述（L027）

根据 6.3.2 和 6.3.3 的任务结果，集团本部.用户账号会计文员需要记录母账户收到的机械销售公司.用户账号客户货款，需要记录母账户余额增加，同时记录机械销售公司.用户账号内部账户余额增加；机械销售公司.用户账号会计文员需要记录存放在结算中心的存款增加，同时记录客户的应收账款减少。

6.3.6.2　任务要求

（1）集团本部.用户账号会计生成对外收款单凭证，会计主管审核会计生成的凭证；

（2）机械销售公司.用户账号会计生成收款单的凭证，会计主管审核会计生成的凭证。

6.3.6.3　具体操作

（1）集团本部.用户账号会计生成对外收款单凭证，会计主管审核会计生成的凭证。

第一步：进入对外收款结算单界面。切换组织为集团本部.用户账号，进入对外收款结算单界面的路径为【资金管理】—【资金结算】—【结算业务】—【对外收款】。在结算单条件查询界面选择业务日期为"2019年1—12月"，受理及收款范围选择"全部"。

第二步：生成凭证并提交审核。进入对外收款结算单界面后，选中已经结算的外收款结算单，点击"生成凭证"，进入生成凭证界面，核对相关辅助信息后，依次点击"提交""审核"，如图6-23和图6-24所示。

图6-23 生成凭证

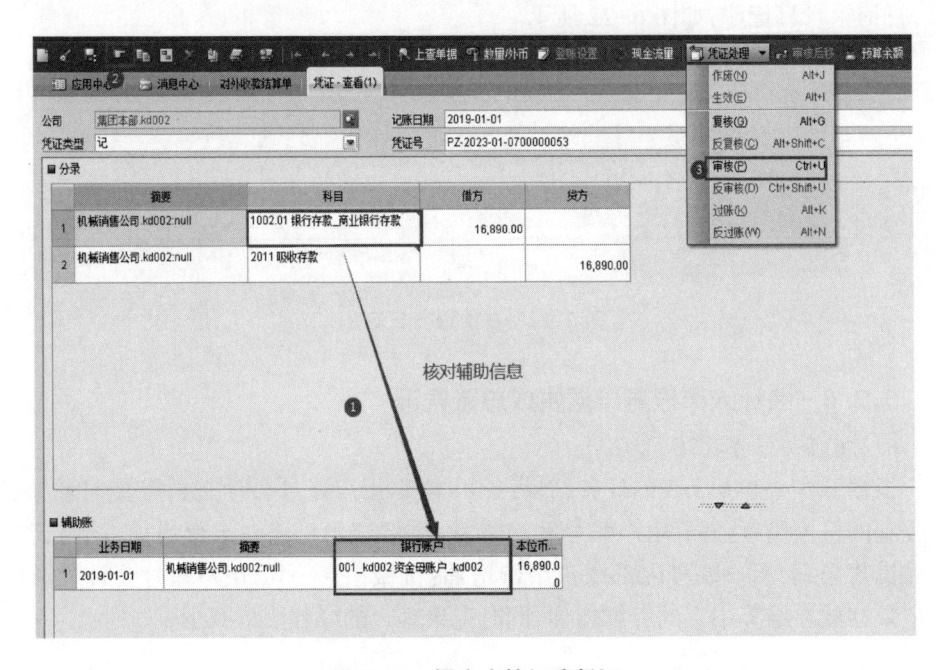

图6-24 提交审核记账凭证

(2)机械销售公司.用户账号会计生成收款单的凭证，会计主管审核会计生成的凭证。

第一步：进入收款单序时簿界面。切换组织为机械销售公司.用户账号，进入收款单序时簿界面，进入路径为【财务会计】—【出纳管理】—【收付款处理】—【收款单查询】，在收款单-条件查询界面选择业务日期为"2019年1—12月"，然后点击"确定"。

第二步:生成凭证并提交审核。进入收款单序时簿界面后,选中相应单据,点击"生成凭证",进入生成凭证界面,核对相关辅助信息后,依次点击"提交""审核",如图 6-25 和图 6-26 所示。

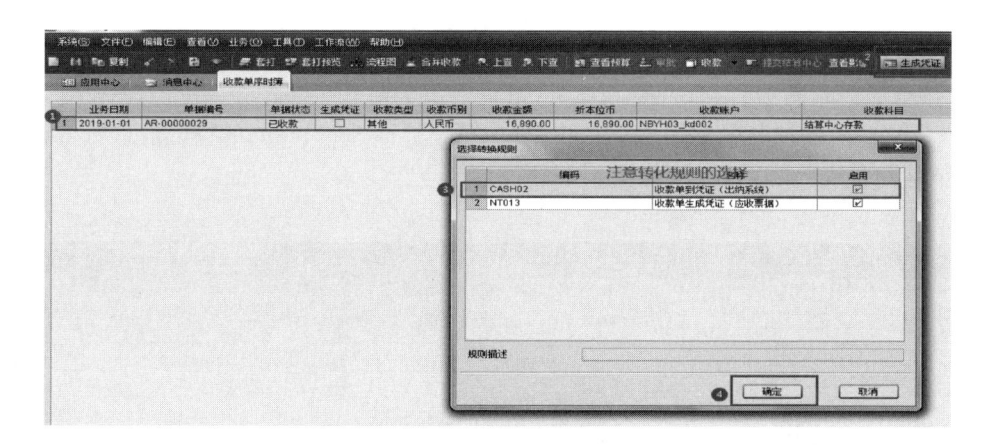

图 6-25 生成凭证

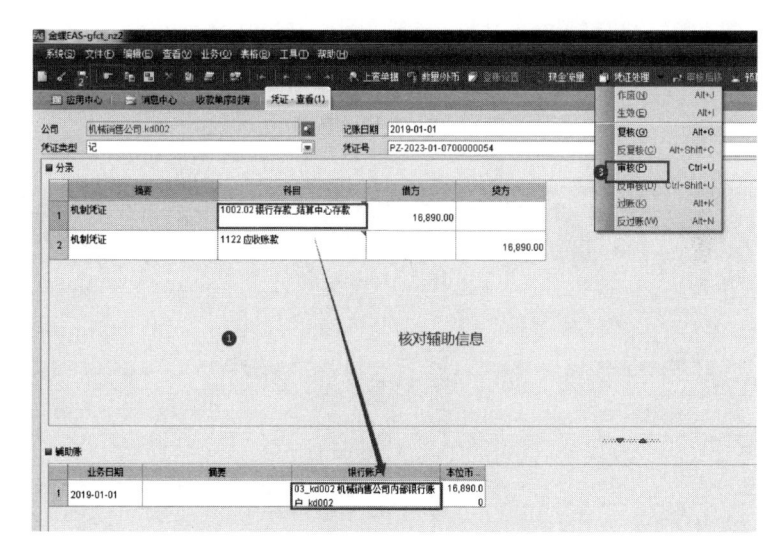

图 6-26 核对辅助账信息并提交审核

6.3.7 成员单位发起对外收款业务

6.3.7.1 任务描述(L028)

2019 年 1 月 2 日机械销售公司.用户账号出纳通过客户得知耀眼公司_用户账号向母账户汇入货款 18 888 元,对方科目为应收账款,对方科目核算项目为耀眼公司_用户账号,摘要为收货款,由出纳提交至资金结算中心,结算中心受理后方可计入收款单位内部账户明细账。

6.3.7.2 任务要求

机械销售公司.用户账号出纳在 EAS 系统提交收款单至结算中心处理。

6.3.7.3 具体操作

第一步:进入收款单-新增界面。切换到机械销售公司.用户账号,出纳进行收款单新增,进入收款单-新增界面的路径为【财务会计】—【出纳管理】—【收付款处理】—【收款单新增】。

第二步:新增收款单信息。在收款单-新增界面,录入收款单相关信息后点击"保存""提交",如图 6-27 和图 6-28 所示。

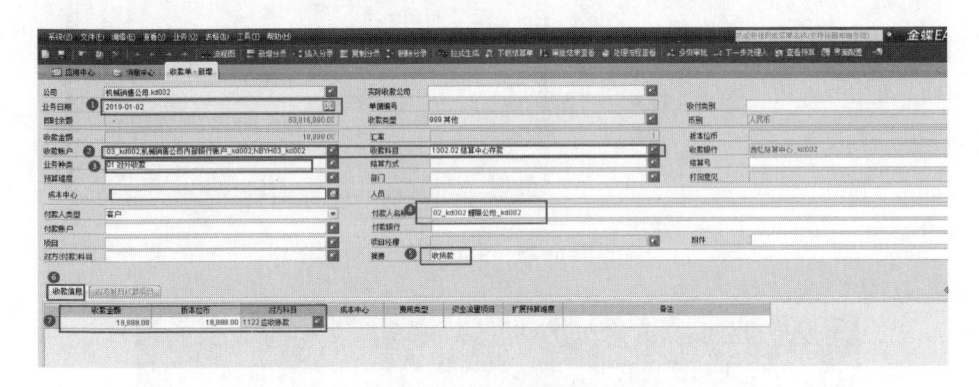

图 6-27 新增收款单

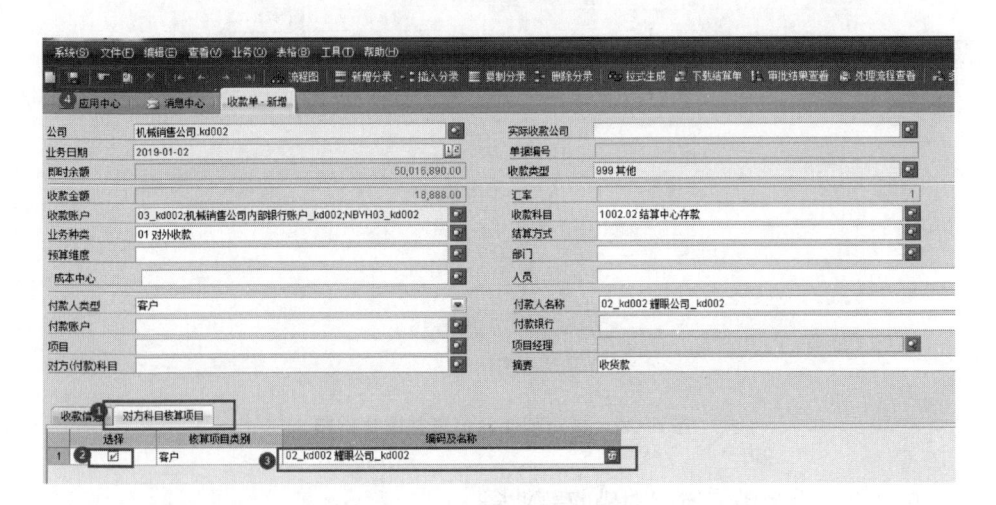

图 6-28 保存提交收款单

第三步:收款单审批并提交结算中心。(注意:不用进行收款操作。)

6.3.8 结算中心处理对外收款业务

6.3.8.1 任务描述(L029)

(1)结算中心受理对外收款单并收款。6.3.7任务中机械销售公司.用户账号提交的对外收款业务,经资金结算中心资金主管审批后,结算中心出纳查询公司银行流水后在EAS系统中填写中心账号后提交并收款确认。

(2)结算中心查询内部账户明细账。结算中心资金主管查询机械销售公司.用户账号内部账户明细账余额变动情况。

(3)结算中心查询银行日记账。结算中心出纳查询母账户银行日记账余额变动情况,资金母账户_用户账号余额是否增加。

(4)结算中心生成对外收款单会计凭证。结算中心会计文员生成对外收款单凭证并审核,记录母账户银行存款变化和内部账户余额变化。

6.3.8.2 具体操作

(1)结算中心受理对外收款单并收款。

第一步:进入对外收款结算单界面。切换组织为集团本部.用户账号,进入对外收款结算单界面,进入路径为【资金管理】—【资金结算】—【结算业务】—【对外收款】。在对外收款条件查询界面中选择业务日期为"2019年1—12月",受理和收款范围选择"全部",然后点击"确定"。

第二步:受理对外收款单并收款。进入对外收款结算单界面后选择需要受理的业务,依次点击"受理""填写中心编号"(见图6-29),在中心账号里面选择资金母公司_用户账号,最后点击"提交并收款",如图6-30所示。

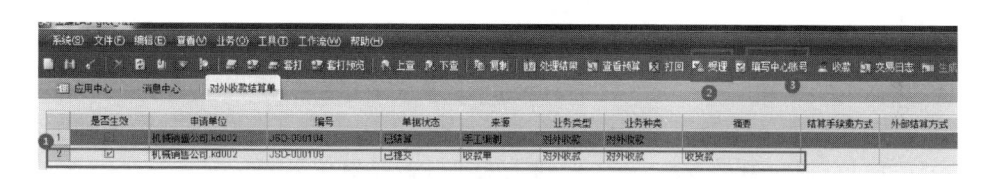

图6-29 受理并填写中心编号

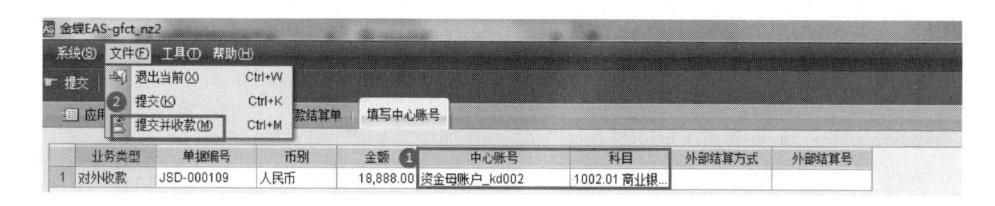

图6-30 提交并收款

(2)结算中心查询内部账户明细账。

进入内部账户明细账界面的路径为【资金管理】—【资金结算】—【账簿查询】—【内部账户明细账】,选择查询条件为2019年1月,查询结果如图6-31

所示。

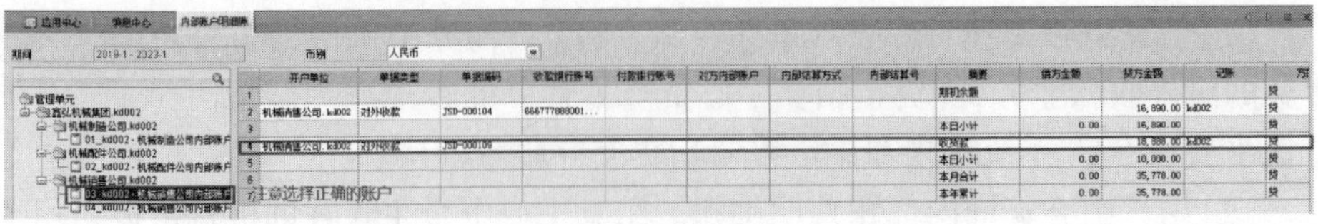

图 6-31　结算中心查询内部账户明细账

(3)结算中心查询银行日记账。

进入银行日记账界面路径为【财务会计】—【出纳管理】—【银行存款】—【银行日记账】,选择查询条件为 2019 年 1 月,查询结果如图 6-32 所示。

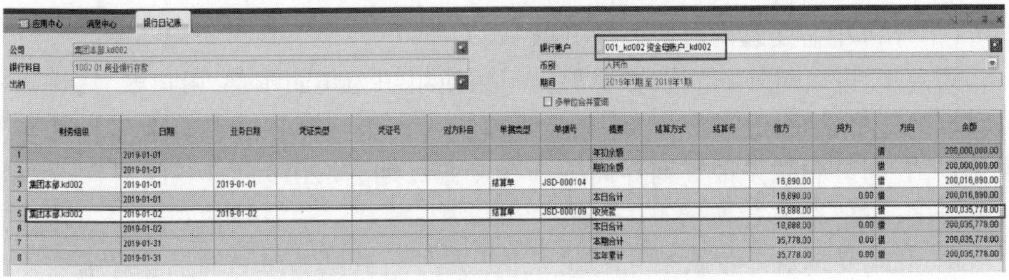

图 6-32　结算中心查询银行日记账

(4)结算中心生成对外收款单会计凭证。

第一步:进入对外收款结算单界面。组织单元为"集团本部.用户账号",进入对外收款结算单界面路径为【资金管理】—【资金结算】—【结算业务】—【对外收款】,在对外收款条件查询界面中选择业务日期为"2019 年 1—12 月",受理和收款范围选择"全部",然后点击"确定",进入对外收款结算单界面。

第二步:生成凭证并提交审核。进入对外收款结算单界面后,选中已经结算的外收款结算单(金额为 18 888 元),点击"生成凭证",进入生成凭证界面,核对相关辅助信息后,依次点击"提交""审核",如图 6-33 所示。

6.3.9　成员单位出纳和会计文员处理收款业务

6.3.9.1　任务描述(L030)

(1)机械销售公司出纳处理收款。机械销售公司.用户账号出纳根据结算中心(集团本部_学号)打印的到账通知单收款入账(即对 6.3.7 任务中的收款单处理收款)。

(2)机械销售公司出纳查询银行日记账。机械销售公司.用户账号出纳查询银行日记账、机械销售公司内部银行账户.用户账号余额变化情况。

(3)机械销售公司.用户账号出纳查询内部账户明细账余额变化情况。

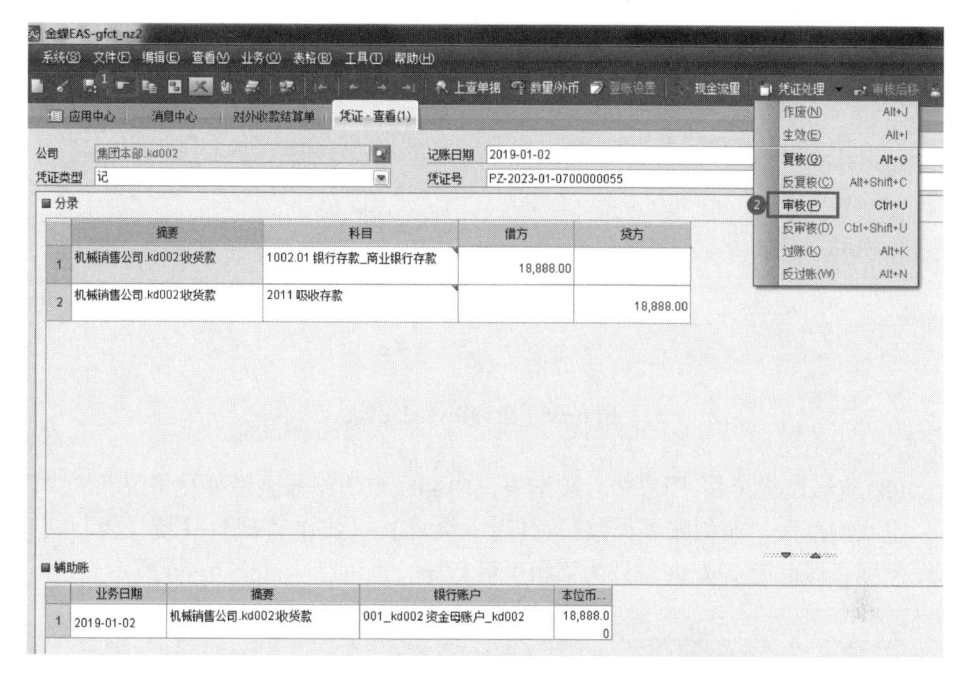

图 6-33 核对辅助账信息并提交审核记账凭证

(4)机械销售公司会计根据收款单生成凭证。机械销售公司.用户账号会计根据收款单生成凭证并审核,记录存放在结算中心资金的余额增加和客户耀眼公司_用户账号应收账款减少。

6.3.9.2 具体操作

(1)机械销售公司.用户账号出纳处理收款。

第一步:进入收款序时簿界面。切换组织为机械销售公司.用户账号,进入收款序时簿界面,进入路径为【财务会计】—【出纳管理】—【收付款处理】—【收款单查询】。查询条件中业务日期为"2019 年 1—12 月",受理和收款范围选择"全部",然后点击"确定"。

第二步:收款。进入收款单序时簿界面后选择需要收款的业务,点击"收款",如图 6-34 所示。

图 6-34 收款

(2)机械销售公司.用户账号出纳查询银行日记账。

进入银行日记账界面路径为【财务会计】—【出纳管理】—【银行存款】—【银行日记账】,选择查询条件为2019年1月,查询结果如图6-35所示。

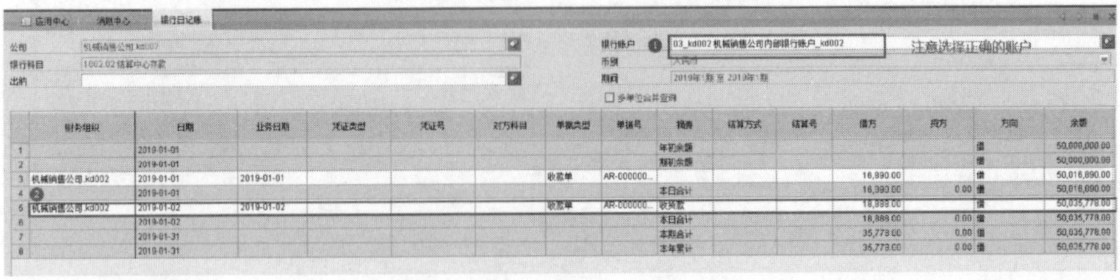

图6-35 查询银行日记账

(3)机械销售公司.用户账号出纳查询内部账户明细账余额变化情况。

进入内部账户明细账界面路径为【财务会计】—【出纳管理】—【统计表】—【内部账户明细账】,选择查询条件为"2019年1月",查询结果如图6-36所示。

图6-36 查询内部账户明细账余额

(4)机械销售公司.用户账号会计根据收款单生成凭证。

第一步:进入收款单序时簿界面。进入收款单序时簿界面的路径为【财务会计】—【出纳管理】—【收付款处理】—【收款单查询】,在收款单-条件查询界面中选择业务日期为"2019年1—12月",受理和收款范围选择"全部",然后点击"确定"。

第二步:生成凭证并提交审核。进入收款单序时簿界面后,选择已收款的收款单(金额为1 888元),点击"生成凭证",转换规则为"收款单到凭证(出纳系统)",生成凭证后审核无误,保存提交并审核,如图6-37所示。

6.3.10 结算中心发起的对外付款业务流程

在EAS系统中,在集中结算管理模式下,财务公司或结算中心作为内部银行,代成员单位对外付款时,录入对外付款单。结算业务的对外付款单的来源目前有四种,包括:①手工新增;②成员单位的付款类型为"对外付款"的付款单【提交结算中心】生成;③接收银企互联付款交易信息生成;④作为委托贷款单受托方,发送贷款通知并拉式生成的对外付款结算单。

6.3.10.1 任务描述(L031)

(1)集团本部.用户账号进行对外付款业务一系列处理。鑫弘机械集团.用户

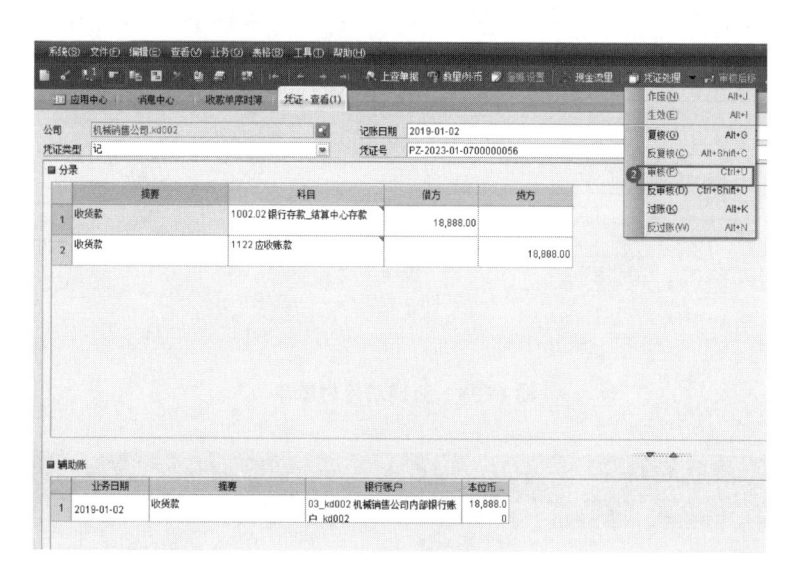

图 6-37 提交审核凭证

账号采用的是集中结算管理模式,为各成员单位集中办理付款业务,2019 年 1 月 19 日,结算中心(集团本部.用户账号)接到机械制造公司.用户账号书面通知,需要向委外供应商恒星公司_用户账号付委外加工费共计 17 777 元,由结算中心资金主管发起对外付款并受理业务,结算中心出纳处理付款业务并生成和审核对外付款单的凭证。

(2)机械制造公司.用户账号进行对外付款一系列业务处理。机械制造公司.用户账号收到结算中心向供应商付款的通知单,供机械制造公司.用户账号出纳入账,出纳下载对外付款结算单并进行付款业务处理,生成凭证并审核(此处对方科目为应付账款,对方科目核算项目为恒星公司_用户账号)。

6.3.10.2 任务要求

(1)集团本部.用户账号资金主管和出纳分别在 EAS 系统内处理业务(1);
(2)机械制造公司.用户账号出纳和会计分别在 EAS 系统内处理业务(2)。

6.3.10.3 具体操作

(1)集团本部.用户账号进行对外付款业务一系列处理。

第一步:进入对外付款结算单界面。切换组织为集团本部.用户账号,进入对外付款结算单界面的路径为【资金管理】—【资金结算】—【结算业务】—【对外付款】,条件查询中业务日期为"2019 年 1—12 月",受理和收款范围选择"全部"。

第二步:新增对外付款单。进入对外付款结算单界面后,点击"新增"后在对外付款单里录入相关信息,核对相关信息无误后保存提交,如图 6-38 所示。

第三步:对外付款单受理、付款并生成凭证。

第四步:对生成的凭证进行信息核对后提交并审核,如图 6-39 所示。

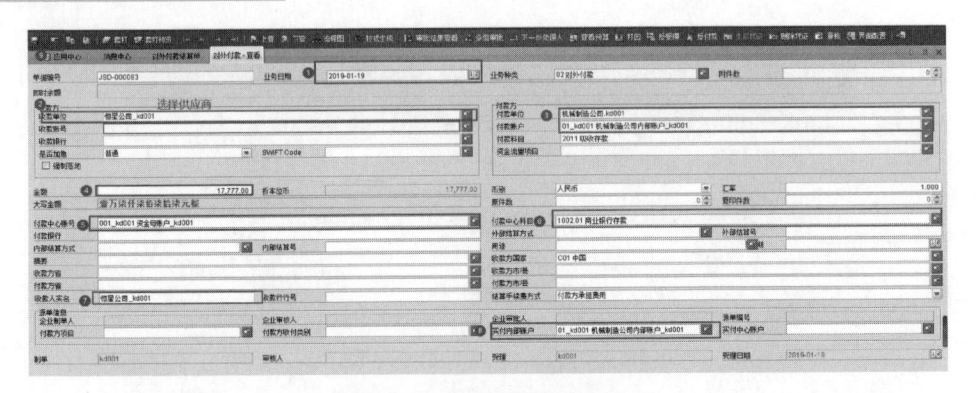

图 6-38 新增对外付款单

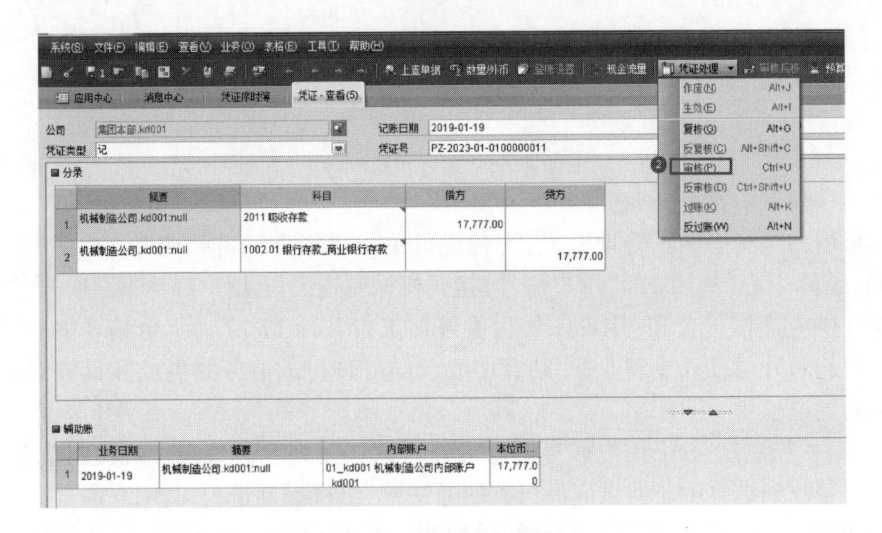

图 6-39 提交并审核凭证

（2）机械制造公司.用户账号进行对外付款一系列业务处理。

第一步：进入付款单-新增界面。切换到机械制造公司.用户账号，进入付款单-新增界面的路径为【财务会计】—【出纳管理】—【收付款处理】—【付款单新增】。

第二步：付款单新增。在付款单-新增界面点击"下载结算单"，确认结算单信息，补充相关资料后保存、提交，如图 6-40 所示。

第三步：付款单审批、付款并生成凭证。

第四步：生成凭证后，核对凭证无误提交审核，如图 6-41 所示。

6.3.11 成员单位发起的对外付款业务流程

6.3.11.1 任务描述（L032）

（1）成员单位发起付款需求。2019 年 1 月 20 日机械制造公司.用户账号需要向供应商恒星公司_用户账号支付材料款项，向结算中心提出 8 888 元外部付款申

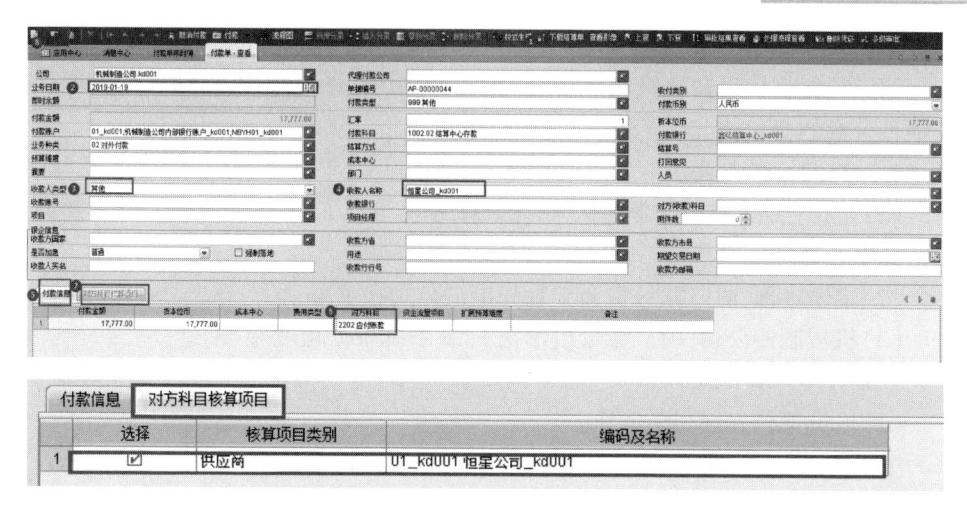

图 6-40 付款单新增

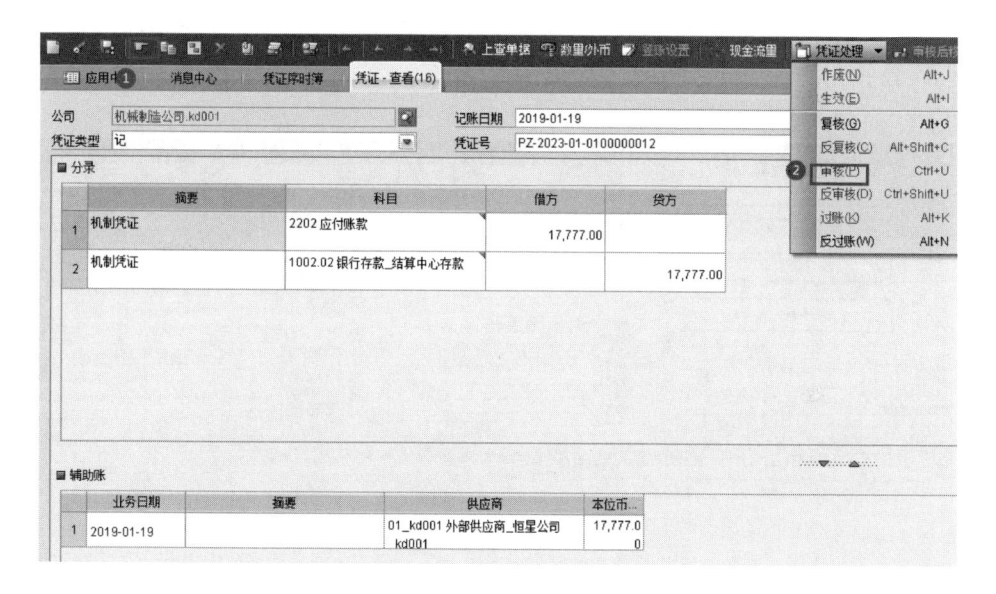

图 6-41 生成凭证

请,由资金结算中心根据机械制造公司.用户账号的账户余额以及资金预算决定是否批准付款。此处机械制造公司.用户账号提出付款并提交到结算中心处理,对方科目为"应付账款",对方科目核算项目为"恒星公司_用户账号",摘要为"付货款"。

(2)结算中心受理业务、付款并查询银行日记账银行余额的变化情况。结算中心根据资金预算情况同意接受机械制造公司.用户账号提交的关于向供应商恒星公司_用户账号付材料款的付款需求,资金主管在系统内受理提交上来的对外付款单,并由出纳进行付款(中心账号为资金母账户_用户账号),结算中心查询银行日记账银行余额的变化情况。

(3)成员单位出纳登记付款并查询银行日记账银行余额的变化情况。结算中心出纳进行付款后通知机械制造公司.用户账号出纳登记付款,出纳查询银行日记账银行余额的变化情况。

6.3.11.2 任务要求

(1)根据任务(1)机械制造公司.用户账号出纳在 EAS 系统内提出付款并提交至结算中心处理。

(2)集团本部.用户账号资金主管和出纳分别在 EAS 系统中处理业务(2)。

(3)机械制造公司.用户账号出纳在 EAS 系统中处理业务(3)。

6.3.11.3 具体操作

(1)成员单位发起付款需求。

第一步:进入付款单-新增界面。切换组织为机械制造公司.用户账号,进入付款单-新增界面的路径为【财务会计】—【出纳管理】—【收付款处理】—【付款单新增】。

第二步:付款单新增。在付款单-新增界面,填写完整信息后保存提交,如图 6-42 所示。

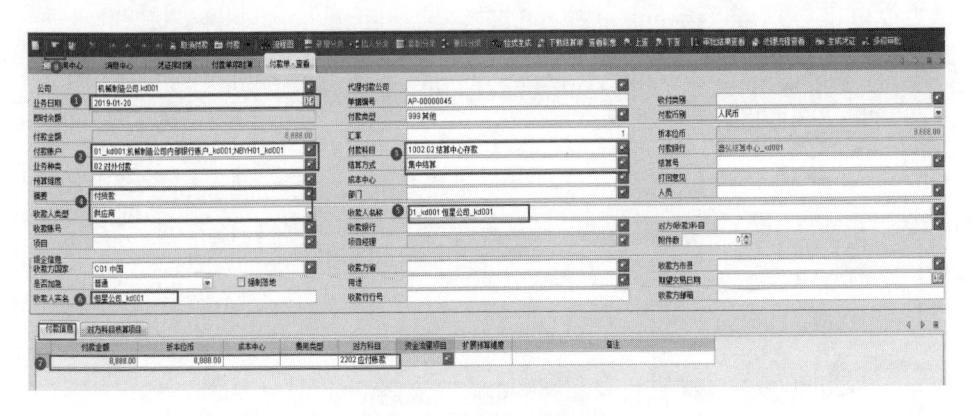

图 6-42 新增付款单

第三步:对提交后的付款单进行审批,并提交结算中心。

(2)结算中心受理业务、付款并查询银行日记账银行余额的变化情况。

第一步:进入对外付款结算界面。切换组织为集团本部.用户账号,进入对外付款结算界面的路径为【资金管理】—【资金结算】—【结算业务】—【对外付款】,条件查询的业务日期为"2019 年 1—12 月",受理和收款范围选择"全部"。

第二步:对外付款单受理、填写中心编号并付款,中心账号为资金母账户_用户账号。

第三步:结算中心出纳查询银行日记账银行余额的变化情况。进入银行日记账界面的路径为【财务会计】—【出纳管理】—【银行存款】—【银行日记账】,查询结果如图6-43所示。

图6-43 查询银行日记账

(3)成员单位出纳登记付款并查询银行日记账银行余额的变化情况。

第一步:登记付款。切换组织为机械制造公司.用户账号,进入付款单序时簿界面,进入路径为【财务会计】—【出纳管理】—【收付款处理】—【付款单查询】,条件查询的业务日期为"2019年1—12月",受理和收款范围选择"全部"。进入付款单序时簿界面后,选中需要付款的单据(金额为8 888元)进行付款,如图6-44所示。

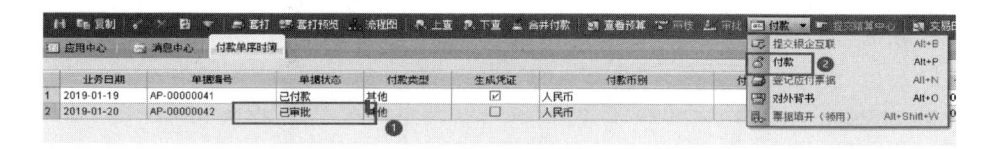

图6-44 出纳付款

第二步:出纳查询银行日记账。组织为机械制造公司.用户账号,进入银行日记账界面,进入路径为【财务会计】—【出纳管理】—【银行存款】—【银行日记账】,查询结果如图6-45所示。

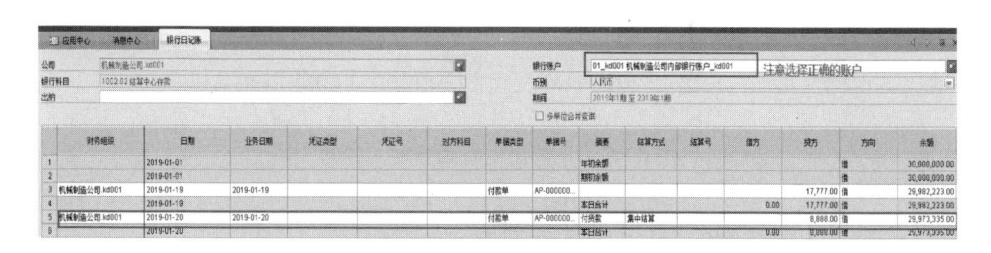

图6-45 查询银行日记账

【说明】严格按照任务要求去做,这样才能得分,不可跳着做,不进行查询!

6.3.12 结算中心发起的对内收款业务处理

在EAS系统,对内收款单适用于内部成员单位之间的转账业务。结算业务的对内收款单的来源目前有三种,包括:①手工新增;②成员单位的收款类型为"对内收款"的收款单【提交结算中心】生成;③结算中心作为委托贷款的受托方,拉委托贷款收款通知生成对内收款单。

6.3.12.1 任务描述(L033)

机械配件公司.用户账号在 2019 年 1 月 21 日销售了一批配件给机械制造公司.用户账号生产机械产品使用,金额共计 80 000 元,由结算中心受理将机械制造公司.用户账号内部账户的钱转移至机械配件公司.用户账号内部账户。

6.3.12.2 任务要求

(1)设置成员单位(机械配件公司.用户账号)出纳管理系统参数—成员单位自动接收结算单受理后发送的收款回单(出纳管理参数 CS008)。

(2)集团本部_学号资金主管在 EAS 系统发起对内收款业务受理。

6.3.12.3 具体操作

(1)设置成员单位(机械配件公司.用户账号)出纳管理系统参数。

第一步:进入参数设置界面。切换组织为机械配件公司.用户账号,进入参数设置界面的路径为【系统平台】—【系统工具】—【系统配置】—【参数设置】。

第二步:设置出纳管理系统参数。打开出纳管理参数 CS008 设置进行修改,如图 6-46 所示。

图 6-46 设置出纳管理参数 CS008

(2)结算中心发起对内收款业务处理。

第一步:进入对内收款(同行)新增界面。切换组织为集团本部.用户账号,进入对内收款(同行)新增界面的路径为【资金管理】—【资金结算】—【结算业务】—【对内收款】,条件查询的业务日期为"2019 年 1—12 月",受理和收款范围选择"全部"。

第二步:新增对内收款单。进入对内收款(同行)新增界面后,点击"新增",录入相关信息后保存提交,如图 6-47 所示。

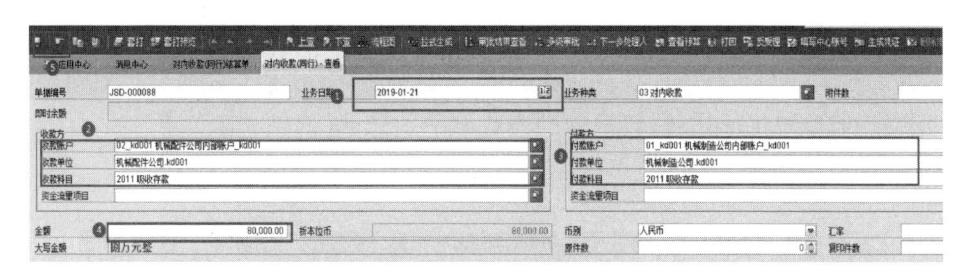

图 6-47　新增对内收款单

第三步:受理提交后的单据。

6.3.13　收款方成员单位进行收款业务处理

6.3.13.1　任务描述(L034)

6.3.12 任务设置的参数导致结算中心受理后对机械配件公司.用户账号发送了收款回单,结算中心(集团本部.用户账号)通知机械配件公司.用户账号已收到机械制造公司.用户账号支付的款项,机械配件公司.用户账号出纳只需要对收款回单进行收款业务处理(对方科目为应收账款,对方科目核算项目为机械制造公司.用户账号),同时机械配件公司.用户账号会计生成收款业务凭证并审核。

6.3.13.2　任务要求

机械配件公司.用户账号出纳、会计分别在 EAS 系统中处理此笔业务。

6.3.13.3　具体操作

(1)成员单位进行收款业务处理。

第一步:进入收款单序时簿界面。切换组织为机械配件公司.用户账号,进入收款单序时簿界面的路径为【财务会计】—【出纳管理】—【收付款处理】—【收款单查询】。

第二步:核对并补充收款单信息。选择需要修改的收款单(金额为 80 000 元),点击"修改",进行收款单信息核对和补充,保存并提交,如图 6-48 所示。

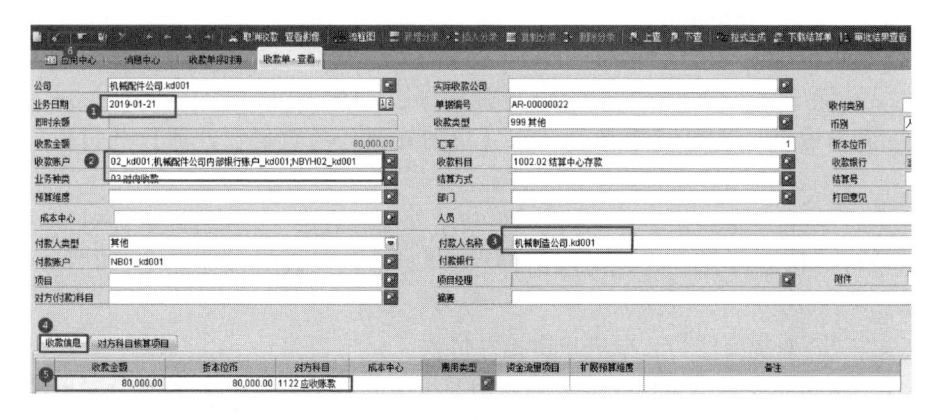

图 6-48　修改对内收款单

第三步:对提交的对内收款单进行审批并收款。

(2)成员单位进行生成凭证业务处理。机械配件公司.用户账号会计对已经收款的对内收款单生成凭证,转换规则为收款单到凭证(出纳系统),核对信息无误后提交并审核,如图6-49所示。

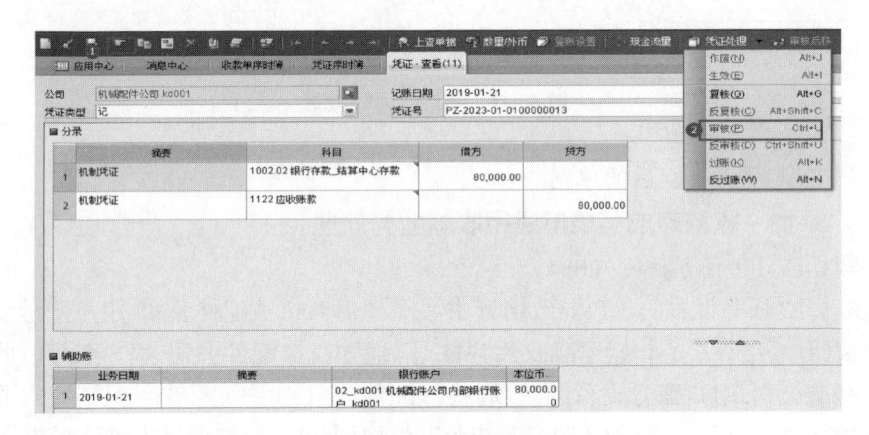

图 6-49 提交并审核凭证

6.3.14 付款方成员单位进行付款业务处理

6.3.14.1 任务描述(L035)

由于机械制造公司.用户账号没有设置自动接收结算中心发送的付款回单,结算中心通知机械制造公司.用户账号已付款给机械配件公司.用户账号了,2019年1月21日机械制造公司.用户账号出纳需要下载结算单进行付款处理(对方科目为应付账款,对方核算项目为机械配件公司.用户账号),同时机械制造公司.用户账号会计生成付款业务凭证并审核。

6.3.14.2 任务要求

机械配件公司.用户账号出纳、会计分别在EAS系统中处理此笔业务。

6.3.14.3 具体操作

(1)成员单位进行付款业务处理。

第一步:进入付款单-新增界面。切换组织为机械制造公司.用户账号,进入付款单-新增界面的路径为【财务会计】—【出纳管理】—【收付款处理】—【付款单新增】。

第二步:付款单新增。进入付款单-新增界面后点击"下载结算单",对下载的付款单核对信息并补充完整对应的信息,核对信息无误后保存提交,如图6-50所示。

第三步:对提交的付款单进行审批并付款。

(2)成员单位进行生成凭证业务处理。机械制造公司.用户账号会计对已经收款的对内收款单生成凭证,核对信息无误后提交并审核,如图6-51所示。

图 6-50 付款单新增

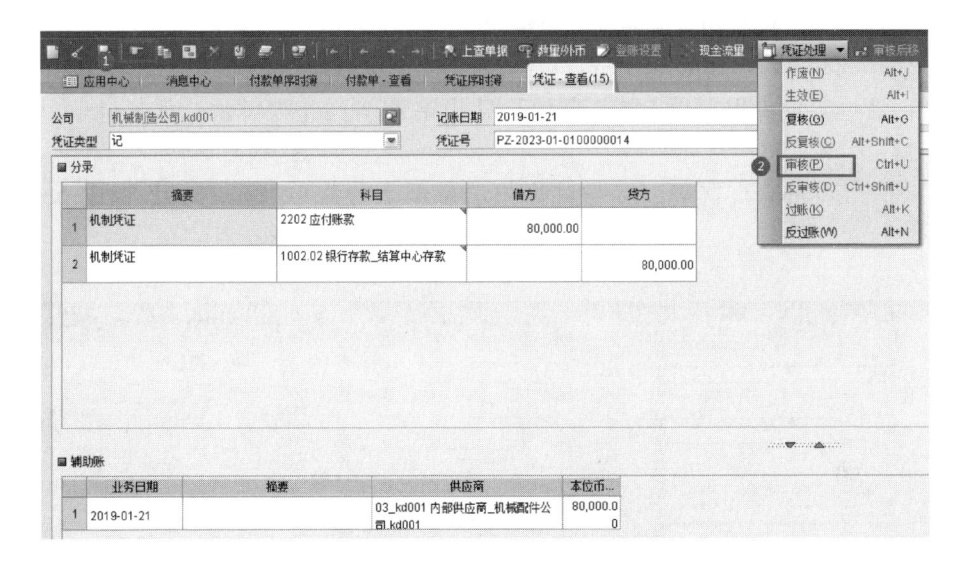

图 6-51 生成凭证

6.3.15 成员单位发起的对内收款业务流程

6.3.15.1 任务描述(L036)

(1)机械配件公司发起对内收款需求。机械配件公司.用户账号在 2019 年 1 月 27 日销售了一批配件给机械制造公司.用户账号生产机械产品使用,金额共计 60 000 元,由机械配件公司.用户账号出纳发起对内收款,收至机械配件公司_学号内部银行账户,对方科目为"应收账款",对方科目核算项目为"机械制造公司.用户账号",摘要为"收配件款",付款账户为机械制造公司.用户账号内部银行账户,维护好后提交到结算中心。

(2)结算中心处理对内收款需求。结算中心受理机械配件公司.用户账号提交上来的对内收款单。

(3)机械配件公司进行收款业务处理并生成凭证。机械配件公司.用户账号出纳在结算中心受理后进行收款业务处理,同时机械配件公司_学号会计生成收款凭证并审核。

(4)机械制造公司进行付款业务处理并生成凭证。付款成员单位机械制造公司.用户账号出纳下载对内收款结算单进行付款业务处理,对方科目为应付账款,对方科目核算项目为机械配件公司.用户账号,由会计生成付款凭证并审核。

6.3.15.2 任务要求

(1)机械配件公司.用户账号出纳、集团本部_学号资金主管、机械配件公司.用户账号会计分别在EAS系统处理业务(1)、(2)、(3)。

(2)机械制造公司.用户账号出纳、会计分别在EAS系统处理业务(4)。

6.3.15.3 具体操作

(1)机械配件公司发起对内收款需求。

第一步:进入收款单-新增界面。切换到组织机械配件公司.用户账号,进入收款单-新增界面的路径为【财务会计】—【出纳管理】—【收付款处理】—【收款单新增】。

第二步:新增收款单。将题目相关信息填入收款单,保存提交,如图6-52所示。

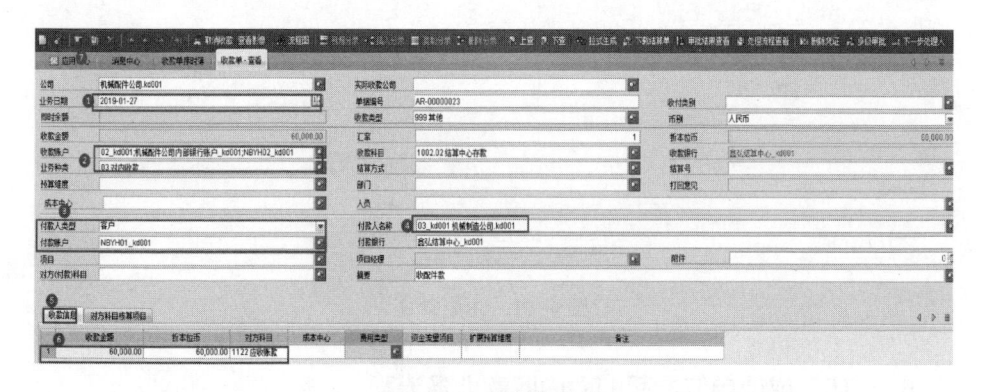

图6-52 新增收款单

第三步:对提交后的付款单进行审批并提交结算中心。

(2)结算中心处理对内收款需求。

第一步:进入对内收款(同行)结算单界面。切换组织为集团本部.用户账号,进入对内收款(同行)结算单界面的路径为【资金管理】—【资金结算】—【结算业务】—【对内收款】。

第二步:受理对内收款(同行)结算单。

(3)机械配件公司进行收款业务处理并生成凭证。

第一步:进入收款单序时簿界面。切换到机械配件公司.用户账号,进入收款单序时簿界面的路径为【财务会计】—【出纳管理】—【收付款处理】—【收款单查询】。

第二步：生成凭证。转换规则为收款单到凭证(出纳系统)。

第三步：对生成的凭证核对辅助账等相关信息，核对无误后提交并审核，如图 6-53 所示。

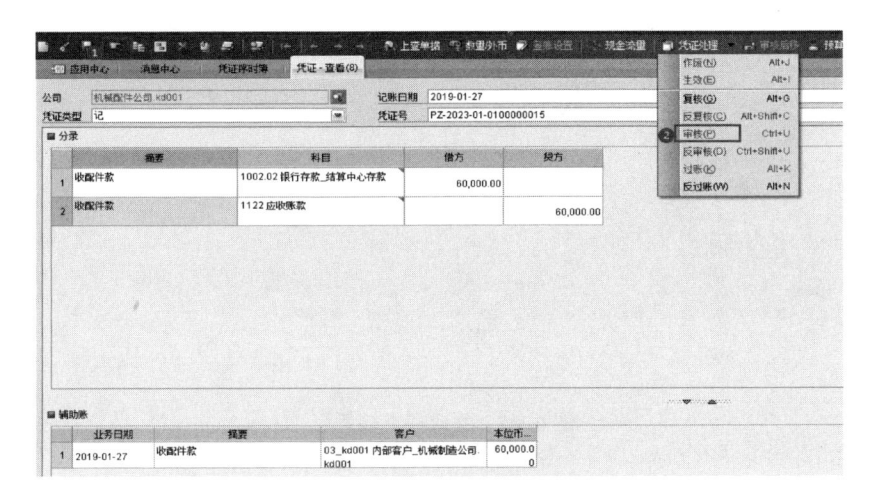

图 6-53　提交并审核凭证

(4)机械制造公司进行付款业务处理并生成凭证。

第一步：进入付款单-新增界面。切换组织机为械制造公司.用户账号，进入付款单-新增界面的路径为【财务会计】—【出纳管理】—【收付款处理】—【付款单新增】。

第二步：新增付款单。进入付款单-新增界面后点击"下载结算单"，核对并补充信息后保存、提交，如图 6-54 所示。

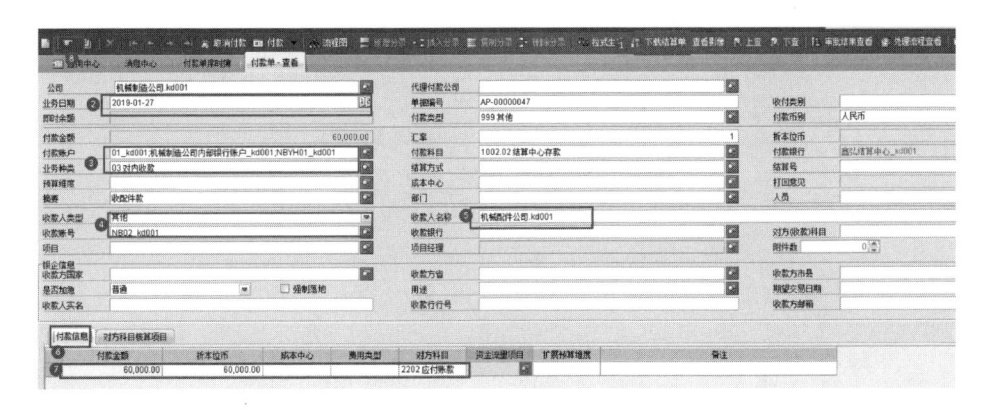

图 6-54　付款单新增

第三步：对提交后的付款单进行审批并付款。

第四步：根据付款后的付款单生成凭证，并审核提交，如图 6-55 所示。

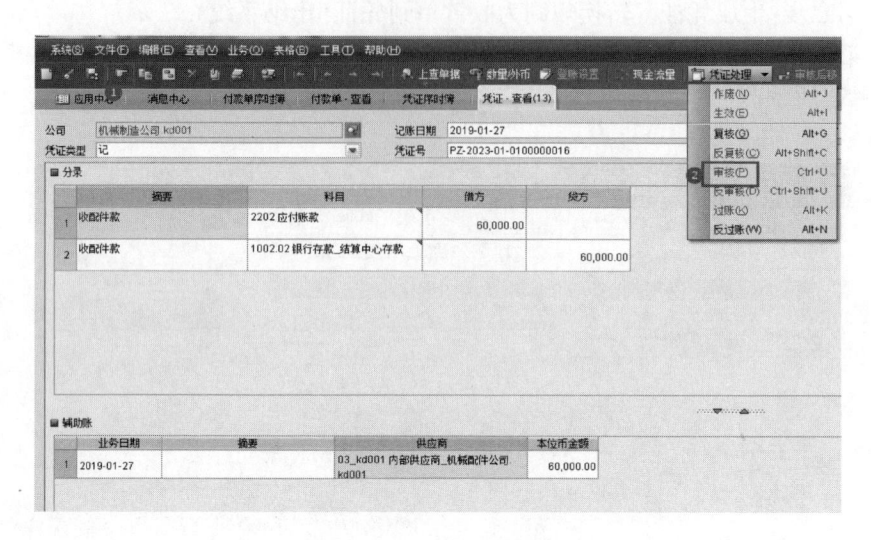

图 6-55　生成并审核凭证

7 现金池管理

7.1 现金池管理概述

7.1.1 现金池管理的概念

现金池管理是指利用银行的网络平台将集团公司之间的账户建立关系,将成员公司账户之间的资金进行归集和下拨,将集团分散于各个账户的小笔资金集中成大笔资金,实现整个集团资金的共享使用与宏观调配,从而加强集团财务资金管理、提高资金使用效率、降低金融风险的先进管理模式。现金池管理可以实现收支两条线,在企业实际应用过程中可能并不只是采用某一个资金管理模式,而是可能混合使用不同的资金管理模式来达到公司的管理要求。

在 EAS 系统中,现金池管理模块与出纳管理、预算管理、利息管理、总账系统等各业务系统一体化集成,保障业务信息与财务信息的高度同步与一致性,为企业决策层提供实时的业务管理信息。

7.1.2 现金池管理的必要性

在集团企业中,现金池管理是非常必要的,其原因有三。

第一,随着企业不断注重价值管理和财资职能的演化,企业司库逐步从会计职能中独立出来,在企业财务管理中扮演着重要职责。

第二,企业对内部资金的集中化管理和流动性管理的需求日益迫切,要求现金管理也呈多样性发展。

第三,构建一套契合集团公司经营特点,并且满足决策层财务管控目标的"现金池"运营模式,是企业司库进行流动性管理的关键。

7.1.3 相关专业名词

上划申请:成员单位子账户有余额,申请上存资金到总部母账户。

下拨申请:成员单位子账户余额不足,申请从总部母账户下拨一定金额到子账户。

自动上划:常规上划业务,总部设置自动上划规则,并设置后台事务调度定时自动完成上划处理。注意必须使用银企互联方可进行自动上划业务设置。

自动下拨:常规下拨业务,总部设置自动下拨规则,并设置后台事务调度定时自动完成下拨处理。注意必须使用银企互联方可进行自动下拨业务设置。

上划业务:总部填写上划单,记录从各子账户上划到母账户的金额,完成内部明细账、银行日记账的登记。

下拨业务:总部填写下拨单,记录下拨到各子账户的金额,完成内部明细账、银行日记账的登记。

实体现金池：以公司总部的名义设立集团现金池账户，通过子公司向总部委托贷款的方式，每日定时将子公司资金上划现金池账户，成员企业的现金池账户资金发生实际转移。一般来说，日间，若子公司对外付款时账户余额不足，银行可以提供以其上存总部的资金头寸额度为限的透支支付。而日终，以总部向子公司归还委托贷款的方式，系统自动将现金池账户资金划拨到成员企业账户用以补足透支金额，银行在固定期间内结算委托贷款利息，并进行利息划拨。

虚体现金池：现金池成员企业的资金没有被实际划转，仍留存于各自银行账户，总部同下属企业在任何一个时点都可在集团现金池净头寸余额内共享资金池额度进行对外付款，对发生日间透支的池成员账户日终根据借贷规则填平归零，次日始现金池各成员账户余额还原，银行计算现金池的净利息头寸，银行再根据该净利息头寸向集团支付存款利息或收取透支利息。

7.1.4 现金池相关业务流程

在 EAS 系统中，现金池业务模式主要有三种，包括实体现金池模式、银行划拨现金池模式和企业主动划拨现金池模式。在这里，主要介绍企业主动划拨现金池模式。

企业主动划拨是指以企业集团财务公司为主导者的现金池，服务仍由银行提供，不同的是银行并不是以委托贷款中介的身份出现，而是以现金池软件和支付中介的身份出现，企业根据需要自发地在网银上发起上划下拨交易或接受成员企业上划下拨申请从而进行上划下拨，业务流程包括由资金中心发起的主动上划业务、由资金中心发起的主动下拨业务、成员单位发起的资金上划业务和由成员单位发起的资金下拨业务四种情况，具体业务流程如图 7-1 至图 7-4 所示。

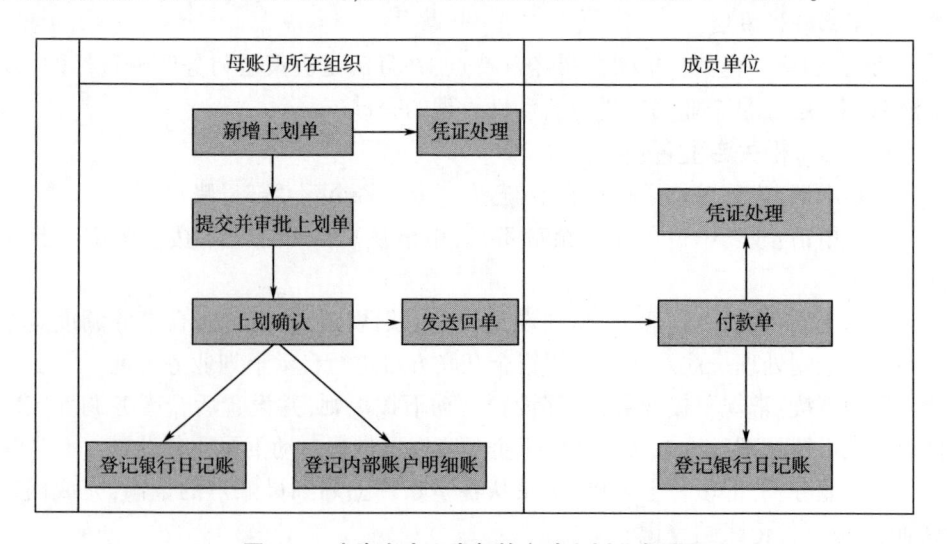

图 7-1 由资金中心发起的主动上划业务流程

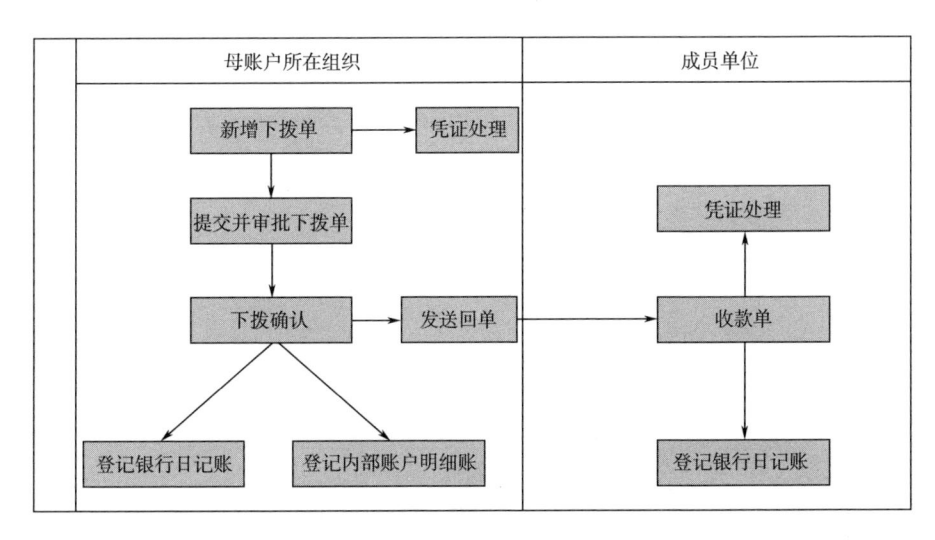

图 7-2 由资金中心发起的主动下拨业务流程

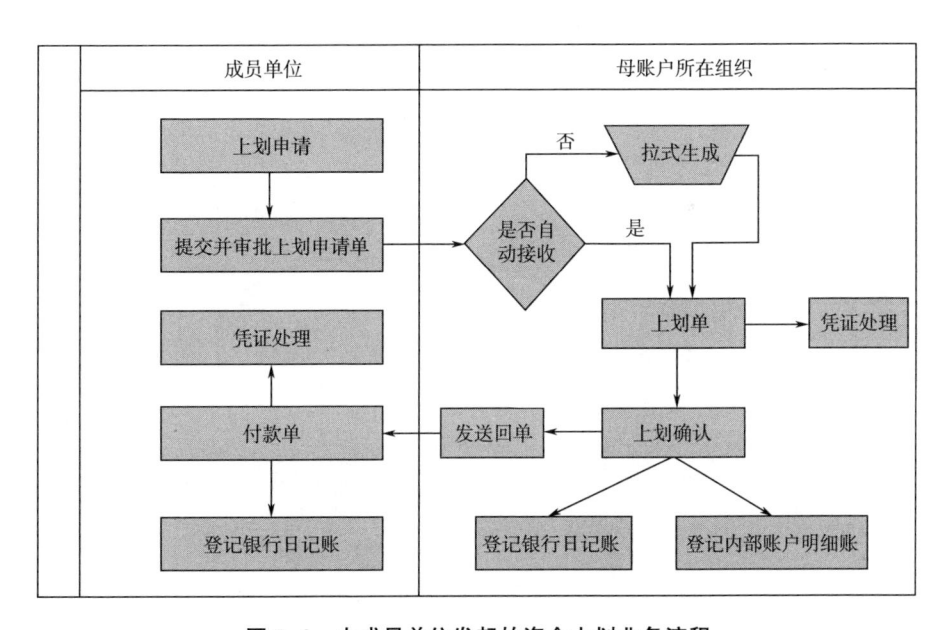

图 7-3 由成员单位发起的资金上划业务流程

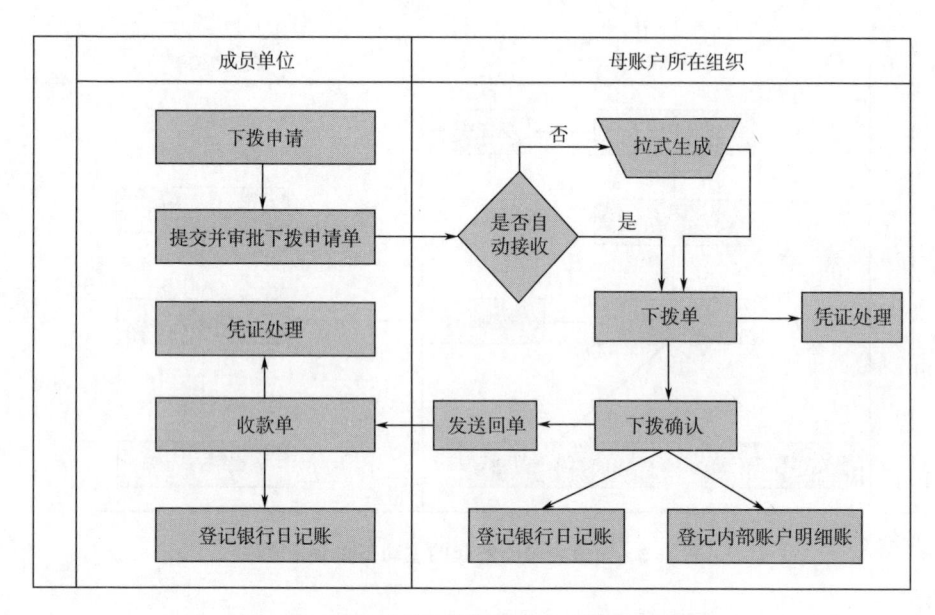

图 7-4 由成员单位发起的资金下拨业务流程

7.2 现金池管理实验整体流程

现金池管理实验整体流程如图 7-5 所示。

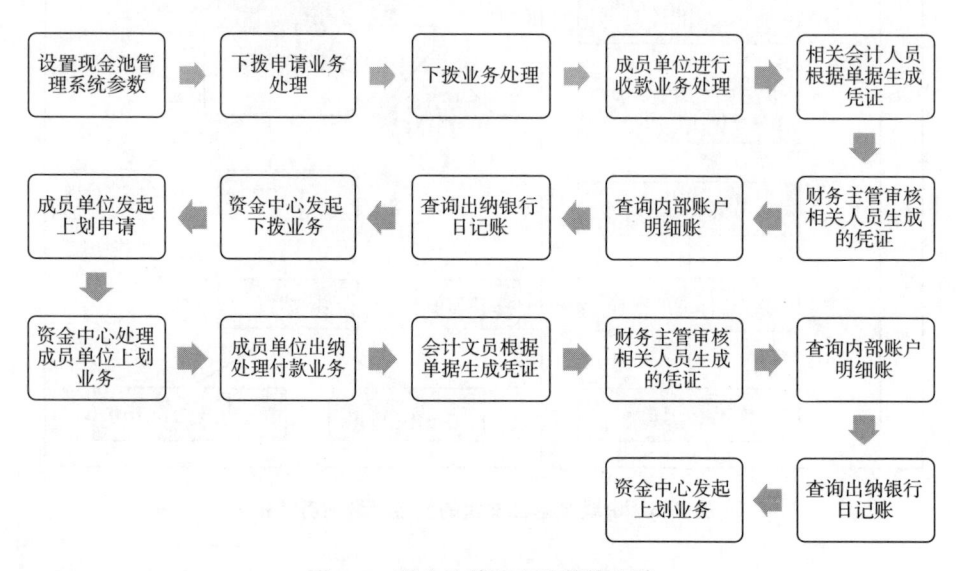

图 7-5 现金池管理实验整体流程

7.3 业务实操

7.3.1 案例背景

鑫弘机械集团各下属成员单位业务范围比较固定但业务量大,由于机械制造、销售行业的特殊性,机械销售大多采用预付70%货款的形式,成员单位在业务进行过程中同时出现某些账户存在大量资金闲置而某些单位却需要去贷款的问题,集团对于资金管理存在信息失真、滞后,信息管理成本高,不能及时获取资金整体情况,公司总部的投融资功能和风险控制能力无法充分发挥。集团管理层为了能够解决这一问题,决定通过现金池进行资金管理,通过集中资金来掌握成员单位的资金状况并对资金进行监控。

鑫弘机械集团实行现金池管理后采购了一套可以辅助实现资金管理的系统,通过建立母账户、子账户来对应成员单位内部账户的方式实现资金的上划和下拨,运用信息系统可实时掌握资金状况,实时调拨、分配、归集资金,降低资金管理风险。

7.3.2 设置现金池管理系统参数

7.3.2.1 任务描述(L037)

在进行资金下拨业务过程中,可使用系统参数让资金中心自动接收成员单位的下拨和上划申请,生成下拨单和上划单,资金中心再根据下拨单和上划单进行业务处理。如果没有设置参数,则可通过关联生成或拉式生成,新增下拨单或上划单,拉下拨申请单或上划申请单,从而手动生成下拨单和上划单,此处要求自动接收成员单位的下拨申请单用以生成下拨单。

7.3.2.2 任务要求

请资金中心(集团本部.用户账号)资金主管根据任务背景在EAS系统中设置现金池管理参数为TM108。具体操作如下。

第一步:进入参数设置界面。切换为组织集团本部.用户账号,进入参数设置界面的路径为【系统平台】—【系统工具】—【系统配置】—【参数设置】。

第二步:打开资金管理—现金池管理—TM108,修改参数为"是",如图7-6所示。

7.3.3 下拨申请业务处理

7.3.3.1 任务描述(L038)

1月28日机械制造公司.用户账号由于需要使用制造公司收付账户_用户账号来采购机械配件和支付每个月的期间费用,须向资金中心集团本部资金母账户_用户账号申请下拨资金10万元,由机械制造公司.用户账号出纳提出下拨申请,预计1月29日资金能够到位(下拨申请单可填写用途),审批下拨申请后将由集团本部.用户账号处理下拨业务。

7.3.3.2 任务要求

机械制造公司.用户账号出纳根据此业务场景在EAS系统内处理此笔业务。

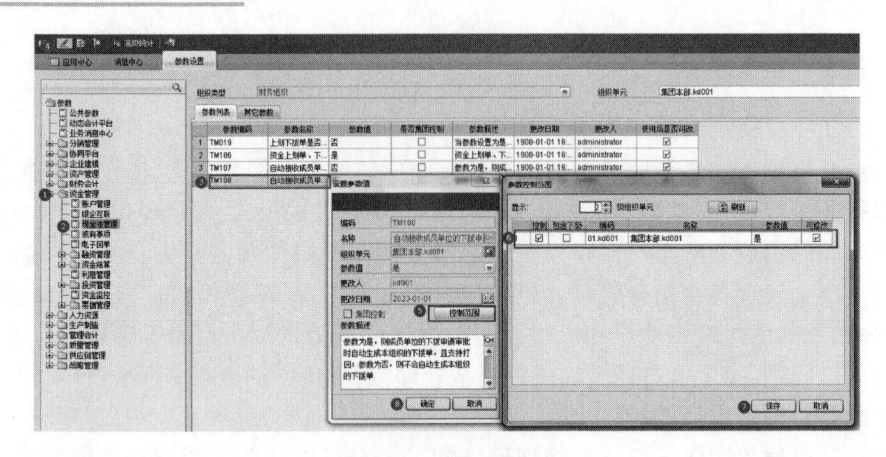

图 7-6 参数设置

7.3.3.3 具体操作

第一步:进入下拨申请序时簿界面。切换组织为机械制造公司.用户账号,进入下拨申请序时簿界面的路径为【资金管理】—【现金池管理】—【划拨申请】—【下拨申请】,在条件查询界面中选择业务时间为"2019年1月1日至9月30日"。

第二步:新增下拨申请单。进入下拨申请序时簿界面后,点击"新增",进入下拨申请新增界面,录入相关信息,确认无误后保存提交,如图7-7所示。

第三步:审批下拨申请单。返回下拨申请单序时簿界面,点击"刷新",选择刚提交的下拨申请单,并进行审批,如图7-8所示。

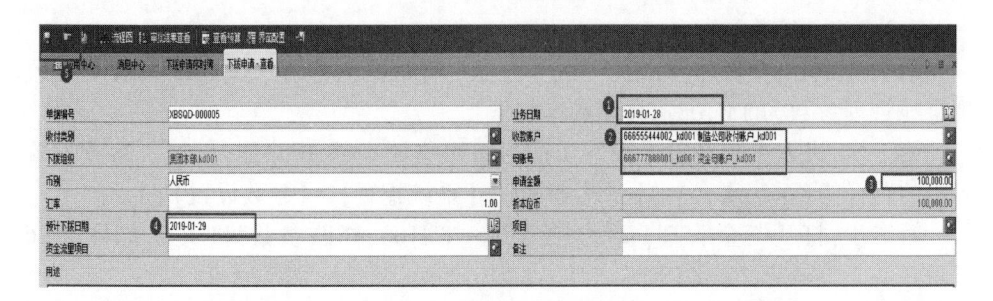

图 7-7 新增下拨申请单

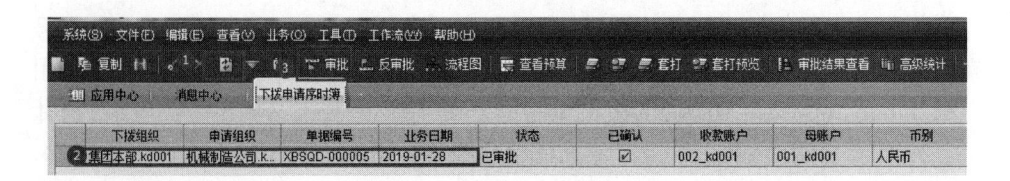

图 7-8 审批下拨申请单

7.3.4 下拨业务处理

在 EAS 系统中,下拨单主要记录集团总部母账户下拨给成员企业子账户的金额,成员企业内部存款减少,即总部母账户的银行日记账余额减少,成员企业内部账户明细账减少。下拨单可关联下拨申请单拉式生成,可根据系统参数自动接收成员单位的下拨申请,生成下拨单,也可直接由资金中心发起下拨单。

在实操中需要了解下拨单单据状态。

(1)提交和审核:若是企业同时设立资金主管和资金文员,则下拨单可在资金文员提交后由资金主管审核,若无资金文员,则由资金主管提交并审核,审核后表示下拨单信息准确无误。为方便下拨确认,审核后方可下拨确认。

(2)下拨确认:由企业资金主管进行下拨确认,表示资金已经下拨,若无银企互联则手动下拨确认,若有银企互联则审核后可提交银企互联实时更新下拨确认状态。

(3)发送回单:将下拨结果返回成员单位,通过发送回单直接生成成员单位收款单,成员单位出纳通过对收款单进行业务处理,完成下拨业务完整闭环。

7.3.4.1 任务描述(L039)

承 7.3.3,集团本部.用户账号资金主管接收到机械制造公司.用户账号下拨申请需求,合理需求通过批复,资金主管对下拨业务进行处理,确认拨付款项 10 万元到制造公司收付账户_用户账号并将拨付结果发送回单到机械制造公司.用户账号。

【说明】因 7.3.2 任务中设置了自动接收成员下拨申请单生成下拨单,因此资金主管仅需直接处理下拨单,若未设置参数则未自动生成下拨单,需要手工生成下拨单。

7.3.4.2 任务要求

集团本部.用户账号资金主管根据此业务场景在 EAS 系统内处理此笔业务。

7.3.4.3 具体操作

第一步:进入下拨单序时簿界面。切换组织为集团本部.用户账号,进入下拨单序时簿界面的路径为【资金管理】—【现金池管理】—【划拨业务处理】—【下拨业务处理】,查询条件为 2019 年 1 月 1 日至 9 月 30 日,状态全选(可以把这个筛选条件设为默认,以便后续操作)。

第二步:审批下拨单。在下拨单序时簿界面中选中需要审批的下拨单(金额为 100 000 元)进行审批,如图 7-9、图 7-10 所示。

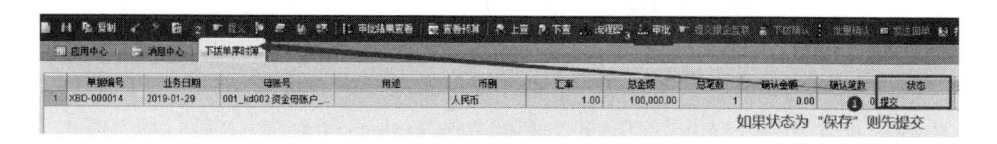

图 7-9 选中需审批的下拨单

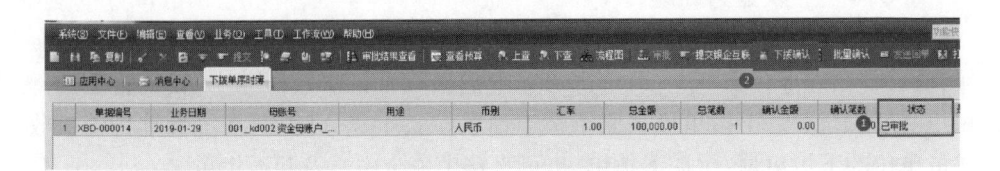

图 7-10 审批下拨单

第三步：下拨确认。审批完成后对下拨单进行下拨确认，如图 7-10 和图 7-11 所示。

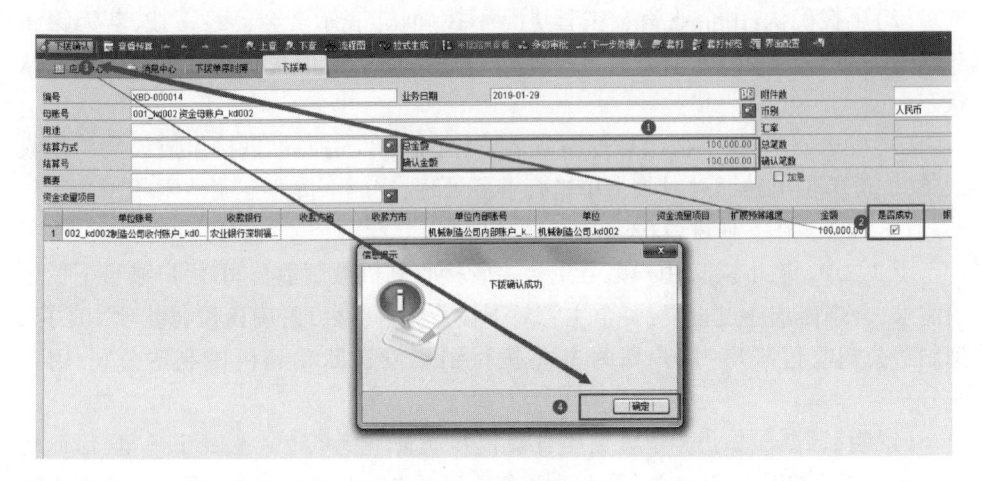

图 7-11 下拨确认

第四步：发送回单。返回下拨单序时簿界面，点击"刷新"，确认完成下拨单后则需要把回单发送给机械制造公司.用户账号，如图 7-12 所示。

图 7-12 发送回单

7.3.5 成员单位进行收款业务处理

7.3.5.1 任务描述（L040）

承 7.3.4，机械制造公司.用户账号出纳收到资金中心拨款 10 万元，在 EAS 系统中登记收款，记录已收到款项，对方科目为结算中心存款（对方科目核算项目为机械制造公司内部银行账户_用户账号）。

【说明】发送回单后,系统自动生成收款单,出纳对收款进行处理即可。

7.3.5.2 任务要求

机械制造公司.用户账号出纳根据此业务场景在 EAS 系统内处理此笔业务。

7.3.5.3 具体操作

第一步:进入收款单序时簿界面。切换到机械制造公司.用户账号,进入出纳管理的收款单查询界面的路径为【财务会计】—【出纳管理】—【收付款处理】—【收款单查询】。

第二步:修改收款单。进入收款单序时簿界面后,选中需要修改的"收款单",点击"修改",进入收款单编辑界面,编辑相关信息,确认无误后保存并提交,如图 7-13 所示。

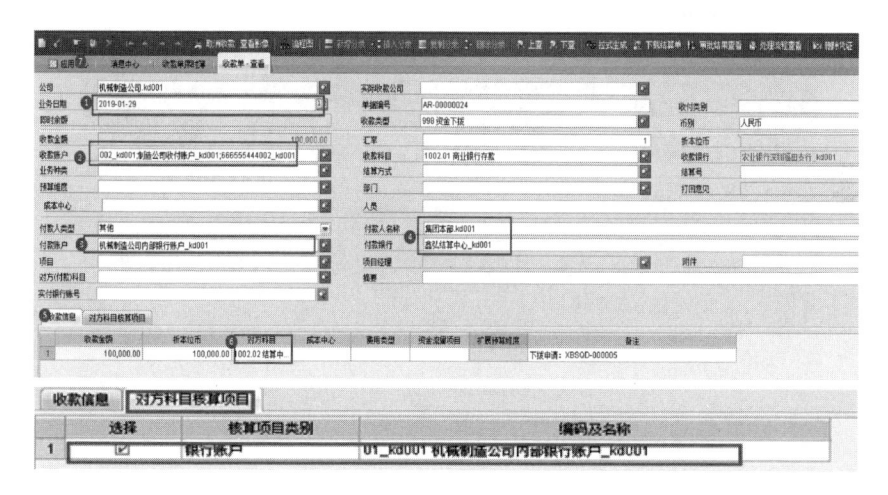

图 7-13 编辑收款单

第三步:审批收款单并收款,如图 7-14 所示。

图 7-14 审批收款单并收款

7.3.6 相关会计人员根据单据生成凭证

在下拨业务中,需要组织对应的会计人员对下拨业务流程中相关单据进行凭证处理。下拨业务流程中需要生成凭证的单据包括集团本部下拨单和成员单位收款单。

7.3.6.1 任务描述(L041)

承 7.3.4 和 7.3.5,集团本部.用户账号会计文员需要记录给机械制造公司.用户账号拨付的款项,母账户余额减少同时内部账户余额减少;机械制造公司.用户账号会计文员需要记录收到拨付的资金10万元,记录子账户银行余额增加,存放于结算中心的余额减少。

7.3.6.2 任务要求

根据以上任务描述,由集团本部.用户账号会计和机械制造公司.用户账号会计分别生成下拨单和收款单的凭证。

7.3.6.3 具体操作

第一步:根据收款单生成凭证。组织为机械制造公司_学号,进入收款单序时簿界面,进入路径为【财务会计】—【出纳管理】—【收付款处理】—【收款单查询】,进行收款单凭证生成,转换规则为收款单到凭证(出纳系统),并提交(注意:这里暂时不需要审核),如图7-15所示。

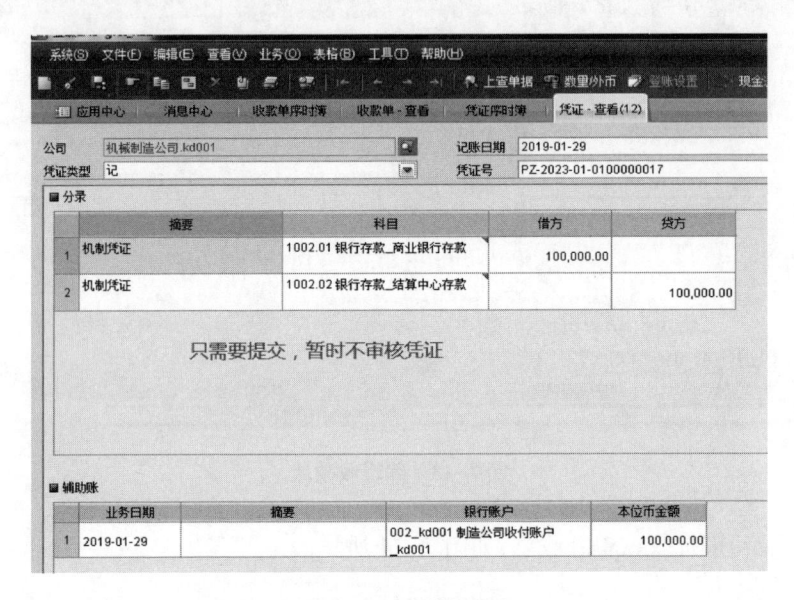

图7-15 生成凭证

第二步:根据下拨单生成凭证。切换组织为集团本部.用户账号,进入下拨单序时簿界面的路径为【资金管理】—【现金池管理】—【划拨业务处理】—【下拨业务处理】,选中下拨单(金额为100 000元)生成凭证,审核无误后提交(注意:这里暂时不需要审核),如图7-16所示。

7.3.7 财务主管审核相关人员生成的凭证

7.3.7.1 任务描述(L042)

承7.3.6,集团本部.用户账号财务主管对会计文员生成的凭证进行审核,确认业务;机械制造公司.用户账号财务主管审核会计文员生成的收款单凭证。

7　现金池管理

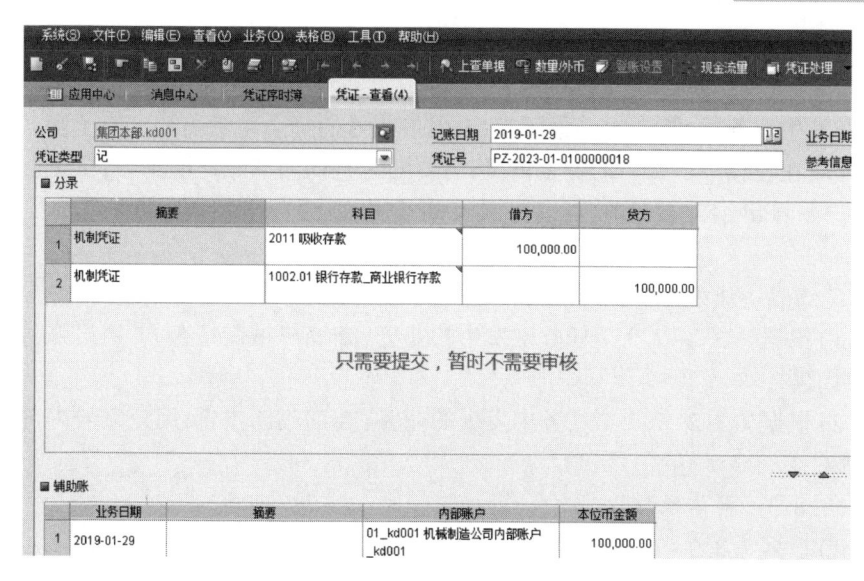

图 7-16　提交凭证

7.3.7.2　任务要求

集团本部.用户账号和机械制造公司.用户账号财务主管根据此业务场景在 EAS 系统内处理凭证审核业务。

7.3.7.3　具体操作

(1) 集团本部.用户账号财务主管对会计文员生成的凭证进行审核。

第一步:进入凭证序时簿界面。组织为集团本部_学号,进入凭证序时簿界面的路径为【财务会计】—【总账】—【凭证处理】—【凭证查询】,查询条件为 2019 年 1 月。

第二步:对已提交的凭证进行审核,如图 7-17 所示。

图 7-17　审核凭证

(2) 机械制造公司.用户账号财务主管审核会计文员生成的收款单凭证。切换到机械制造公司.用户账号,按照(1)的操作步骤对已提交的凭证进行审核。

181

7.3.8 查询内部账户明细账

7.3.8.1 任务描述（L043）

在发生业务后，资金中心集团本部.用户账号的资金主管需要实时了解各成员单位存放在资金中心账户的资金情况，需要随时查询内部账户明细账；机械制造公司.用户账号出纳需要实时查询存放在资金中心的资金情况，查询内部账户明细账。

7.3.8.2 任务要求：

（1）根据7.3.2~7.3.7任务中发生的业务，查询机械制造公司.用户账号内部账户明细账；

（2）根据7.3.2~7.3.7任务中发生的业务，查询集团本部.用户账号内部账户明细账。

7.3.8.3 具体操作

（1）根据7.3.2~7.3.7任务中发生的业务，查询机械制造公司.用户账号内部账户明细账。

切换组织为机械制造公司.用户账号，进入内部账户明细账界面的路径为【财务会计】—【出纳管理】—【统计报表】—【内部账户明细账】，查询条件为2019年1月份，查询结果如表7-18所示。

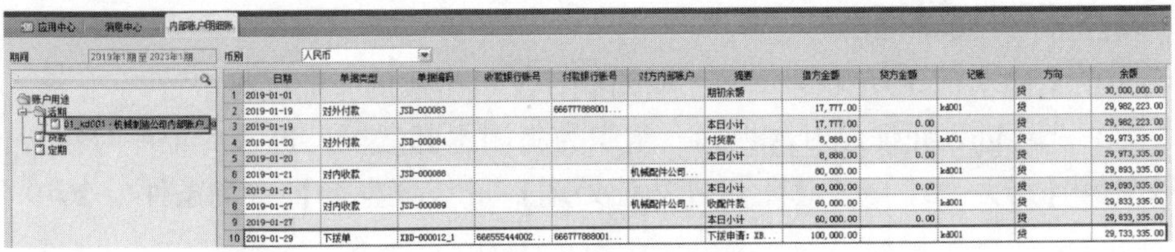

图7-18　查询机械制造公司.用户账号内部账户明细账

（2）根据7.3.2~7.3.7任务中发生的业务，查询集团本部.用户账号内部账户明细账。

切换到组织集团本部.用户账号，进入内部账户明细账界面的路径为【资金管理】—【资金结算】—【账簿查询】—【内部账户明细账】，查询条件为2019年1月份，查询结果如表7-19所示。

图7-19　查询集团本部.用户账号内部账户明细账

7.3.9 查询出纳银行日记账

7.3.9.1 任务描述(L044)

通过资金下拨业务,母账户银行存款余额减少,资金中心出纳可查询银行日记账实时掌握银行存款情况;通过资金下拨业务,机械制造公司.用户账号获取了下拨资金,出纳可查询银行日记账实时了解银行存款情况。

7.3.9.2 任务要求

(1)根据 7.3.2~7.3.7 任务要求查询集团本部.用户账号的银行日记账。

(2)根据 7.3.2~7.3.7 任务要求查询机械制造公司.用户账号的银行日记账。

7.3.9.3 具体操作

(1)根据 7.3.2~7.3.7 任务要求查询集团本部.用户账号的银行日记账。切换到组织集团本部.用户账号,进入银行日记账界面的路径为【财务会计】—【出纳管理】—【银行存款】—【银行日记账】,查询条件为 2019 年 1 月份,查询结果如表 7-20 所示。

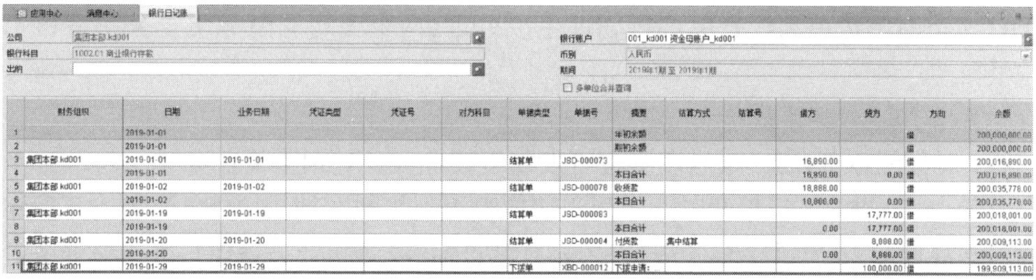

图 7-20 查询集团本部.用户账号的银行日记账

(2)根据 7.3.2~7.3.7 任务要求查询机械制造公司.用户账号的银行日记账。切换到组织机械制造公司.用户账号,操作步骤同上,查询结果如表 7-21 所示。

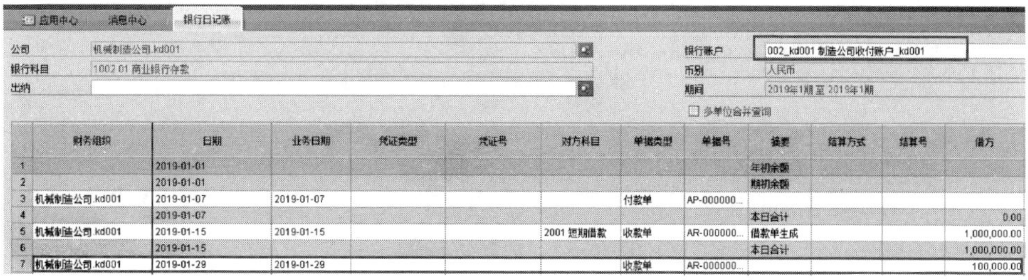

图 7-21 查询机械制造公司.用户账号的银行日记账

7.3.10 资金中心发起下拨业务

7.3.10.1 任务描述(L045)

由于鑫弘机械集团.用户账号没有购买银企互联模块,并且鑫弘机械集团.用户账号的资金主管会定时查询各成员单位的内部账户余额情况,结合管理层要求的企业在日常经营过程中准许的留存金额,定期给成员单位补给留存金额范围内的资金。

7.3.10.2 任务要求

(1)集团本部.用户账号资金主管发起下拨业务并处理下拨业务。集团本部.用户账号查询机械制造公司.用户账号内部账户余额时发现余额较少,为满足机械制造公司.用户账号日常经营需要,2019年1月29日集团本部.用户账号主动下拨15万元(在留存金额范围内)到制造公司收付账户_用户账号,集团本部.用户账号资金主管处理此笔业务并把回单发送给机械制造公司.用户账号。

(2)机械制造公司.用户账号出纳确认收款。对方科目为结算中心存款,对方科目核算项目为机械制造公司内部银行账户_用户账号。

(3)双方生成凭证并审核。集团本部.用户账号和机械制造公司.用户账号的会计文员对下拨单和收款单进行凭证生成处理,两个公司的财务主管分别审核对应凭证。

7.3.10.3 具体操作

(1)集团本部.用户账号资金主管发起下拨业务并处理下拨业务。

第一步:进入下拨单序时簿界面。切换组织到集团本部.用户账号,进入下拨单序时簿界面的路径为【资金管理】—【现金池管理】—【划拨业务处理】—【下拨业务处理】,条件查询界面中,业务日期选择"2019年1月1日至12月31日",状态全部勾选。

第二步:新增下拨单。进入下拨单序时簿界面,点击"新增",进入下拨单-新增界面(见图7-22),录入下拨单相关信息,审核无误后保存并提交,如图7-23所示。

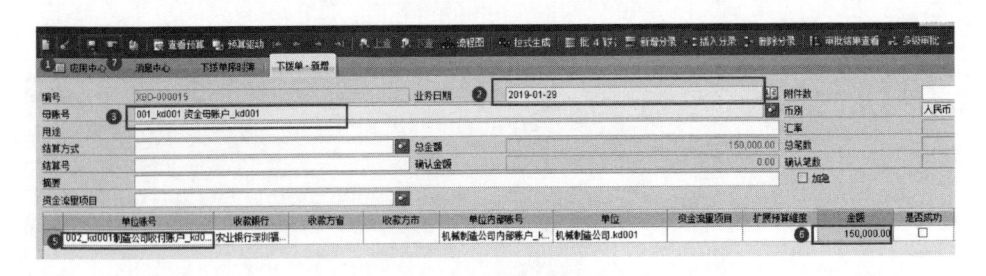

图7-22 新增下拨单

第三步:审批下拨单并进行下拨确认、发送回单,如图7-24所示。

(2)机械制造公司.用户账号出纳确认收款。

图 7-23 保存下拨单

图 7-24 下拨单审批、下拨确认、发送回单

第一步：进入收款单序时簿界面。切换到组织机械制造公司.用户账号，进入收款单序时簿界面的路径为【财务会计】—【出纳管理】—【收付款处理】—【收款单查询】。在条件查询界面中，业务日期选择"2019 年 1 月 1 日至 12 月 31 日"。

第二步：修改收款单。进入收款单序时簿界面后，选中收款单（金额为 150 000 元）点击"修改"，进入收款单编辑界面，编辑相关信息，审核无误后保存提交，如图 7-25 所示。

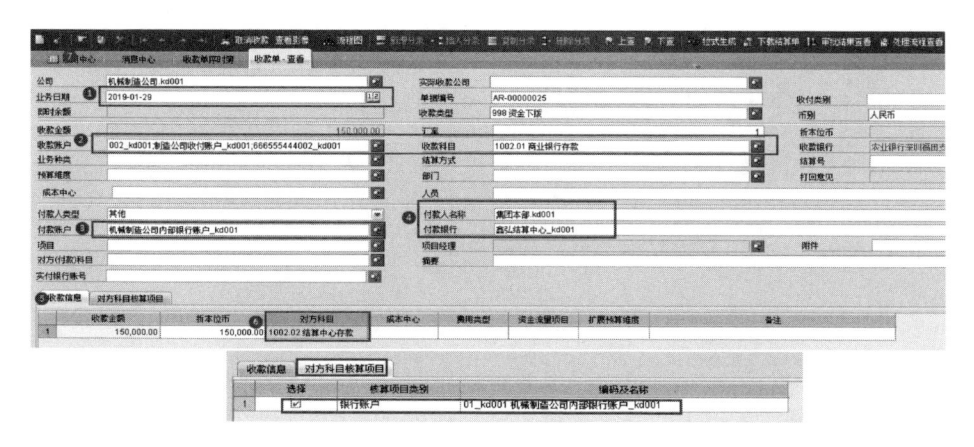

图 7-25 修改收款单

第三步：审批收款单并收款。

（3）双方生成凭证并审核。

第一步：在组织为机械制造公司.用户账号时，生成凭证，选择转换规则为收款单到凭证（出纳系统），并提交审核，如图 7-26 所示。

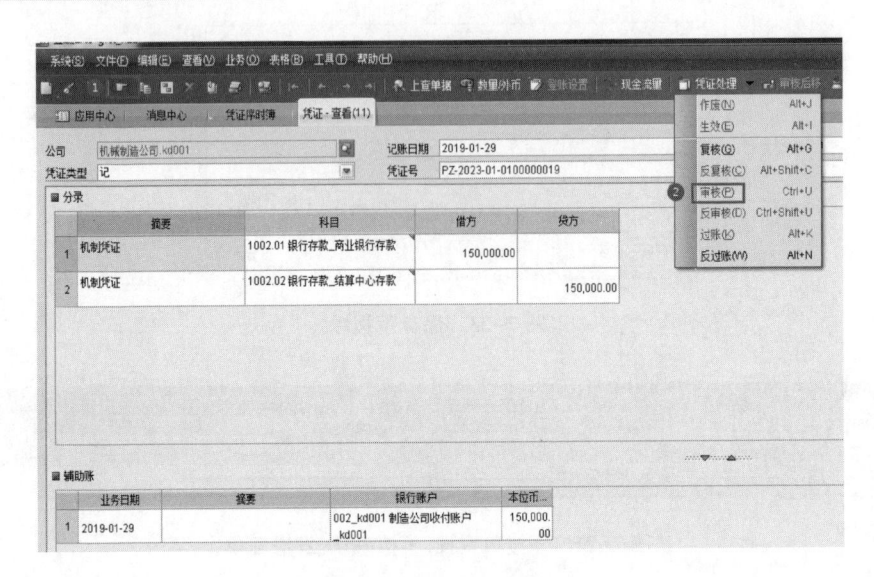

图 7-26　生成并审核凭证

第二步：切换组织为集团本部.用户账号，进入下拨单序时簿界面，进入路径为【资金管理】—【现金池管理】—【划拨业务处理】—【下拨业务处理】，找到下拨单（金额为 150 000 元）进行凭证生成并审核凭证，如图 7-27 所示。

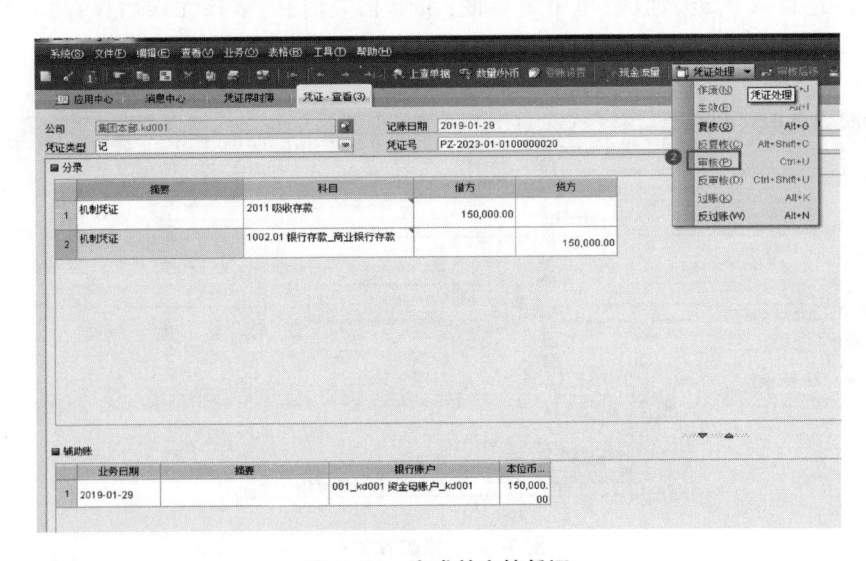

图 7-27　生成并审核凭证

7.3.11　成员单位发起上划申请

在上划业务中，需要了解上划单单据状态。

（1）提交和审核：若是企业同时设立资金主管和资金文员，则上划单可由资金文员提交后由资金主管审核,若无资金文员,则由资金主管提交并审核,审核后表示上划单信息准确无误。为方便上划确认,审核后方可上划确认。

(2)上划确认:由企业资金主管进行上划确认,表示资金已经上划到位,若无银企互联则手动上划确认,若有银企互联则审核后可提交银企互联实时更新上划确认状态。

(3)发送回单:将上划结果返回成员单位,通过发送回单直接生成成员单位付款单,成员单位出纳对付款单进行业务处理,完成上划业务完整闭环。

7.3.11.1 任务描述(L046)

机械销售公司.用户账号在 2019 年 1 月 28 日收到客户公司第二季度销售回款,为贯彻集团现金池管理要求,机械销售公司.用户账号出纳向资金中心提交上划申请,从销售公司收付账户_用户账号将收到的销售回款 26 734 元上划到母账户,预计在 1 月 29 日能够上划完毕,机械销售公司.用户账号出纳审批申请。

7.3.11.2 任务要求

机械销售公司.用户账号出纳在 EAS 系统处理此笔业务,将申请结果流转到资金中心(集团本部.用户账号)资金主管处。

7.3.11.3 具体操作

第一步:进入上拨申请序时簿界面。切换组织为机械销售公司.用户账号,进入上拨申请序时簿界面的路径为【资金管理】—【现金池管理】—【划拨申请】—【上拨申请】,查询业务时间为 2019 年 1 月 1 日至 12 月 31 日。

第二步:新增上划申请单,填写相关信息后保存并提交,如图 7-28 所示。

图 7-28 新增上划申请单

第三步:审批上划申请单,如图 7-29 所示。

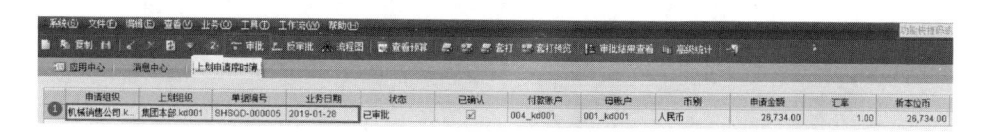

图 7-29 审批上划申请单

7.3.12 资金中心处理成员单位上划业务

7.3.12.1 任务描述（L047）

承7.3.11，资金中心（集团本部.用户账号）资金主管在EAS系统中根据机械销售公司.用户账号提出的上划申请需求进行上划处理，为其办理上划业务，将资金存至现金池中，对申请进行上划确认，并将上划确认后的回单发送给机械销售公司.用户账号。

7.3.12.2 任务要求

根据任务背景集团本部.用户账号资金主管在EAS系统中完成上划业务处理。

【说明】由于上划业务没有像下拨业务那样设置系统参数，因此资金中心不会自动接收上划申请生成上划单，需要手动拉式生成。

7.3.12.3 具体操作

第一步：进入上拨单序时簿界面。切换组织为集团本部.用户账号，进入上拨单序时簿界面的路径为【资金管理】—【现金池管理】—【划拨业务处理】—【上拨业务处理】，条件查询界面中，业务日期选择"2019年1月1日至12月31日"，状态全部勾选。

第二步：新增上划单（拉式生成）。进入上拨单序时簿界面后点击"新增"，点击"拉式生成"，核对信息无误，点击保存、提交，如图7-30和图7-31所示。

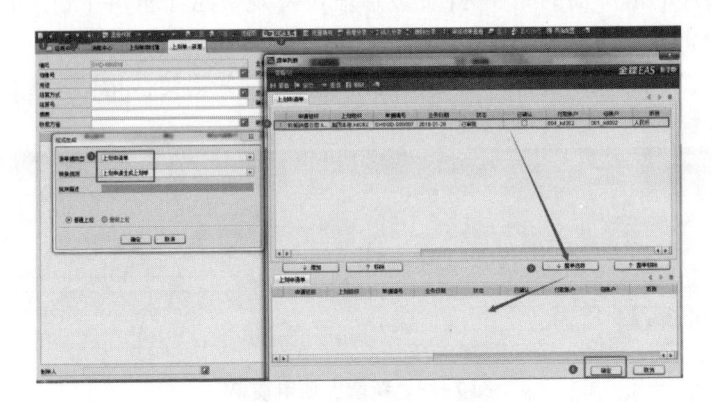

图7-30 拉式生成上划申请单

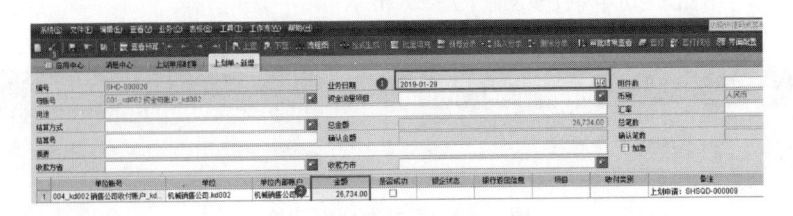

图7-31 提交上划申请单

第三步:审批上划单,进行上划确认和发送回单,如图 7-32 和图 7-33 所示。

图 7-32　审批上划单

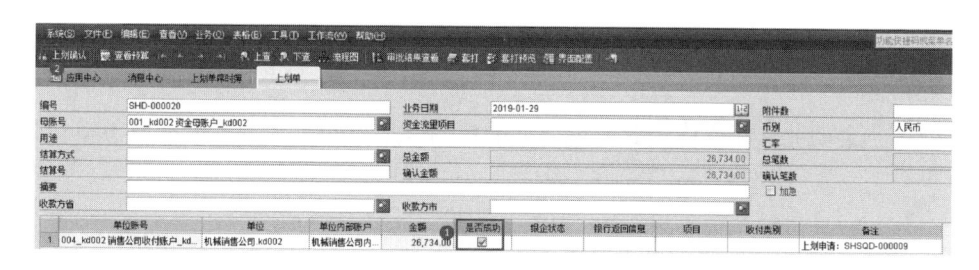

图 7-33　上划确认

7.3.13　成员单位出纳处理付款业务

7.3.13.1　任务描述(L048)

承 7.3.12,由于鑫弘机械集团.用户账号并没有使用银企互联模块,因此机械销售公司.用户账号出纳只能进行手动付款,将款项打到资金中心(集团本部.用户账号)的母账户后,集团本部.用户账号出纳确认收到款项并已经把确认后的回单发送回来,则机械销售公司.用户账号出纳需要在 EAS 系统内处理付款单(此处记得填写实收银行账号为资金母账户_用户账号,对方科目为结算中心存款,对方科目核算项目为机械销售公司内部银行账户_用户账号)。

7.3.13.2　任务要求

根据以上描述,机械销售公司.用户账号出纳在 EAS 系统中完成此笔业务操作。

7.3.13.3　具体操作

第一步:进入付款单序时簿界面。切换组织为"机械销售公司.用户账号",进入付款单序时簿界面的路径为【财务会计】—【出纳管理】—【收付款处理】—【付款单查询】,条件查询界面中,业务日期选择"2019 年"。

第二步:修改付款单并保存、提交。进入付款单序时簿界面后,选中金额为 26 734 元的付款单,点击"修改",按题目要求修改信息后保存、提交,如图 7-34 所示。

第三步:审批付款单并付款。

7.3.14　会计文员根据单据生成凭证

在上划业务中,需要组织对应的会计人员对上划业务流程中相关单据进行凭

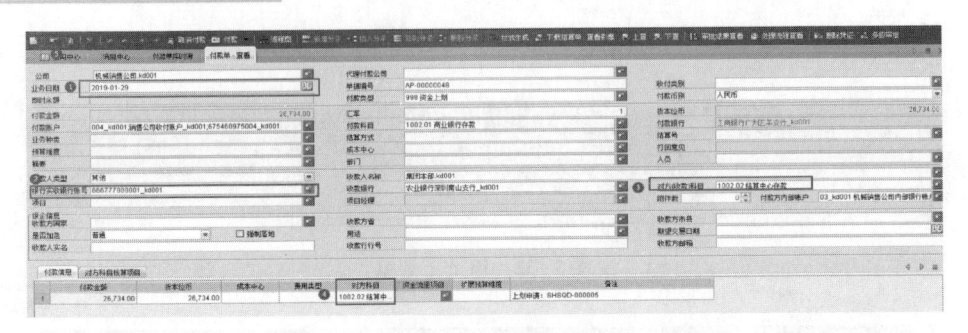

图 7-34 修改付款单

证处理。上划业务流程中需要生成凭证的单据包括集团本部上划单和成员单位付款单。

7.3.14.1 任务描述(L049)

承 7.3.12 和 7.3.13,发生了资金上划业务后,资金中心和成员单位的银行账户均产生了变化,会计人员需要根据单据进行记账,及时反映企业业务。

7.3.14.2 任务要求

(1)机械销售公司.用户账号会计文员生成付款单凭证,记录银行存款减少。

(2)集团本部.用户账号会计文员生成上划单凭证,记录资金母账户_用户账号余额增加。

7.3.14.3 具体操作

(1)机械销售公司.用户账号会计文员生成付款单凭证,记录银行存款减少。组织为机械销售公司.用户账号,进入付款单序时簿界面找到 7.3.13 任务中生成的资金上划的付款单(金额为 26 734 元),点击"生成凭证",确认无误后提交(暂时不需要审核),如图 7-35 所示。

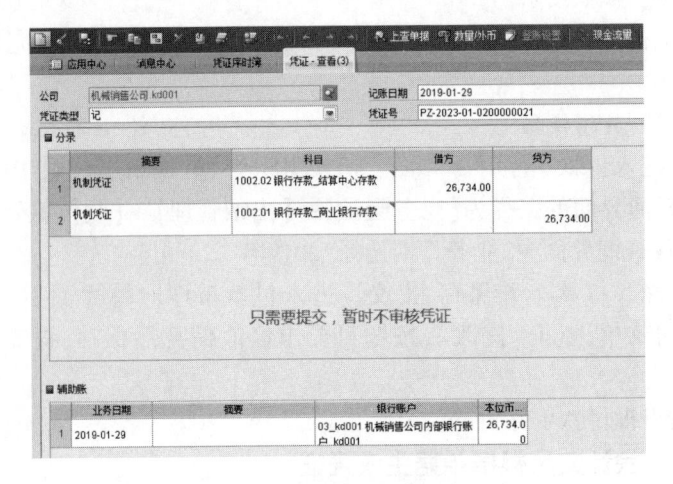

图 7-35 生成凭证

(2)集团本部.用户账号会计文员生成上划单凭证,记录资金母账户_用户账号余额增加。切换到集团本部.用户账号,进入上拨单序时簿界面的路径为【资金管理】—【现金池管理】—【划拨业务处理】—【上拨业务处理】,进入上拨单序时簿界面后找到 7.3.12 任务中生成的上划单(金额为 26 734 元)进行凭证生成,并提交(暂时不需要审核),如图 7-36 所示。

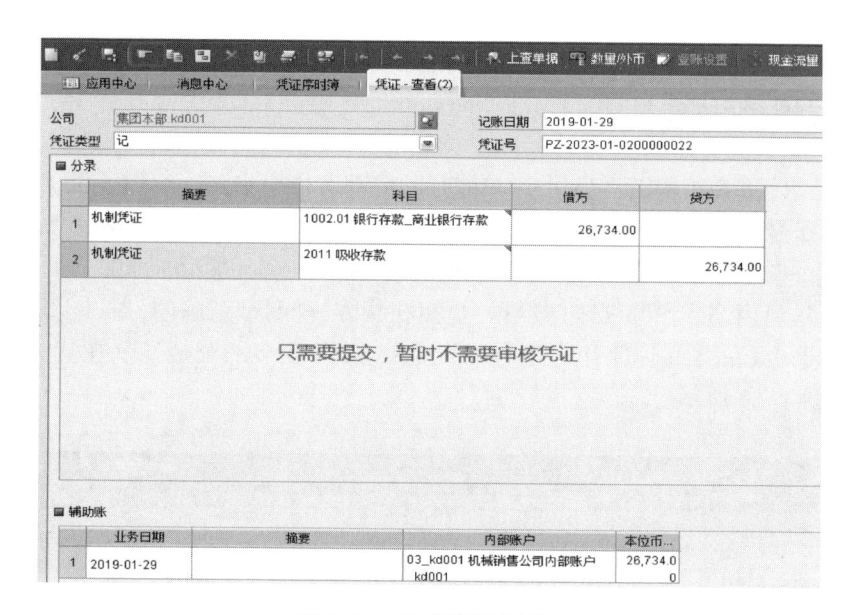

图 7-36　生成并提交凭证

7.3.15　财务主管审核相关人员生成的凭证

7.3.15.1　任务描述(L050)

承 7.3.14,集团本部.用户账号财务主管对生成的凭证进行审核,确认业务;机械销售公司.用户账号财务主管审核生成的付款单凭证。

7.3.15.2　任务要求

请根据此业务场景在 EAS 系统内处理凭证审核业务。

7.3.15.3　具体操作

第一步:集团本部.用户账号财务主管审核生成的凭证。切换到集团本部.用户账号,进入凭证序时簿界面的路径为【财务会计】—【总账】—【凭证处理】—【凭证查询】,进入凭证序时簿界面后直接对 7.3.14 任务中提交的凭证进行审核。

第二步:机械销售公司.用户账号财务主管审核生成的凭证。切换到机械销售公司.用户账号,进入凭证序时簿界面的路径为【财务会计】—【总账】—【凭证处理】—【凭证查询】,进入凭证序时簿界面后直接对 7.3.14 任务中提交的凭证进行审核。

7.3.16 查询内部账户明细账

7.3.16.1 任务描述(L051)

在发生业务后,资金中心集团本部.用户账号的资金主管需要实时了解各成员单位存放在资金中心账户的资金情况,随时查询内部账户明细账;机械销售公司.用户账号出纳需要实时查询存放在资金中心的资金情况,查询内部账户明细账。

7.3.16.2 任务要求

根据 6.3.11~6.3.15 任务中发生的业务查询集团本部.用户账号和机械销售公司.用户账号内部账户明细账。

7.3.16.3 具体操作

第一步:查询机械销售公司.用户账号的内部账户明细账。组织为机械销售公司.用户账号,进入内部账户明细账界面的路径为【财务会计】—【出纳管理】—【统计报表】—【内部账户明细账】,查询期间为 2019 年 1 月,进入内部账户明细账界面,查看这笔内部账户明细账的数据,金额在贷方,说明是正确的,通过上划业务,销售公司存放在集团本部.用户账号的资金变多了,变多的资金显示在贷方,查询结果如图 7-37 所示。

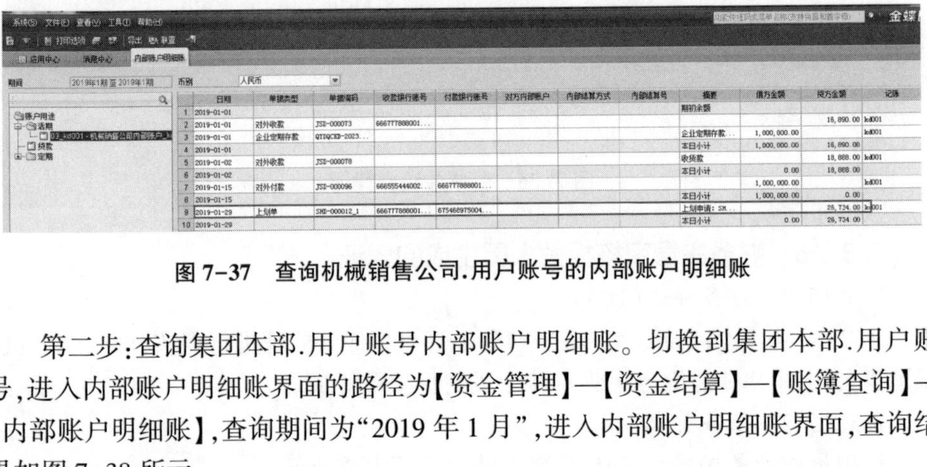

图 7-37 查询机械销售公司.用户账号的内部账户明细账

第二步:查询集团本部.用户账号内部账户明细账。切换到集团本部.用户账号,进入内部账户明细账界面的路径为【资金管理】—【资金结算】—【账簿查询】—【内部账户明细账】,查询期间为"2019 年 1 月",进入内部账户明细账界面,查询结果如图 7-38 所示。

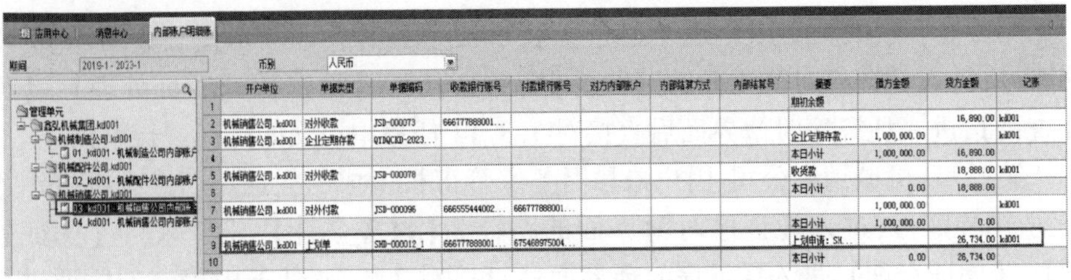

图 7-38 查询集团本部.用户账号的内部账户明细账

7.3.17 查询出纳银行日记账

7.3.17.1 任务描述(L052)

通过资金上划业务,母账户银行存款余额增加,资金中心出纳需要实时掌握银行存款情况,查询银行日记账;通过资金上划业务,机械销售公司.用户账号上存了客户回款的资金,出纳可查询银行日记账实时了解银行存款情况。

7.3.17.2 任务要求

根据任务 7.3.11~7.3.15 中发生的业务,出纳分别查询集团本部.用户账号和机械销售公司.用户账号的银行日记账。

7.3.17.3 具体操作

第一步:出纳查询集团本部.用户账号的银行日记账。组织为集团本部.用户账号,进入银行日记账界面的路径为【财务会计】—【出纳管理】—【银行存款】—【银行日记账】,查询期间为 2019 年 1 月,查询结果如图 7-39 所示。

图 7-39 查询集团本部.用户账号的银行日记账

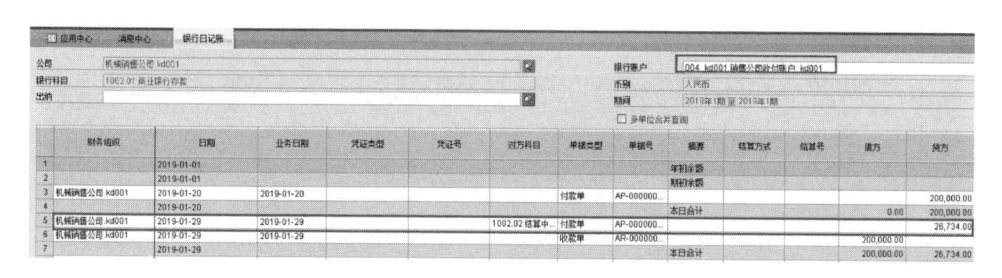

第二步:出纳查询机械销售公司.用户账号的银行日记账。切换到机械销售公司.用户账号,操作步骤同上,查询结果如图 7-40 所示。

图 7-40 查询机械销售公司.用户账号的银行日记账

7.3.18 资金中心发起上划业务

7.3.18.1 任务描述(L053)

由于鑫弘机械集团.用户账号没有购买银企互联模块,并且鑫弘机械集团.用户账号的资金主管会定时查询各成员单位的内部账户余额情况,结合管理层要求的企业在日常经营过程中准许的留存金额,超出的部分资金中心可随时进行上划处理,归集资金。

7.3.18.2 任务要求

(1)机械销售公司.用户账号对客户收款。机械销售公司.用户账号于2019年1月29日收到客户耀星公司_用户账号货款20万元,已汇至销售公司收付账户_用户账号,机械销售公司.用户账号进行收款单新增后处理收款业务,对方科目为应收账款,对方科目核算项目为耀星公司_学号。

(2)集团本部.用户账号发起上划业务。集团本部.用户账号查询机械销售公司_用户账号内部账户余额时发现余额较多,考虑到给机械销售公司.用户账号的留存金额已经足够,对超出留存部分的资金,集团本部.用户账号主动上划15万元到母账户,1月30日集团本部.用户账号资金主管处理此笔业务并把回单发送给机械销售公司.用户账号。

(3)机械销售公司.用户账号进行付款处理。机械销售公司.用户账号出纳确认付款(此处注意填写银行实收账户为资金母账户_用户账号,对方科目为结算中心存款,对方科目核算项目为机械销售公司内部账户_用户账号)。

(4)生成上划单和付款单凭证。集团本部.用户账号和机械销售公司.用户账号的会计文员对上划单、付款单进行凭证处理,对应的财务主管审核凭证。

7.3.18.3 具体操作

(1)机械销售公司.用户账号对客户收款。

第一步:进入收款单-新增界面。切换组织为机械销售公司.用户账号,进入收款单-新增界面的路径为【财务会计】—【出纳管理】—【收付款处理】—【收款单新增】。

第二步:新增收款单。进入收款单-新增界面后,编辑相关信息,审核无误后保存提交,如图7-41所示。

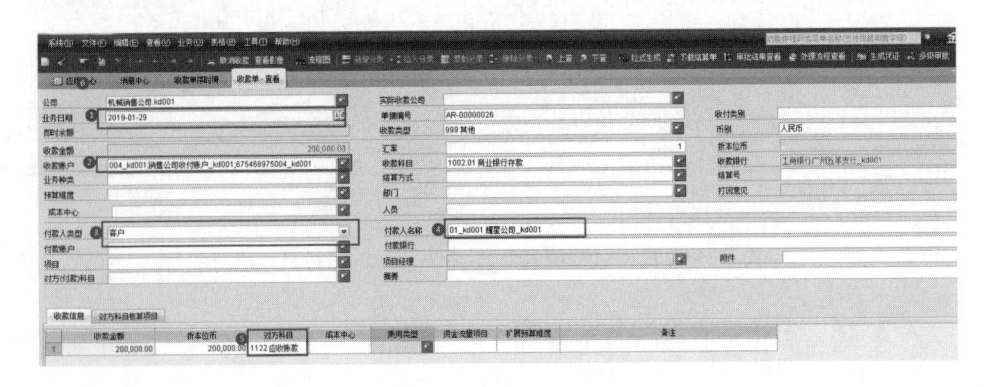

图7-41 新增收款单

第三步:对提交的单据进行审批、收款。(如果在界面上找不到收款单,可以取消连续新增,或者选择上一张单据或者到收款单查询模块找到收款单。)

(2)集团本部.用户账号发起上划业务。

第一步:进入上划单新增界面。切换组织为集团本部.用户账号,进入上划单序时簿界面路径为【资金管理】—【现金池管理】—【划拨业务处理】—【上划业务处理】,条件查询界面中,业务日期选择"2019年1月1日至12月31日",状态全部勾选。

第二步:新增上划单。点击"新增",进入上划单新增界面,编辑相关信息,审核无误后保存提交,如图7-42所示。

图7-42 新增上划单

第三步:上划单审批、上划确认并发送回单。进入上划单序时簿界面,点击"刷新",选择刚提交的上划单(金额为150 000元),审批后进行上划确认,并发送回单,如图7-43所示。

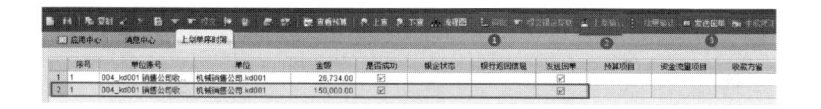

图7-43 上划单审批确认,发送回单

(3)机械销售公司.用户账号进行付款处理。

第一步:进入付款单序时簿界面。切换为机械销售公司.用户账号,进入付款单序时簿界面的路径为【财务会计】—【出纳管理】—【收付款处理】—【付款单查询】。

第二步:修改付款单。选择付款单(金额为150 000元),点击"修改"进入付款单编辑界面,编辑完毕后保存并提交,如图7-44所示。

第三步:审批付款单并确认付款。

(4)生成上划单和付款单凭证。

第一步:上划单生成凭证并提交审核。切换到集团本部.用户账号,进入上划单序时簿界面的路径为【资金管理】—【现金池管理】—【划拨业务处理】—【上划业务处理】,选择金额为150 000元的上划单生成凭证并提交审核,如图7-45所示。

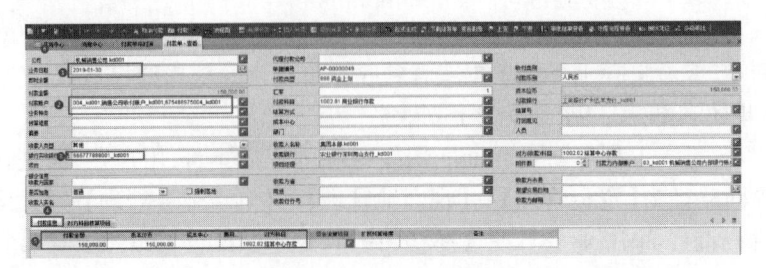

图 7-44 编辑付款单

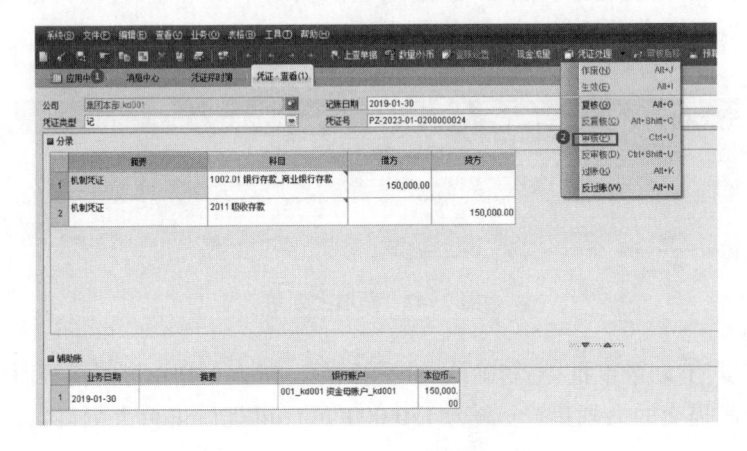

图 7-45 生成并审核凭证

第二步:付款单生成凭证并提交审核。根据任务(3)审批通过的应付款的付款单(金额为 150 000 元)生成记账凭证并提交审核,如图 7-46 所示。(组织单位为机械销售公司.用户账号)

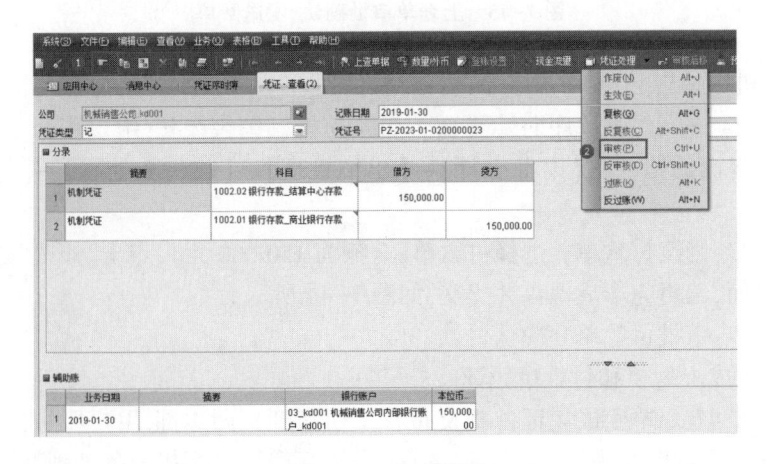

图 7-46 生成凭证

8 投融资管理

8.1 投融资管理概述

企业(集团)的生存和发展以资金的均衡流动和有效运作为基础,一方面要保证企业经营运作所需资金流的均衡,另一方面又要有效降低资金的占用成本和增加投资收益,因此合理筹措企业经营运作所需资金,及时为企业剩余资金找到有利的投资机会,是企业(集团)投融资管理的核心目标。

8.1.1 投资管理

投资是指企业(集团)为通过分配来增加财富,或为谋求其他利益,而将资产让渡给其他单位以获得另一项资产的行为。企业(集团)进行投资管理是为了能够更好地利用暂时闲置资产来获取较高的投资收益,同时也为了长远的经济利益和积蓄扩大规模所需的资金等。

8.1.1.1 投资管理的基本原则

企业(集团)进行投资管理应当遵循以下原则:

第一,认真进行市场调查,及时捕捉投资机会。

第二,建立科学的投资决策程序,认真进行投资项目的可行性分析。

第三,及时足额地募集资金,促进投资项目的资金供应。

第四,认真分析风险与收益的关系,适当控制投资风险。

8.1.1.2 投资管理的主要业务

(1)委托贷款是指委托金融机构或非金融机构,按照委托人指定的对象、用途和额度发放贷款。根据企业会计制度的规定,企业委托贷款应视同短期投资进行核算,按期计提利息,计入损益。其管理流程如图8-1所示。

(2)资金往来是指集团内部单位之间的资金借贷。资金往来与企业贷款的不同之处是资金往来不必经过结算中心,可以不生成内部账户明细账。其管理流程如图8-2所示。

(3)企业贷款也叫集团内部贷款,是指成员单位申请从结算中心借入资金,结算中心将款项贷给内部成员单位。其管理流程如图8-3所示。

8.1.2 融资管理

融资是指企业(集团)根据生产经营、对外投资和调整投资结构的需要,通过一定的渠道,采用一定的方式,获得所需资金的一种行为。

8.1.2.1 融资管理的基本原则

企业(集团)进行融资管理应当遵循四个基本原则:一是规模适当;二是筹措

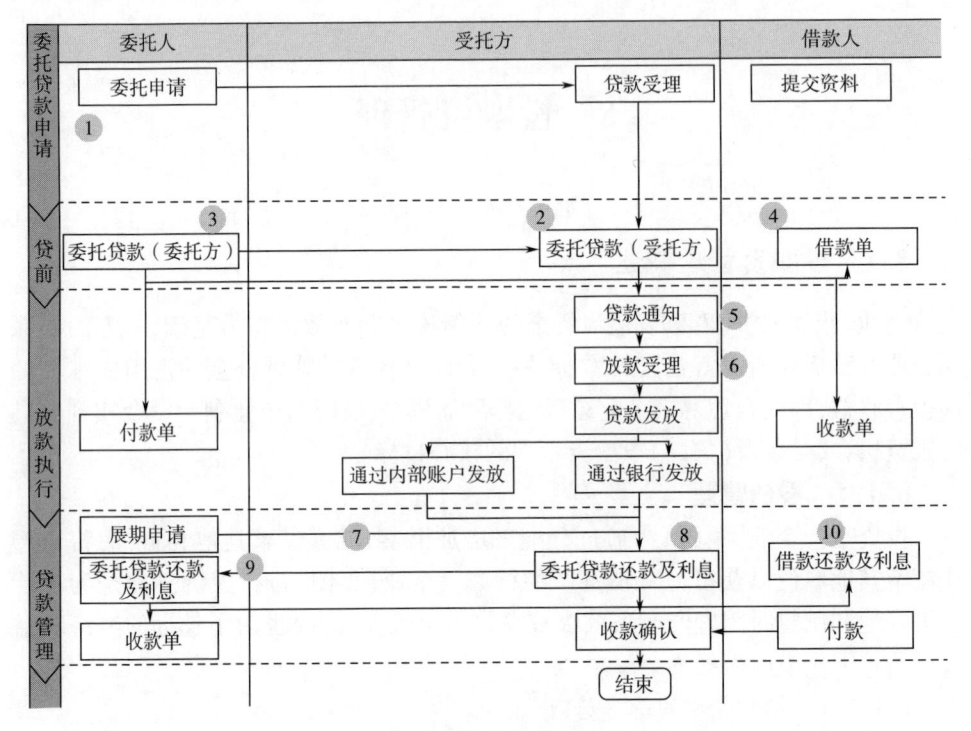

图 8-1 委托贷款管理流程

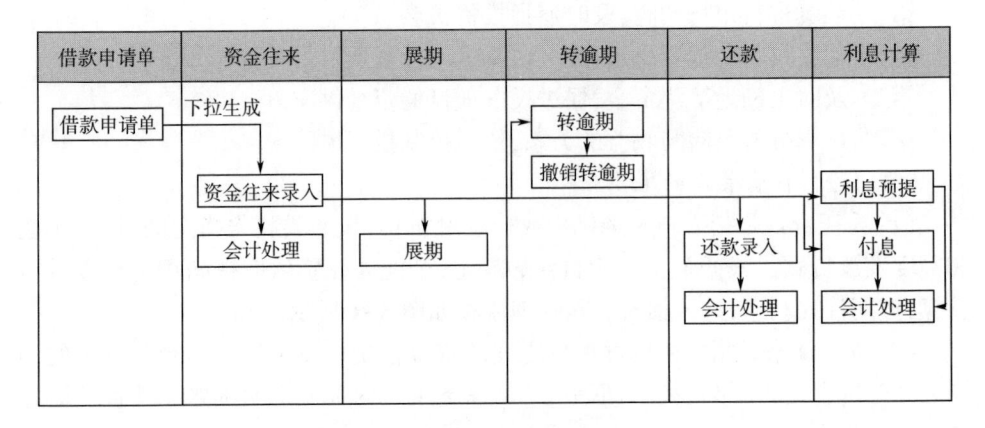

图 8-2 资金往来管理流程

及时;三是来源合理;四是融资方式经济。

8.1.2.2 融资管理的主要业务

(1)授信额度,是指银行为客户提供的一种便利融资服务,只要授信余额不超过对应的业务品种指标,无论累计发放金额和发放次数为多少,银行均可快速向客户提供融资业务,使企业可便捷地循环使用银行的资金,从而满足客户对金融服务快捷性和便利性的要求。

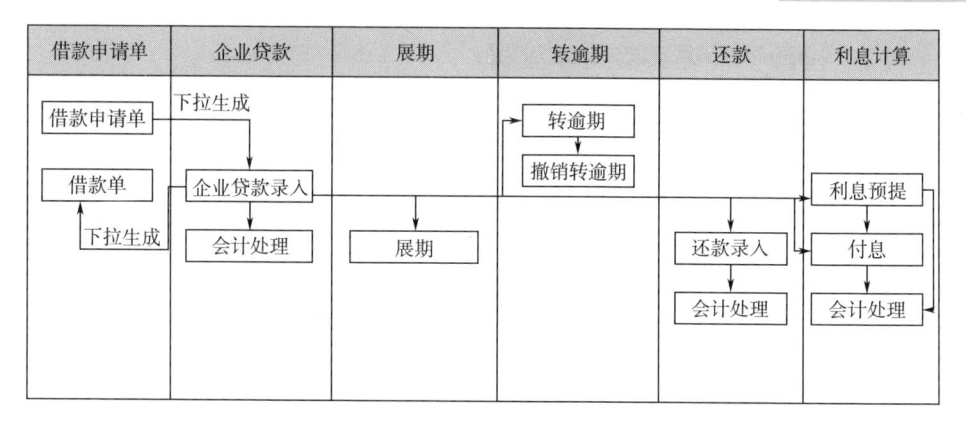

图 8-3　企业贷款管理流程

(2) 抵(质)押物业务管理，就是对融资业务发生时签订的抵押合同或质押合同进行管理和后续跟踪。

(3) 借(还)款业务处理，其业务流程如图 8-4 所示。

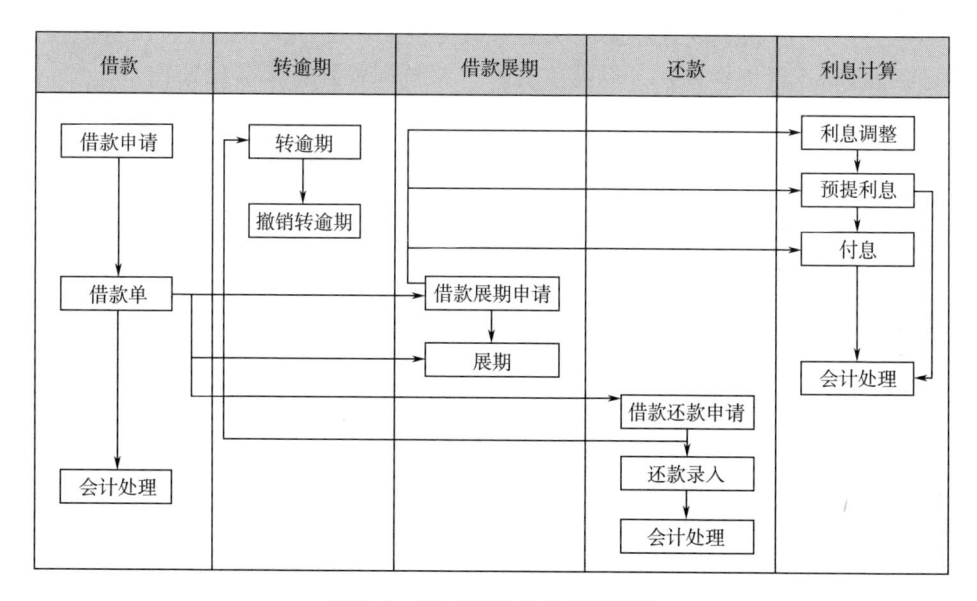

图 8-4　借(还)款业务处理流程

(4) 融资费用管理，就是对各类融资业务发生的融资费用进行管理。在集团与银行进行的融资业务中，包括借款、银团贷款、债券融资等业务，通常会发生一定比例的融资费用，融资费用是融资成本的重要组成部分，需要单独集中进行管理，方便在进行融资成本分析时取数。

(5) 企业定期(通知)存款，是指在 EAS 系统中融资管理的存款业务。

8.2 投融资管理实验整体流程

投融资管理实验整体流程如图 8-5 所示。

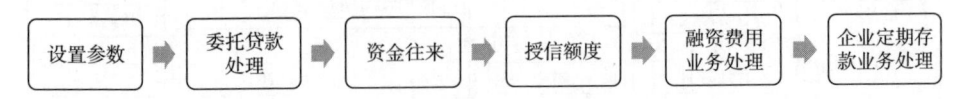

设置参数 ➡ 委托贷款处理 ➡ 资金往来 ➡ 授信额度 ➡ 融资费用业务处理 ➡ 企业定期存款业务处理

图 8-5　投融资管理实验整体流程

8.3 业务实操

8.3.1 设置参数

8.3.1.1 任务描述（L054）

分别将集团本部.用户账号、机械制造公司.用户账号、机械配件公司.用户账号、机械销售公司.用户账号的出纳管理的参数 CS009 的参数值设置为"是"。

8.3.1.2 具体操作

第一步：进入参数设置界面。切换组织为集团本部.用户账号，进入参数设置界面的路径为【系统平台】—【系统工具】—【系统配置】—【参数设置】。

第二步：设置参数。进入参数设置界面后，在左侧依次双击"财务会计""出纳管理"，再选中右侧的 CS009 参数，点击"修改"，进行参数设置，如图 8-6 所示。

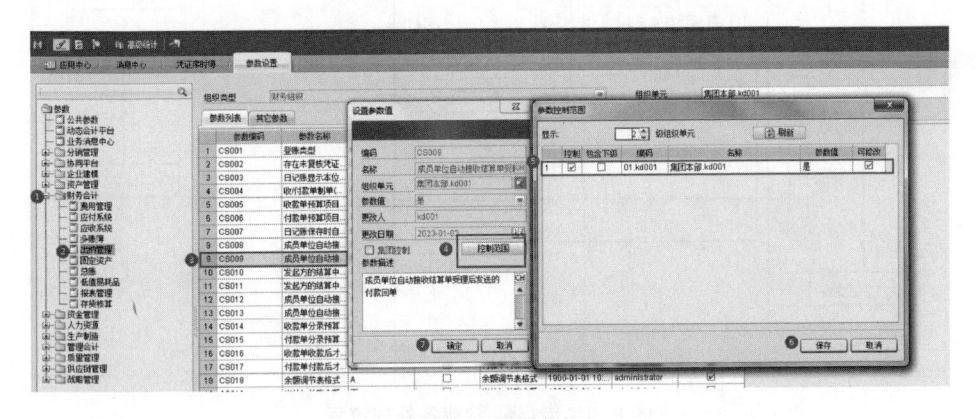

图 8-6　设置参数

继续对机械制造公司.用户账号、机械配件公司.用户账号、机械销售公司.用户账号三家子公司出纳管理的参数进行设置。

8.3.2 委托贷款

8.3.2.1 任务描述（L055）

鑫弘机械集团公司是一家较早在国内 A 股上市的以机械制造为主业的集团企

业,该集团于1993年成立,主营挖掘机、装载机、叉车等机械系列产品。目前我国工业、农业等的发展,都需要机械装置的支持,较多的消费者群体使机械制造行业有着较好的市场基础,但目前市场上的机械装置,同质化现象严重,产品更新跟不上科技的发展速度,对于机械制造公司,若能解决产品升级、保质问题,那么市场是有保障的。根据以上情况,机械制造公司决定进行研发升级,预计购入两套最新款研发设备,同时向银行申请贷款,但机械制造公司进行研发后的销量、新产品能否被市场接纳等未知,考虑到风险性,银行决定不予贷款。所以,机械制造公司和销售公司协商进行委托贷款。

8.3.2.2 任务要求

(1)借款方生成借款单。2019年1月10日,经协商,机械销售公司.用户账号同意委托集团本部—鑫弘结算中心贷款给机械制造公司.用户账号1 000 000元,当天,机械制造公司.用户账号生成借款单。在融资管理模块处理新增借款单,合同号为"用户账号"(在这里也就是分配的账号),融资品种为"委托贷款",债权人性质为"集团内",债权人为"机械销售公司.用户账号",银行账户选择"制造公司收付账户_用户账号",贷款科目为"短期借款",贷款预计开始日期为2019年1月15日,贷款期为两个月,利率表示为"月",担保方式为"保证",该笔贷款协议月利率为2.5‰,付息方式为"利随本清",融资形式为"双边形式",受托单位为"鑫弘结算中心_用户账号",保存并提交,当天财务主管审核通过。

(2)委托贷款申请。2019年1月10日,根据协议规定,该笔贷款协议月利率为0.25%,贷款预计开始日期为2019年1月15日,贷款期为两个月,担保方式为"保证",机械销售公司.用户账号出纳提出委托贷款申请,受托单位为"鑫弘结算中心_用户账号",债权人性质为"集团内",借款单位为"机械制造公司.用户账号","委托贷款"页签信息与任务要求(1)相同,当天财务主管审批通过。

(3)贷前处理(受托方)。该笔贷款的合同号为"用户账号",根据协议规定,该笔贷款到期还本付息,付息方式为"利随本清",维护账户明细页签的内容:委托方为销售公司收付账户,借款方为制造公司收付账户,受托方为集团本部资金母账户。2019年1月15日,集团本部.用户账号财务会计拉委托贷款申请单生成委托贷款单(受托方),当天财务主管进行审批。

(4)贷前处理(委托方)。2019年1月15日,机械销售公司.用户账号财务会计拉委托贷款单(受托方)生成委托贷款单(委托方),合同号为"用户账号",当天财务主管进行审批。

(5)放款通知。2019年1月15日,委托贷款单审核通过后,集团本部.用户账号财务会计在委托贷款单序时簿板块,通知结算中心可以进行放款处理并提交贷款通知,在委托贷款通知板块查单并审核。

(6)对外付款。第一步:增加内部供应商,勾选内部供应商,集团内公司选择为"机械制造公司.用户账号",供应商编码为04_用户账号,名称为"机械制造公司.用户账号",保存后核准。第二步:2019年1月15日,集团本部结算中心的出纳新增对外付款单,收款单位为"机械制造公司.用户账号",收款账号为"制造公司收付账户_用户账号",付款账户为机械销售公司内部账户_用户账号,付款科目为吸收存款,金额为1 000 000元,付款中心账号为"资金母账户_用户账号",付款中心科目为商业银行存款,当天提交并受理。

(7)委托方付款。2019年1月15日,机械销售公司.用户账号出纳进行付款处理,对外付款单已经自动生成,找到并打开自动生成的付款单,将付款信息页签下的对方科目修改为"其他应收款—往来",切换到"对方科目核算项目"页签,选中勾选框,选择对方科目核算项目为"客户—内部客户—机械制造公司_用户账号",保存、提交并审核。当天财务会计生成付款凭证,提交并审核该张凭证。

(8)借款方收款。2019年1月15日,机械制造公司.用户账号收到借款,出纳进行收款处理,根据借款单拉式生成收款单,将业务日期修改为"2019年1月15日",收款信息页签下的对方科目为"短期借款",提交保存后,财务主管当天审核通过,财务会计当天生成收款凭证,提交并审核该张凭证。

(9)委托贷款展期。2019年1月31日,机械制造公司.用户账号因战略失误导致亏损,预计无法按期偿还贷款,与机械销售公司.用户账号协商后,同意延期一年还款。机械销售公司.用户账号出纳对2019年1月15日的贷款进行展期处理,延期一年还款,财务主管审核通过。

8.3.2.3 具体操作

(1)借款方生成借款单。

第一步:进入借款界面。切换组织为机械制造公司.用户账号,进入借款界面的路径为【资金管理】—【融资管理】—【业务处理】—【借款业务处理】。在借款单条件查询界面,选择债权人性质为"集团内",点击"确定",进入借款界面。

第二步:借款单新增。在借款界面点击"新增",进入借款新增界面进行借款单新增,录入相关信息审核无误后保存并提交,如图8-7所示。

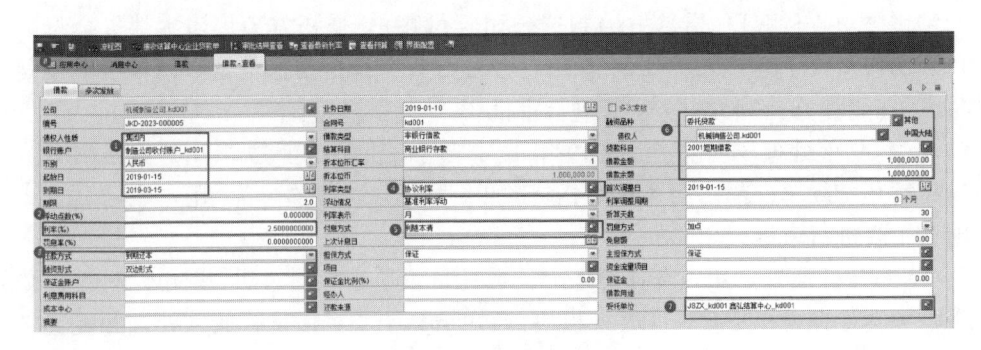

图8-7 借款单新增

第三步:借款单审批。借款单提交后,返回借款界面,点击"刷新",找到刚刚提交的借款单(金额为 1 000 000 元),点击"审批"进行借款单审批。

(2)委托贷款申请。

第一步:进入委托贷款申请单界面。切换组织为机械销售公司.用户账号,进入委托贷款申请单界面的路径为【资金管理】—【投资管理】—【委托贷款】—【委托贷款申请】。在委托贷款申请单-条件查询界面,选择申请起始日期为"2019 年 1 月 1 日",点击"确定",进入委托贷款申请单界面。

第二步:新增委托贷款申请单。进入委托贷款申请单界面后,点击"新增",进入委托贷款申请单-新增界面,录入相关信息,审核无误后保存并提交,如图 8-8 所示。

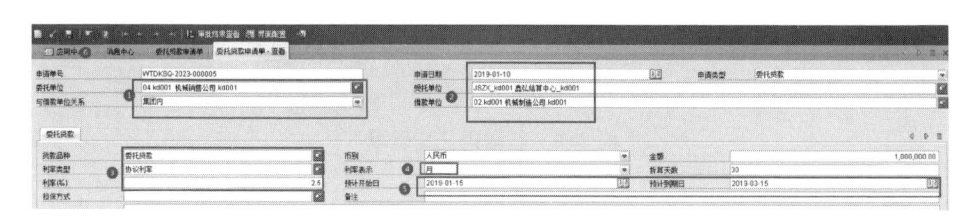

图 8-8 新增委托贷款申请单

第三步:审核委托贷款申请单。返回委托贷款申请单界面,点击"刷新",找到刚刚提交的委托贷款申请单(金额为 1 000 000 元),点击"审核",进行委托贷款申请单审核。

(3)贷前处理(受托方)。

第一步:进入委托贷款单界面。切换组织为集团本部.用户账号,进入委托贷款单界面的路径为【资金管理】—【投资管理】—【委托贷款】—【委托贷款业务处理】。在委托贷款单条件查询界面,选择开始日期为"2019 年 1 月 1 日",点击"确定",进入委托贷款单界面。

第二步:委托贷款单新增。进入委托贷款单界面后,点击"新增",进入委托贷款单新增界面,点击"拉式生成",选择源单据类型为"委托贷款申请单",出现信息提示,选择"否",然后选择单据号为(2)委托贷款申请任务中审批通过的委托贷款申请单,选择转换规则为"委托贷款申请单生成委托贷款单(受托方)",进行委托贷款申请单新增,录入相关信息,审核无误后提交,如图 8-9 所示。

第三步:审批委托贷款单。返回委托贷款单界面,点击"刷新",找到刚刚提交的贷款申请单(金额为 1 000 000 元),点击"审批",进行委托贷款单审批。

(4)贷前处理(委托方)。

第一步:进入委托贷款单界面。切换当前组织为"机械销售公司.用户账号",进入委托贷款单界面的路径为【资金管理】—【投资管理】—【委托贷款】—【委托贷款业务处理】。在委托贷款申请单条件查询界面,选择开始日期为"2019 年 1

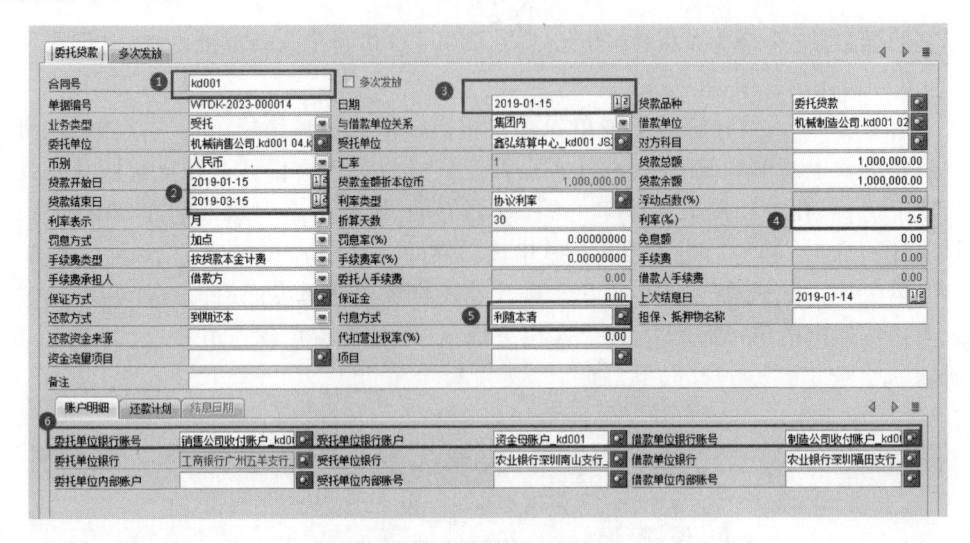

图8-9 新增委托贷款单

日",点击"确定",进入委托贷款单界面。

第二步：委托贷款单新增(拉式生成)。进入委托贷款单界面后,点击"新增",进入委托贷款单新增界面,点击"拉式生成",选择源单据类型为"委托贷款单",单据号选择"(3)贷前处理(受托方)"任务中审批通过的委托贷款单。

拉式生成后委托贷款单后,录入合同号为"用户账号",日期为"2019年1月15日",录入完毕后点击"提交",如图8-10所示。

第三步：审批委托贷款单。委托贷款单提交后,返回委托贷款单界面进行委托贷款单审批。

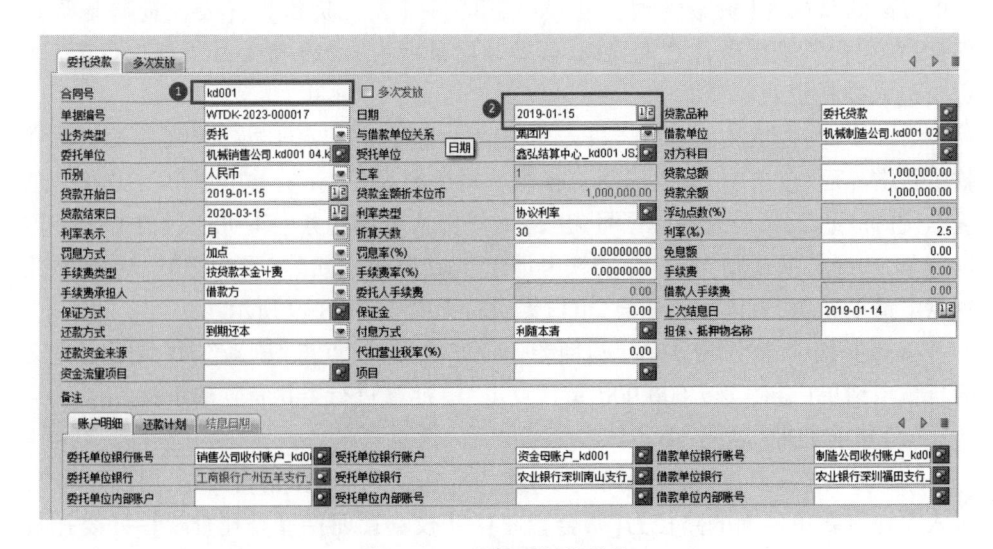

图8-10 编辑委托贷款单

(5)放款通知。

第一步:进入委托贷款单界面。切换当前组织为集团本部.用户账号,进入委托贷款单界面的路径为【资金管理】—【投资管理】—【委托贷款】—【委托贷款业务处理】,在条件查询界面选择开始日期为2019年1月1日,进入委托贷款单界面。

第二步:提交贷款通知。进入委托贷款单界面后,选中任务要求"(3)贷前处理(受托方)"中审批通过的委托贷款单(金额为1 000 000元),点击"放款通知",进入贷款通知书界面,输入放款日期"2019年1月15日",点击"提交",如图8-11所示。

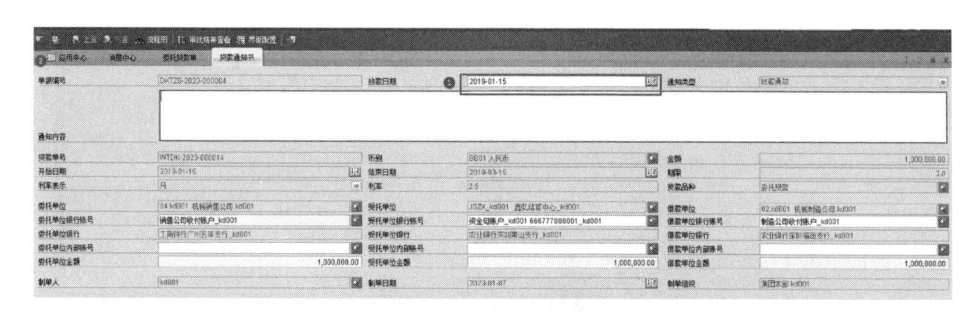

图8-11 提交放款通知

第三步:审核贷款通知。对提交的放款通知进行审核,如图8-12所示。

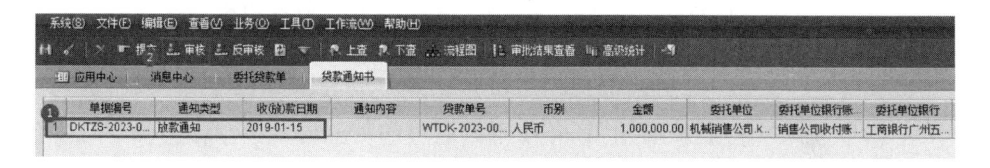

图8-12 审核贷款通知

【说明】贷款通知书也可以在贷款通知书界面查找,其进入路径为【资金管理】—【投资管理】—【委托贷款】—【委托贷款通知】。在贷款通知单条件查询界面,选择开始日期为"2019年1月1日"。

(6)对外付款。

第一步:新增内部供应商。切换当前组织为集团本部.用户账号,进入供应商界面,其路径为【企业建模】—【主数据】—【供应商】—【供应商】。选中内部供应商的供应商分类,点击"新增",勾选内部供应商后点击选择集团内公司为机械制造公司.用户账号,输入编码为"04_用户账号",确认客户分类为内部供应商后保存并核准供应商,如图8-13所示。

第二步:进入对外付款结算单界面。切换组织为集团本部.用户账号,进入对外付款结算单界面的路径为【资金管理】—【资金结算】—【结算业务】—【对外付

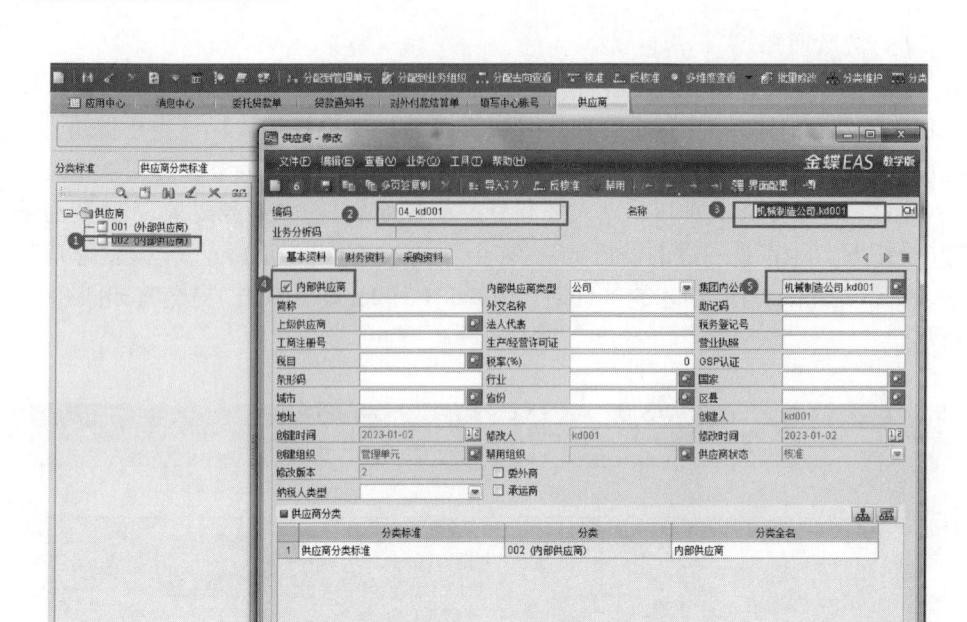

图 8-13 新增内部供应商

款】。在条件查询界面,选择业务日期为2019年1月1日至2019年12月31日,受理状态为"全部",付款状态为"全部",点击"确定",进入对外付款结算单界面。

第三步:对外付款单新增(拉式生成)。进入对外付款结算单界面后,点击"新增",进入对外付款单–新增界面,点击"拉式生成",选择源单据类型为"贷款通知书",单据号选择"(5)放款通知"任务中审核通过的贷款通知单,点击"确定",生成对外付款单(见图8-14),修改对外付款单日期为"2019年1月15日",选择付款账户为"机械销售公司内部账户_用户账号",最后保存、提交,如图8-15所示。

【说明】如果不能拉式生成,可以选择直接新增对外付款单。

第四步:核对中心号。提交对外付款单后,返回对外付款结算单界面(见图8-16),刷新后选中刚刚提交的对外付款单,点击"填写中心账号",进入填写中心账号界面,核对中心账号是否为"资金母账户_用户账号",无误后,点击"提交",如图8-16所示。

第五步:对外付款单受理。提交成功后,返回对外付款结算单界面,刷新后选择对应单据,点击"受理",进行对外付款单受理。

(7)委托方付款。

第一步:付款单修改、提交、保存。切换组织为机械销售公司.用户账号,进入付款单序时簿界面的路径为【财务会计】—【出纳管理】—【收付款处理】—【付款单查询】。在条件查询界面,选择业务日期开始日为"2019年1月1日",点击"确

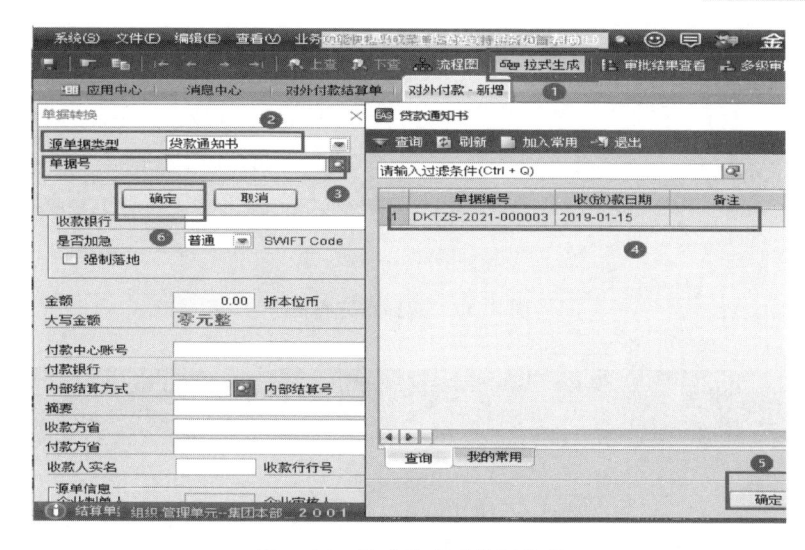

图 8-14 拉式生成对外付款单

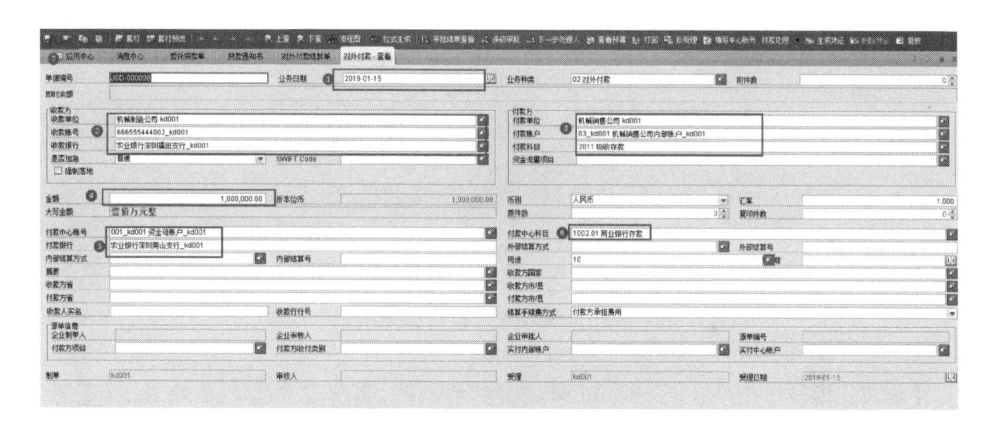

图 8-15 保存、提交对外付款单

图 8-16 进入"填写结算中心"

定",进入付款单序时簿界面。

进入付款单序时簿界面后,选中根据对外付款单自动生成的付款单(金额为 1 000 000 元),点击"修改",进入付款单编辑界面。在付款单编辑界面中,将付款信息页签下的对方科目修改为"其他应收款—往来"(见图 8-17),选择对方科目

207

核算项目为"内部客户—机械制造公司_用户账号",最后保存、提交,如图 8-18 所示。

图 8-17 选择对方科目

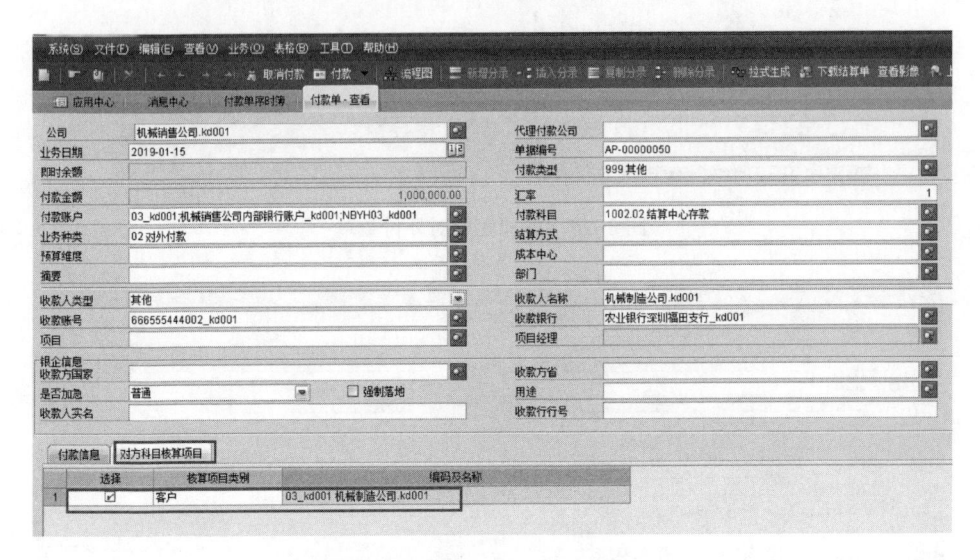

图 8-18 录入对方科目核算项目

【说明】选择"内部客户—机械制造公司"之前,需要执行【企业建模】—【主数据】—【客户】—【客户】命令,在左侧选中内部客户,右侧选中"机械制造公司_用户账号",点击"修改",进入客户-修改界面,点击"财务资料"页签,可以看到财务组织名称为"机械销售公司_学号",然后点击保存即可。

第二步:付款单审批并付款。提交完毕后,返回付款单序时簿界面,刷新后选中刚刚提交的付款单,点击审批并付款。

第三步:付款单生成凭证并提交审核。审批通过后,选中审批通过的付款单,点击"生成凭证",提交并审核凭证,如图 8-19 所示。

(8)借款方收款。

第一步:新增收款单(拉式生成)。切换当前组织为机械制造公司.用户账号,进入新增收款单的路径为【财务会计】—【出纳管理】—【收付款处理】—【收款单新增】。进入收款单-新增界面后,点击"拉式生成",选择源单据类型为"借款",转换规则为"借款生成出纳收款单",点击"确定",在源单列表,选中"(1)借款方生成借款单"任务中生成的借款单,整单选取后点击"确定"。

208

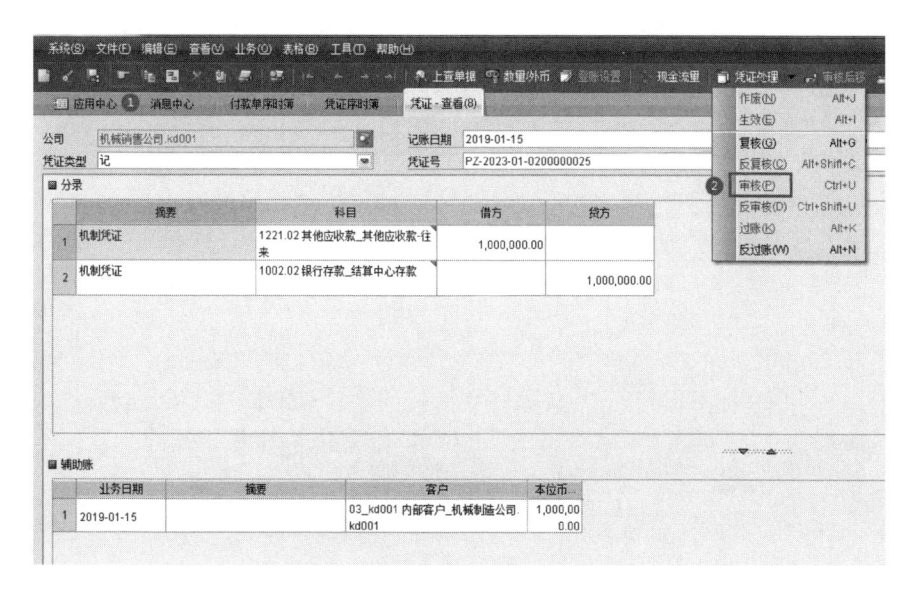

图 8-19　付款单生成凭证和审核凭证

拉式生成收款单后,将业务日期修改为"2019 年 1 月 15 日",收款信息页签下的对方科目为"短期借款",保存并提交,如图 8-20 所示。

图 8-20　编辑收款单

第二步:审批并收款。

第三步:根据收款单生成凭证,并将凭证提交审核。选中刚刚收款的收款单,点击"生成凭证",在选择转换规则界面选中"收款单到凭证(出纳系统)",生成凭证后,提交并审核,如图 8-21 所示。

(9)委托贷款展期。

第一步:进入委托贷款展期界面。切换当前组织为机械销售公司.用户账号,进入委托贷款展期界面的路径为【资金管理】—【投资管理】—【委托贷款】—【委托贷款展期】,在条件过滤界面,选择开始日期为"2019 年 1 月 1 日",与借款单位的

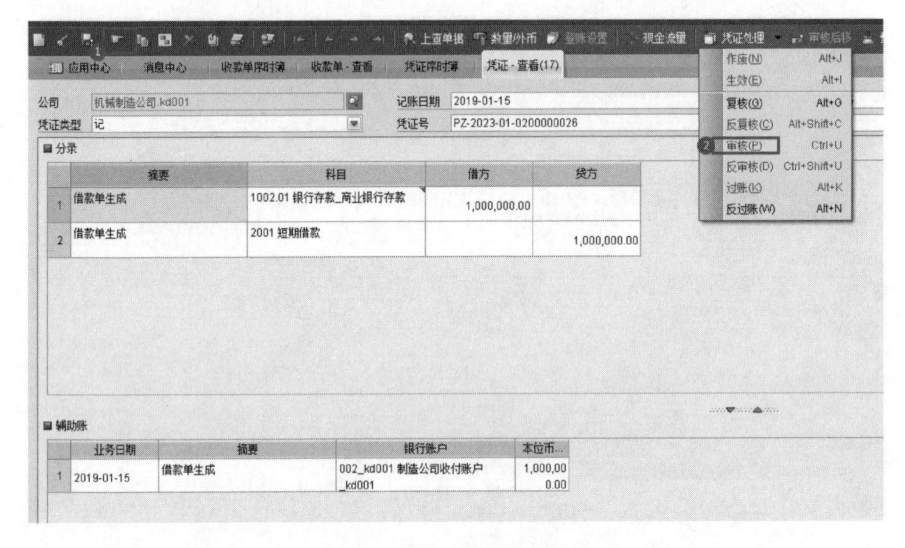

图 8-21　生成并审核凭证

关系为"集团内",点击"确定",进入委托贷款展期单查询界面。

第二步:委托贷款展期单新增(拉式生成)。进入委托贷款展期单查询界面后,点击"新增",进入委托贷款展期单-新增界面,点击"拉式生成",选择源单据类型为"委托贷款单",单据号选择任务要求(4)中生成的委托贷款单,点击"确定",如图 8-22 所示。

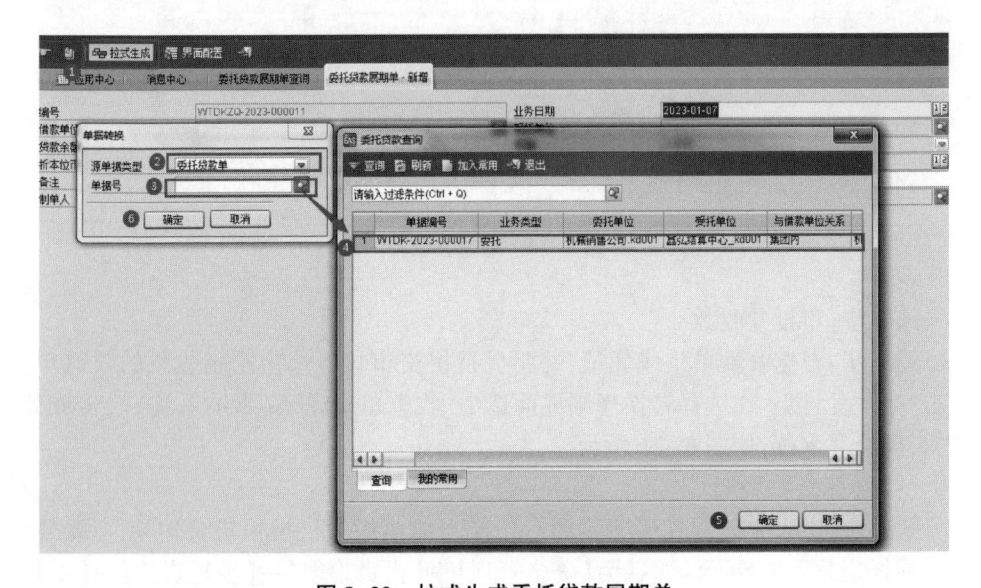

图 8-22　拉式生成委托贷款展期单

拉式生成委托贷款单后,修改业务日期为"2019年1月31日",展期后到期日为"2020年3月15日",然后提交,如图8-23所示。

图 8-23 提交委托贷款展期单

第三步:审批委托贷款展期单。返回委托贷款展期单查询界面,刷新后选中刚刚提交的委托贷款展期单,点击"审批"。

8.3.3 资金往来

8.3.3.1 任务描述(L056)

2019年,机械配件行业产品结构变动较大,越来越多的公司利用新兴技术生产更符合科技产品特点的配件,导致机械配件公司生产的传统配件大量积压,账面流动资金不足,难以支撑下一季度新产品研发以及生产需要,为此,公司向银行申请贷款,但由于贷款用途不明确,银行拒绝贷款;公司内部结算中心进行业务审查,暂时无法提供贷款。为保证公司正常运营,决定以资金往来方式,从机械销售公司获取贷款。

8.3.3.2 任务要求

(1)借款处理。2019年1月10日,经管理层批准,机械配件公司.用户账号出纳提交借款申请,申请直接向机械销售公司.用户账号借款200 000元,债券人性质为"集团内",债权人为"机械销售公司.用户账号",融资品种为"内部贷款",银行账户为"配件公司收付账户_用户账号",协议年利率为4%,贷款预计开始日期为"2019年1月20日",贷款期一年,担保方式为"保证",当天,财务主管审批通过。为方便后续的收款,当天财务会计根据借款申请单关联生成借款单,业务日期为"2019年1月10日",合同号为"用户账号",贷款科目为"短期借款",利率为4%,付息方式为"利随本清",融资形式为"双边形式",提交并保存,当天审核通过。

(2)资金往来单新增。2019年1月10日,经批准,机械销售公司.用户账号出纳根据机械配件公司.用户账号的借款申请单,拉式生成资金往来单,放款账户为"销售公司收付账户_用户账号",对方科目为"其他应收款—往来",还款方式为"分期还款",修改还款计划信息,本月底(1月31日)还款50 000元,剩下的到期一次性还清,提交资金往来单后销售公司.用户账号财务主管当天审核通过。

(3)贷款方付款。2019年1月20日,机械销售公司.用户账号出纳根据审核通过的资金往来单,关联生成付款单,收款账号为"配件公司收付账户_用户账号",付款信息页签对应的对方科目为"其他应收款—往来",对方科目核算项目页签,选中勾选框,编码及名称为"内部客户—机械配件公司_用户账号",当天审核通过并付款;财务会计生成付款凭证,提交并审核通过。

(4)借款方收款。2019年1月20日,机械配件公司.用户账号出纳收到借款后,进行收款处理,拉借款单生成收款单,业务日期修改为"2019年1月20日",收款信息页签下的对方科目为"短期借款",最后提交、审核并收款;财务会计生成付款凭证,提交并审核。

(5)资金往来展期。机械配件公司.用户账号因新产品研发延期,生产传统产品的利润大幅降低,预计2019年1月31日无法按期偿还贷款,在和机械销售公司.用户账号协商后,机械销售公司.用户账号出纳对2019年1月20日的贷款进行展期处理,拉资金往来单生成资金往来展期单,延期一年还款,最后提交即可。

8.3.3.3　具体操作

(1)借款处理。

第一步:新增借款申请单。

①切换组织为机械配件公司.用户账号,进入借款申请单序时簿界面路径为【资金管理】—【融资管理】—【业务处理】—【借款申请】,在借款申请单条件查询界面,选择申请开始日期为"2019年1月1日",借款类型为"全部",点击"确定",进入借款申请单序时簿界面。

②在借款申请单序时簿界面,点击"新增",进入借款申请单–新增界面,录入相关信息,审核无误后保存、提交,如图8-24所示。

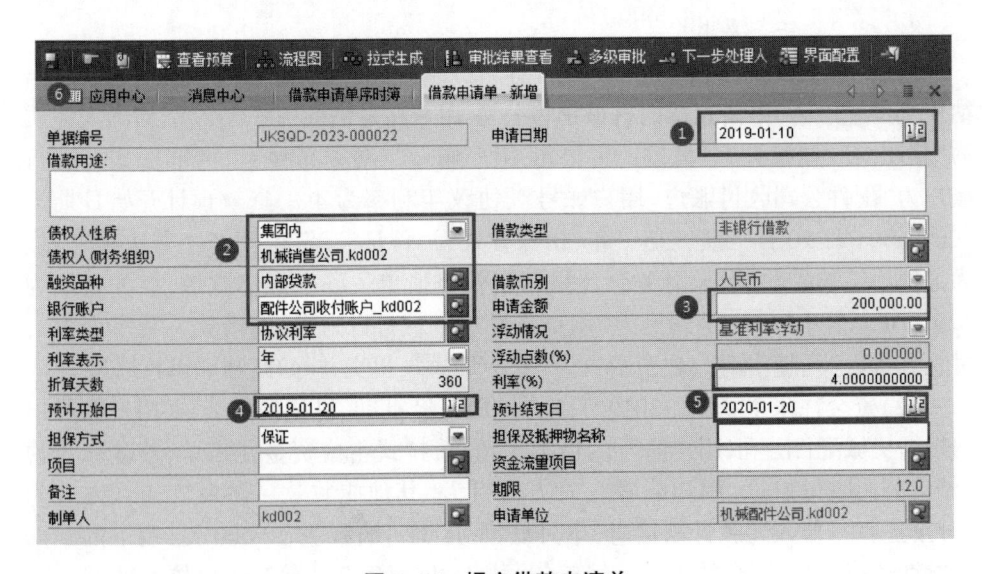

图8-24　提交借款申请单

③借款申请单提交后,返回借款申请单序时簿界面,刷新后找到刚刚提交的借款申请单(金额为200 000元),点击"审批",进行借款申请单审批。

第二步:关联生成借款单。在借款申请单序时簿界面,选中第一步审批通过的借款申请单(金额为 200 000 元),点击"关联生成",关联生成借款单,录入相关信息,审核无误后保存、提交,如图 8-25 所示。

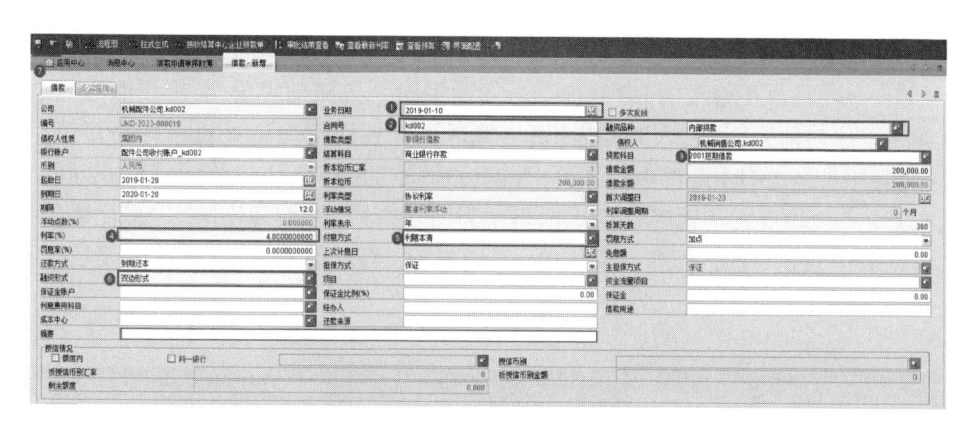

图 8-25 录入借款单相关信息

第三步:审批借款单。进入借款业务处理界面,进入路径为【资金管理】—【融资管理】—【业务处理】—【借款业务处理】,在借款单条件查询界面,修改债权人性质为"集团内",点击"确定",即可进入借款单序时簿界面,进入后刷新,选中刚刚关联生成的借款单(金额为 200 000 元),点击"审批",进行借款单审批。

(2)资金往来单新增。

第一步:进入资金往来单序时簿界面。切换组织为"机械销售公司.用户账号",进入资金往来单序时簿界面的路径为【资金管理】—【投资管理】—【资金往来管理】—【资金往来业务处理】。在资金往来-条件查询界面,选择开始日期为"2019年1月1日",单据状态为"全部",点击"确定",进入资金往来单序时簿界面。

第二步:资金往来单新增(拉式生成)。进入资金往来单序时簿界面后,点击"新增",进入资金往来单-新增界面,点击"拉式生成",选择源单据类型为"借款申请单",选择"(1)贷款处理"任务中新增的借款申请单,拉式生成资金往来单。在资金往来单-新增界面,录入相关信息,审核无误后保存并提交,如图 8-26 所示。

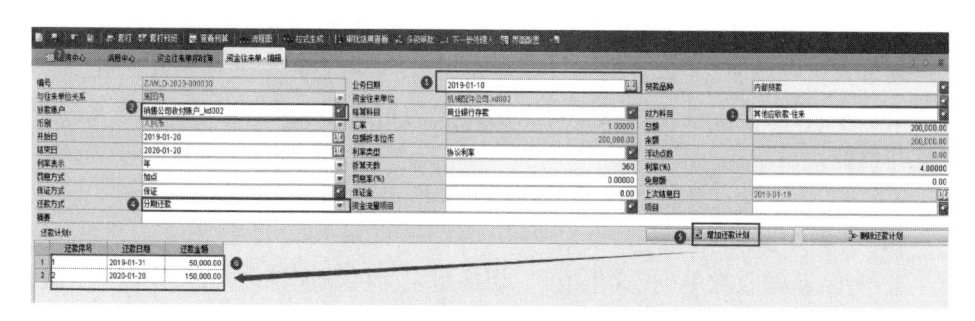

图 8-26 录入资金往来单相关信息

213

第三步:审批资金往来单。提交资金往来单后,返回资金往来单序时簿界面,刷新后找到刚刚提交的资金往来单(金额为 200 000 元),点击"审批",进行资金往来单审批。

(3)贷款方付款。

第一步:付款单修改、保存并提交。切换组织为机械销售公司.用户账号,在资金往来单序时簿界面(进入路径为【资金管理】—【投资管理】—【资金往来管理】—【资金往来业务处理】),选中任务要求(2)审批通过的资金往来单(金额为 200 000元),点击"关联生成",选择目标单据类型为"付款单",转换规则为"资金往来单生成付款单",点击"确定",进入付款单-新增界面,录入相关信息,审核无误后保存提交,如图 8-27 所示。

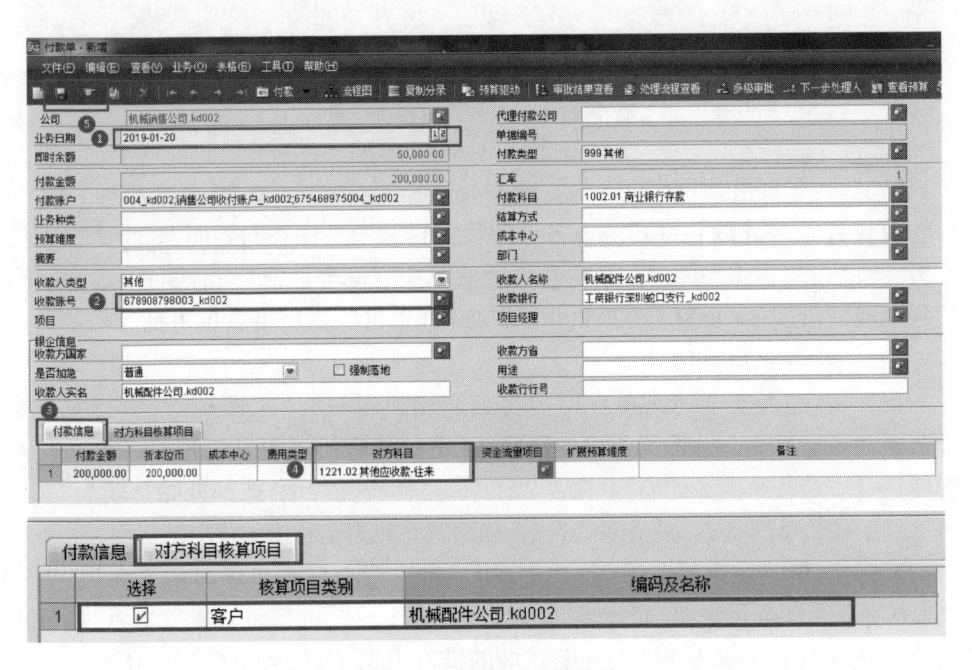

图 8-27 拉式生成付款单

【说明】如果在对方科目核算项目中不能选择"内部客户—机械配件公司",需要对该客户进行维护,具体做法可以参考 8.3.2 中(7)委托方付款中的说明。

第二步:付款单审批并付款。对刚刚提交的付款单(金额为 200 000 元)进行审批并付款。

第三步:生成凭证并提交审核,如图 8-28 所示。

(4)借款方收款。

第一步:新增收款单(拉式生成)。切换组织为机械配件公司.用户账号,进入收款单-新增界面的路径为【财务会计】—【出纳管理】—【收付款处理】—【收款单

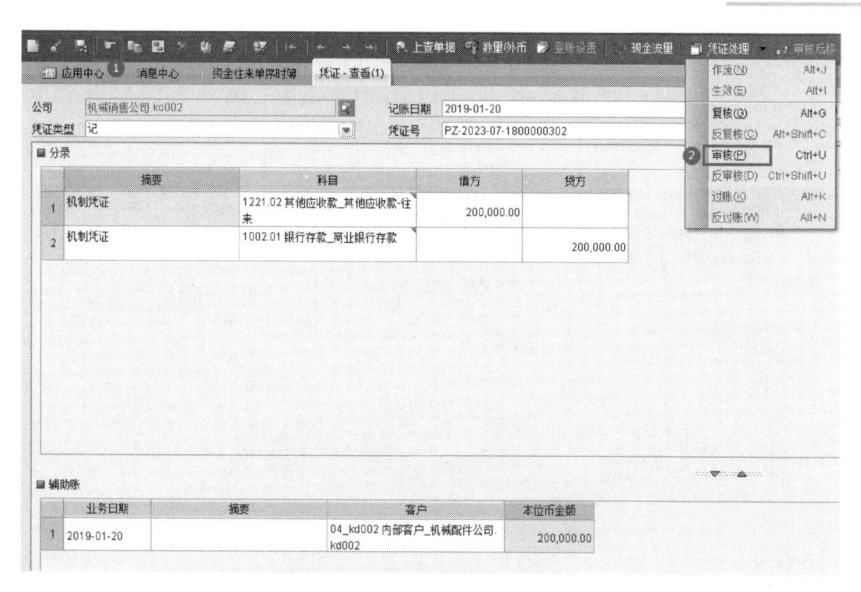

图 8-28　生成并审核凭证

新增】,进入收款单-新增界面后,点击"拉式生成",选择源单据类型为"借款",转换规则为"借款生成出纳收款单",点击"确定",进入源单列表进行单据选择。

在源单列表,选中任务要求(1)中生成的借款单(金额为 200 000 元),选择整单后点击"确定",完成拉式生成收款单,进入收款单-新增界面录入相关信息,保存并提交,如图 8-29 所示。

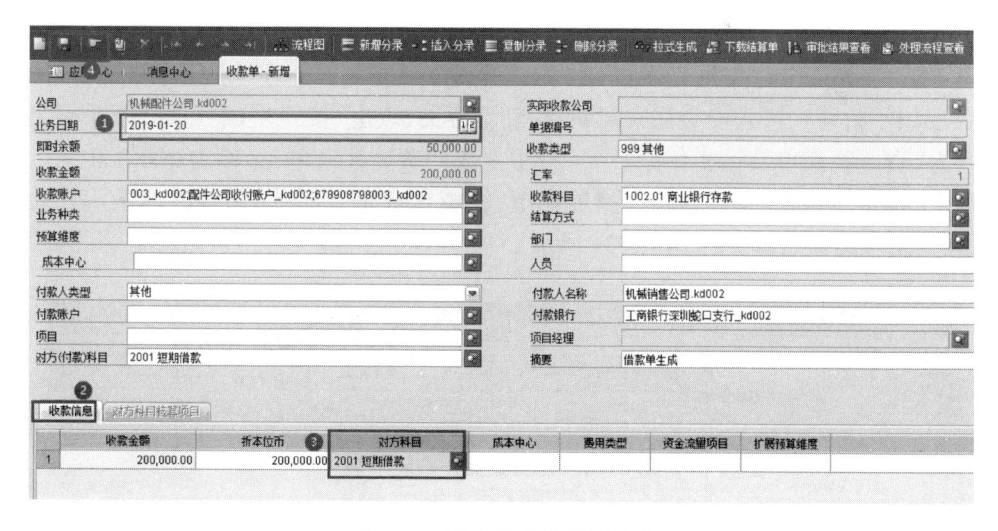

图 8-29　录入收款单相关信息

第二步:对收款单进行审批、收款。

第三步:生成凭证并提交审核。审批通过后,选中审批通过的收款单,点击"生成凭证",选择转换规则为"收款单到凭证(出纳系统)",确认无误后提交审核,如图 8-30 所示。

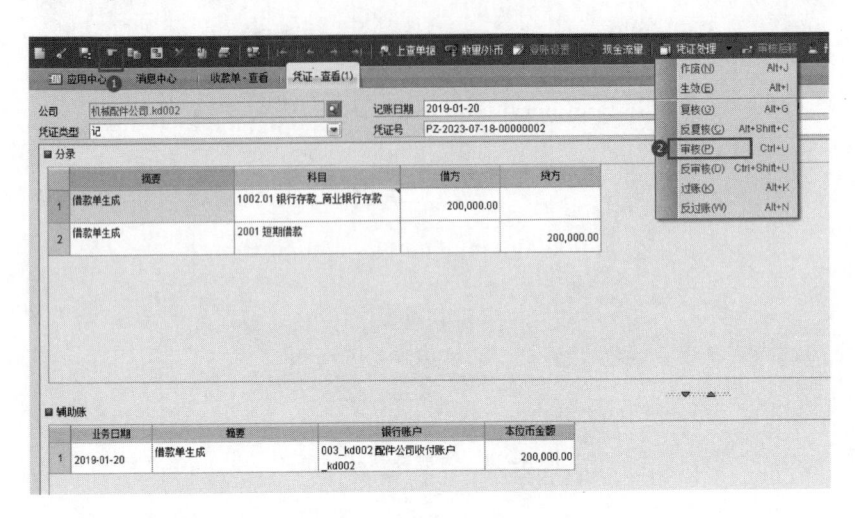

图 8-30　生成并审核凭证

(5)资金往来展期。

第一步:进入资金往来展期序时簿界面。切换组织为机械销售公司.用户账号,进入资金往来展期序时簿界面的路径为【资金管理】—【投资管理】—【资金往来管理】—【资金往来展期】。在条件过滤界面,选择开始日为"2019 年 1 月 1 日",与往来单位的关系为"集团内",点击"确定",进入资金往来展期序时簿界面。

第二步:资金往来展期单新增(拉式生成)。进入资金往来展期序时簿界面后,点击"新增",进入资金往来展期单-新增界面,点击"拉式生成",选择源单据类型为"资金往来单",选择任务要求(2)中生成的资金往来单(金额为 200 000 元),点击"确定"后拉式生成资金往来展期单,在资金往来展期单-新增界面录入相关信息,审核无误后提交,如图 8-31 所示。

图 8-31　提交资金往来展期单

8.3.4　授信额度申请

8.3.4.1　任务描述(L057)

鑫弘机械集团.用户账号主营挖掘机、装载机、叉车等机械系列产品,生产规模大,产品结构不断升级,集团旗下的机械制造公司.用户账号和机械配件公司.用户账号常常需要向银行贷款,用于生产线升级、产品更新换代等。每次申请贷款均需进行授信调查、审批等一系列流程,较长的审批流程会影响公司的生产速度,产品升级无法快速地跟上市场变化。

8.3.4.2 任务要求

针对这一现象,集团研究决定,由机械制造公司.用户账号财务会计在 2019 年 1 月 1 日提交授信额度申请,申请农业银行深圳南山支行的综合银行授信,预计开始日为"2019 年 1 月 1 日",预计结束日为"2019 年 12 月 31 日",授信用途为"综合",授信性质为"循环",该申请为"集团授信",申请金额为 10 000 000 元,并由机械制造公司.用户账号财务主管审批通过。

8.3.4.3 具体操作

第一步:进入授信额度申请界面。切换组织为机械制造公司.用户账号,进入授信额度申请界面的路径为【资金管理】—【融资管理】—【授信额度】—【授信额度申请】。在授信额度申请单过滤界面,选择申请开始日期为"2019 年 1 月 1 日",点击"确定",进入授信额度申请单界面。

第二步:授信额度申请单新增。进入授信额度申请单界面后,点击"新增",进入授信额度申请单新增界面,录入相关信息,审核无误后保存、提交,如图 8-32 所示。

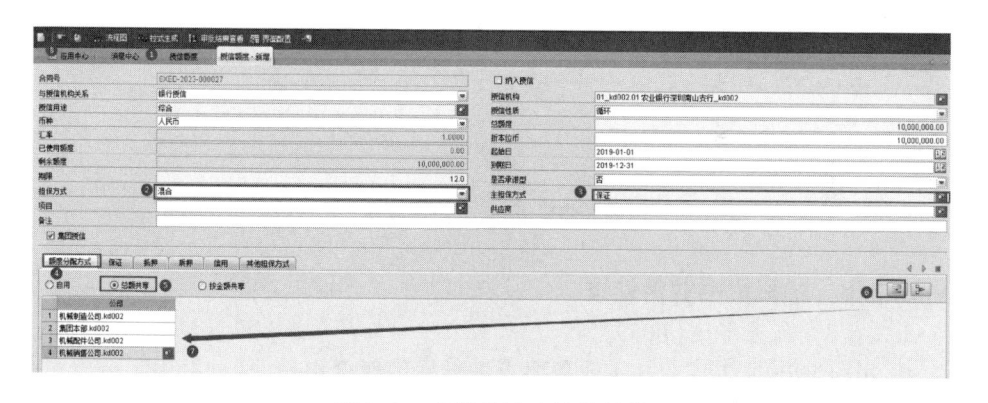

图 8-32 授信额度申请单新增

第三步:审批授信额度申请单。提交后,返回授信额度申请单界面,刷新后选中刚刚提交的授信额度申请单,点击"审批",进行授信额度申请单审批。

8.3.5 授信额度

8.3.5.1 任务描述(L058)

2019 年 1 月 1 日,机械制造公司.用户账号财务会计根据授信额度申请单进行授信额度新增,以"混合"担保形式新增授信额度,主担保方式为"保证"。

8.3.5.2 任务要求

为使整个集团可共享该次授信额度,设置额度分配方式为"总额共享",并添加集团所有公司。提交完成后,由机械制造公司.用户账号财务主管进行审批。

8.3.5.3 具体操作

第一步:组织为机械制造公司.用户账号,进入路径为【资金管理】—【融资管理】—【授信额度】—【授信额度业务处理】。在授信额度条件查询界面,选择开始日期为"2019年1月1日",点击"确定",进入授信额度界面。

第二步:授信额度单新增(拉式生成)。进入授信额度界面后,点击"新增",进入授信额度-新增界面,点击"拉式生成",选择源单据类型为"授信额度申请单",选择8.3.4业务中审批通过的授信额度申请单(金额为10 000 000元)。拉式生成授信额度单后,录入相关信息,审核无误后提交,如图8-33所示。

第三步:审批授信额度单。返回授信额度界面对刚提交的授信额度单(金额为10 000 000元)进行审批。

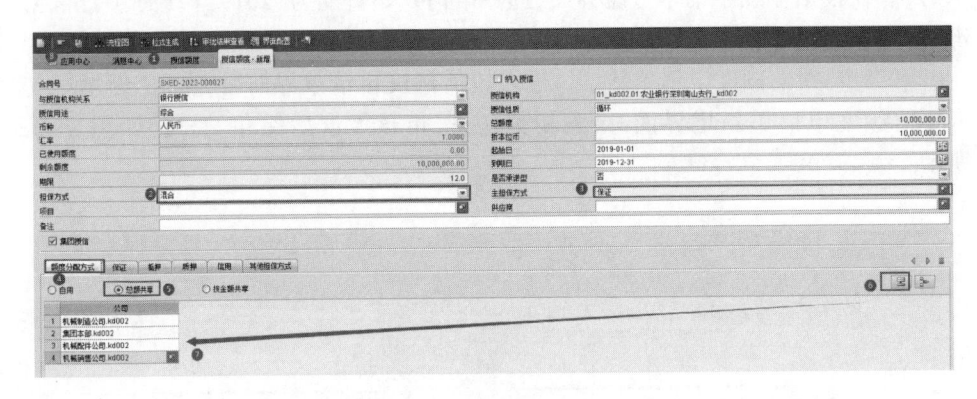

图8-33 新增授信额度单

8.3.6 融资费用业务处理

8.3.6.1 任务描述(L059)

按2019年1月7日8.3.4业务要求进行授信额度申请业务时,用制造公司收付账户支付申请手续费200元,计入融资费用,源单编号输入8.3.4业务中审批通过的授信额度申请单的单据编号,融资品种为"其他-银行保函",费用类型为"手续费",机械制造公司.用户账号出纳进行登记并生成付款单,付款账户为"制造公司收付账户_用户账号",付款信息的对方科目为"财务费用",付款单审核通过后,由财务会计生成凭证,提交后,由财务主管审批。

8.3.6.2 具体操作

第一步:新增融资费用单并审批。组织为机械制造公司.用户账号,进入融资费用路径为【资金管理】—【融资管理】—【费用管理】—【融资费用业务处理】。在融资费用条件查询界面,修改申请开始日期为"2019年1月1日",点击"确定",进入融资费用界面。

进入融资费用界面后,点击"新增",进入融资费用-新增界面,录入相关信息,审核无误后保存、提交,如图8-34所示。

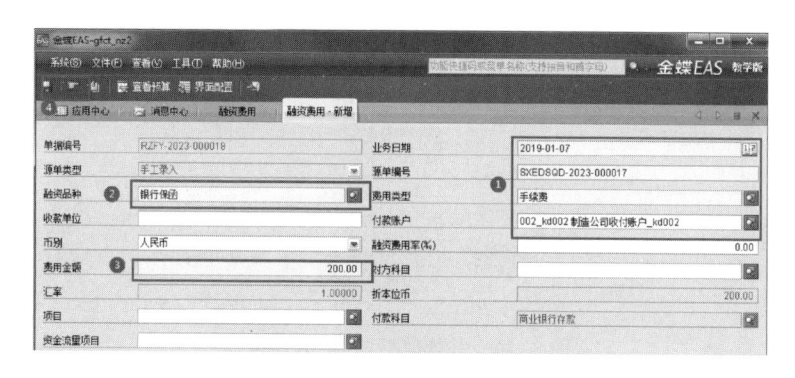

图 8-34 融资费用单新增

【说明】本业务的源单编号输入8.3.4业务中审批通过的授信额度申请单的单据编号(该单号在授信额度申请单界面查询),如图8-35所示。

图 8-35 查找源单据编号

返回融资费用界面,刷新后选中刚刚提交的融资费用单,点击"审批",进行融资费用单审批。

第二步:付款业务处理。在融资费用界面,选中刚刚审批通过的单据,点击"生成付款单",选择目标单据类型为"付款单",转换规则为"融资费用生成付款单",点击"确定",进入付款单-新增界面。

在付款单-新增界面,付款信息页签下的对方科目选择"财务费用",审核无误后保存、提交,并审批付款,如图8-36所示。

第三步:生成凭证并提交审核,如图8-37所示。

8.3.7 企业定期(通知)存款业务处理

8.3.7.1 任务描述(L060)

机械销售公司会定期将一笔资金存入银行,获取稳定的利息,但是自2019年初以来,银行存货利率与上年相比较低。鑫弘集团内部成立了自己的结算中心,各子公司可以将闲置资金存入结算中心获取利息,同时结算中心还可将存入的资金借给其他有需要的公司,实现集团内部的资金有效利用。相比之下,集团内部结算

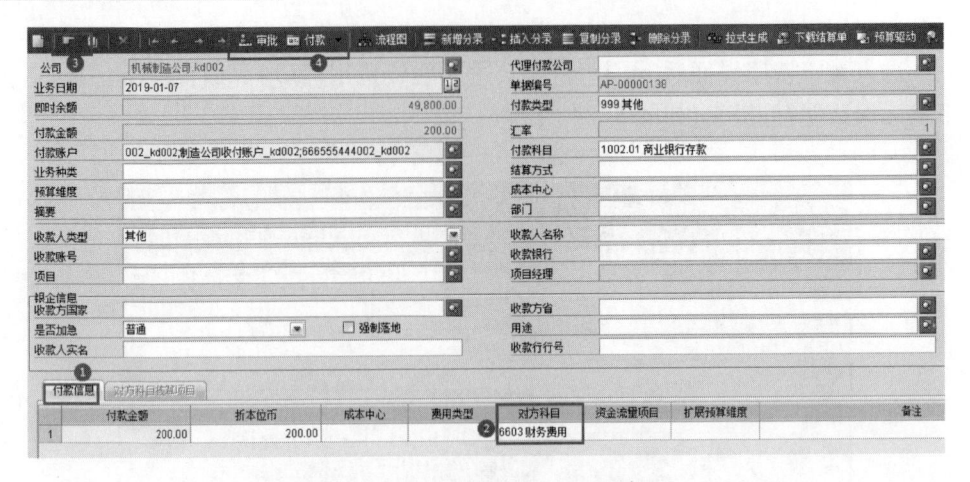

图 8-36　付款单新增、审批并付款

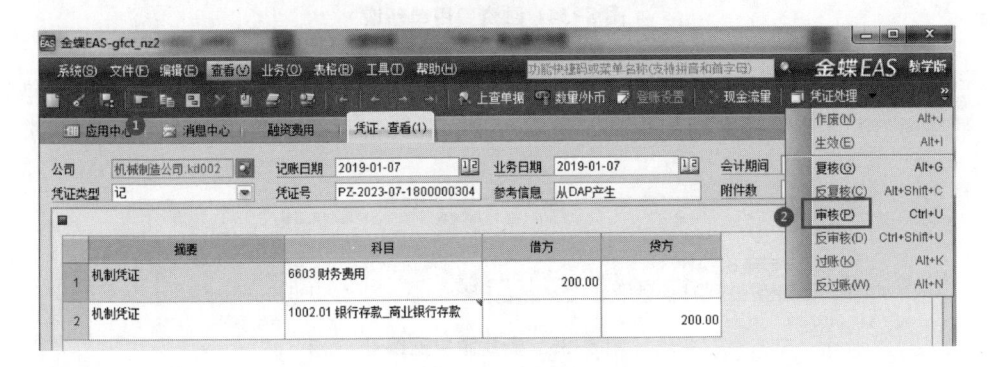

图 8-37　生成并审核凭证

中心的利率较高于银行,所以 2019 年 1 月 1 日机械销售公司决定将活期内部账户的 1 000 000 元转为定期,存入集团结算中心。

8.3.7.2　任务要求

2019 年 1 月 1 日,集团本部出纳进行企业定期存款业务处理,新增企业定期存款单,存款类型为"活期转定期",定期账号为"机械销售公司内部账户_用户账号(定期)",活期账号为"机械销售公司内部账户_用户账号",本金为 1 000 000 元,起息日为 2019 年 1 月 1 日,存期一个月,实际月利率为 4.5%,活期利率为 4%,提交该笔单据。

8.3.7.3　具体操作

第一步:进入企业定期(通知)存款查询界面。切换当前组织为集团本部.用户账号,进入企业定期(通知)存款查询界面的路径为【资金管理】—【融资管理】—【企业定期(通知)存款】—【企业定期(通知)存款业务处理】。在定期存款查询界面,日期选择"2019 年 1 月 01 日",点击"确定",进入企业定期(通知)存款查询界面。

第二步:企业定期(通知)存款单新增。进入企业定期(通知)存款查询界面后,点击"新增",进入企业定期(通知)存款-新增界面,录入相关信息,审核无误后保存、提交,如图8-38所示。

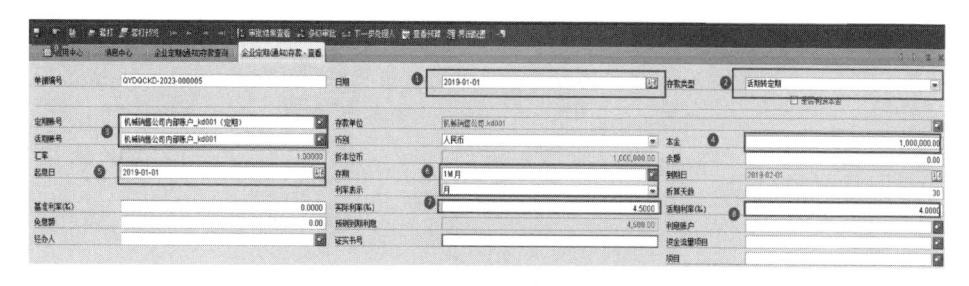

图 8-38　企业定期(通知)存款单新增

8.3.8　企业定期(通知)存款解活

8.3.8.1　任务描述(L061)

2019年1月23日,机械制造公司.用户账号定期存款即将到期,集团本部.用户账号通知机械制造公司.用户账号,该公司企业定期存货还有九日到期。

8.3.8.2　任务要求

2019年1月31日,集团本部.用户账号出纳进行企业定期(通知)存款解活处理,根据企业存款单拉式生成解活单据,提交该笔单据后,生成企业定期利息单,提交该笔单据。

8.3.8.3　具体操作

第一步:进入企业定期(通知)存款解活单界面。当前组织为集团本部.用户账号,进入企业定期(通知)存款解活单界面的路径为【资金管理】—【融资管理】—【企业定期(通知)存款】—【企业定期(通知)存款解活】。在企业定期存款解活条件过滤界面,选择日期为2019年01月01日,点击"确定",进入企业定期(通知)存款解活单界面。

第二步:企业定期(通知)存款解活单新增(拉式生成)。进入企业定期(通知)存款解活单界面后,点击"新增",进入企业定期(通知)存款解活新增界面,点击"拉式生成",源单据类型选择"企业定期存款单",单据号选择8.3.7业务中提交的企业定期(通知)存款单的单号。拉式生成企业定期存款解活单后,在企业定期存款解活单新增界面录入相关信息,审核无误后提交,如图8-39所示。

第三步:企业定期存款利息单新增。企业定期(通知)存款解活单提交后,会自动生成企业定期存款利息单,修改日期为"2019年1月31日",然后提交,如图8-40所示。

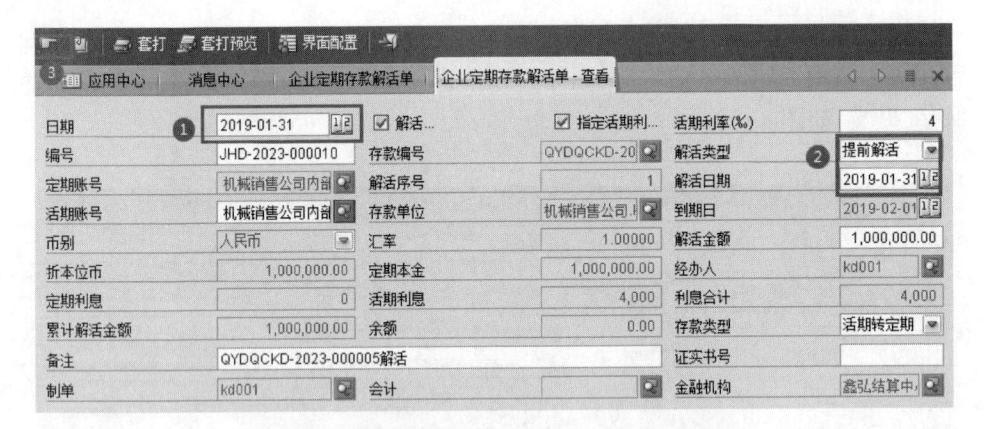

图 8-39　提交企业定期(通知)存款解活单

图 8-40　新增企业定期利息单

9 总账管理

9.1 总账管理概述

在企事业、机关单位中，为完成会计任务必须有一套专门的方法，这些方法相互联系，相互贯通，紧密结合，形成一个完整的会计方法体系。为实现计算机管理的需要，我们把设置账户、填制和审核凭证、记账等统称为总账管理。总账系统适用于各类企业、行政事业单位，是财务管理信息系统的核心，系统提供凭证处理、自动转账、凭证摊销、调汇、结转损益等会计核算功能，以及预算控制、往来核算、往来通知单、现金流量表、现金流量通知单等财务管理功能，并通过独特的核算项目功能，实现企业各项业务的精细化核算。

9.2 总账管理实验整体流程

在 EAS 总账系统中，其业务处理流程如图 9-1 所示。

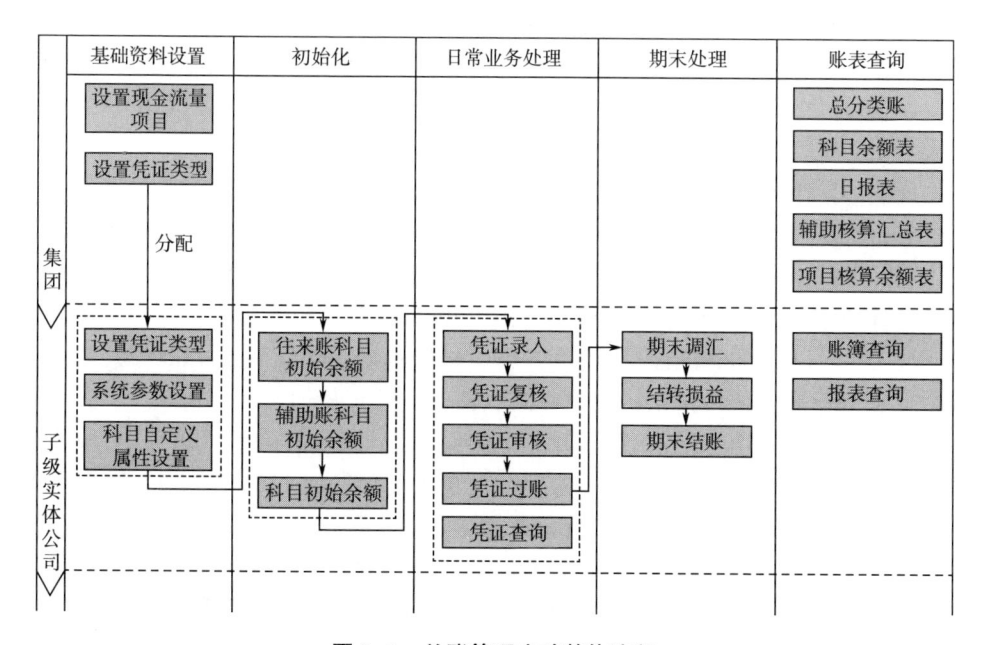

图 9-1 总账管理实验整体流程

9.3 业务实操

9.3.1 凭证处理

9.3.1.1 任务描述(L062)

(1)2019年1月11日,机械制造公司.用户账号向耀星公司_用户账号销售挖掘机两台,价税合计5 650 000元,增值税税率为13%,成本价为4 000 000元。机械制造公司.用户账号的财务会计新增对应会计凭证,由机械制造公司.用户账号的财务主管审核凭证。

(2)1月25日,机械制造公司.用户账号因生产需要,向机械配件公司.用户账号采购一批配件作为原材料并入库,该批原材料不含税售价为53 097.34元,税率为13%,成本价为43 000元,尚未付款。当天两家公司的财务会计分别登记凭证,财务主管审核通过。

(3)1月30日,机械制造公司.用户账号临时接了一笔订单,原材料库存不够,需要向机械配件公司.用户账号加订一批原材料,不含税价售价为50 000元,税率为13%,成本价为40 000元,经商定2月4日结清所有款项。当天两家公司的财务会计分别登记凭证,财务主管审核通过。

(4)1月31日,机械制造公司.用户账号以银行存款支付本月水电费5 800元(其中增值税800元),其中,应由车间负担2 650元,应由公司行政管理部门负担2 350元。当天财务会计登记凭证,摘要为"支付水电费",财务主管审核通过。

(5)1月31日,机械制造公司.用户账号财务会计结转本期制造费用2 650元,当天登记凭证,摘要为"结转制造费用",财务主管审核通过。

(6)1月31日,机械制造公司.用户账号完工产品入库,完工品成本为30 000元,当天财务会计登记凭证,摘要为"完工品入库",财务主管审核通过。

(7)1月31日,机械制造公司.用户账号结转本期进项税额14 202.66元,当天财务会计登记凭证,摘要为"结转进项税额",财务主管审核通过。

(8)1月31日,机械制造公司.用户账号结转本期销项税额650 000元,当天财务会计登记凭证,摘要为"结转销项税额",财务主管审核通过。

(9)1月31日,机械制造公司.用户账号财务会计计提本期地税,其中,城建税44 505.81元,教育费附加19 073.92元,地方教育费附加12 715.95元,当天登记凭证,摘要为"计提地税",财务主管审核通过。

(10)1月31日,机械制造公司.用户账号财务会计计提企业所得税229 626.08元,当天登记凭证,摘要为"计提企业所得税",财务主管审核通过。

(11)1月31日,机械制造公司.用户账号签发转账支票用于缴纳当月增值税635 797.34元、城建税44 505.81元、教育费附加19 073.92元、地方教育费附加12 715.95元、企业所得税229 626.08元,财务会计当天登记凭证,摘要为"缴纳税费",财务主管审核通过。

(12)1月31日,机械配件公司.用户账号结转本期销项税额13 402.66元,当天财务会计登记凭证,摘要为"结转销项税额",财务主管审核通过。

(13)1月31日,机械配件公司.用户账号财务会计计提本期地税,其中,城建税938.19元,教育费附加402.08元,地方教育费附加268.05元,当天登记凭证,摘要为"计提地税",财务主管审核通过。

(14)1月31日,机械配件公司.用户账号财务会计计提企业所得税3 697.8元,当天登记凭证,摘要为"计提企业所得税",财务主管审核通过。

(15)1月31日,机械配件公司.用户账号签发转账支票用于缴纳当月增值税13 402.66元、城建税938.19元、教育费附加402.08元、地方教育费附加268.05元、企业所得税3 697.8元,财务会计当天登记凭证,摘要为"缴纳税费",财务主管审核通过。

9.3.1.2 任务要求

完成上述业务的记账凭证的填制。

9.3.1.3 具体操作

以下操作说明以业务(1)中的确认收入业务为例,其他凭证处理的操作方法类似。

(1)业务(1)——确认收入与结转成本。

①业务(1)——确认收入。

第一步:凭证新增。切换组织为机械制造公司.用户账号,进入凭证新增界面的路径为【财务会计】—【总账】—【凭证处理】—【凭证新增】。

进入凭证新增界面,记账日期、业务日期均为"2019年1月11日",摘要为"销售挖掘机",借方科目为"商业银行存款",金额为5 650 000元,辅助账银行账户为"制造公司收付账户_用户账号";贷方科目为"主营业务收入",金额为5 000 000元;贷方科目为"应交税费—销项税额",金额为650 000元,审核无误后保存、提交,如图9-2所示。

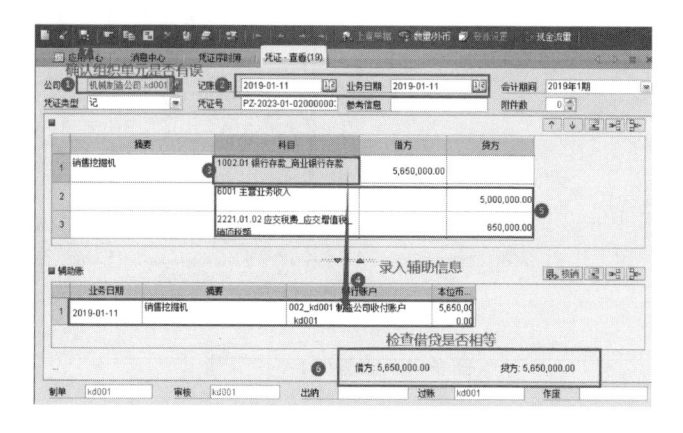

图9-2 业务(1)——确认收入

第二步:凭证审核。财务主管对记账凭证进行审核通过。

②业务(1)——结转成本。操作过程如图9-3所示。

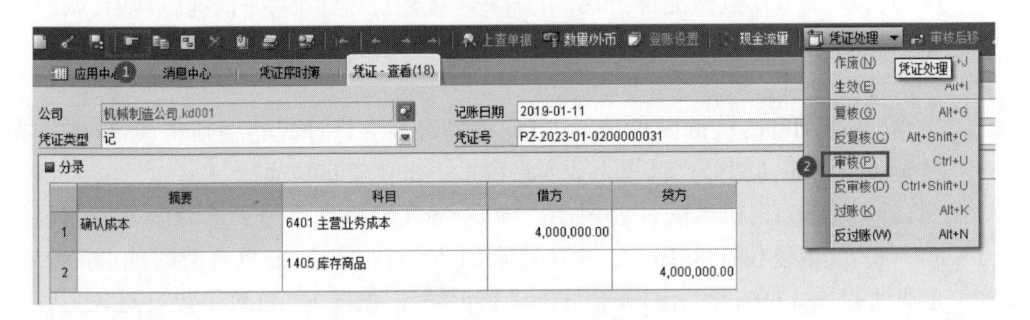

图9-3 业务(1)——结转成本

【说明】

(1)录入凭证时,可以直接在凭证新增界面的左上角选择不同的公司,不需要频繁地切换组织单元。

(2)如会计科目有辅助账,且科目发生金额在贷方的,选择会计科目后,双击贷方金额编辑框,再录入辅助账金额,此时发生额会自动填写至贷方金额内。

(2)业务(2)——采购、确认销售与结转成本。具体操作如图9-4至图9-6所示。

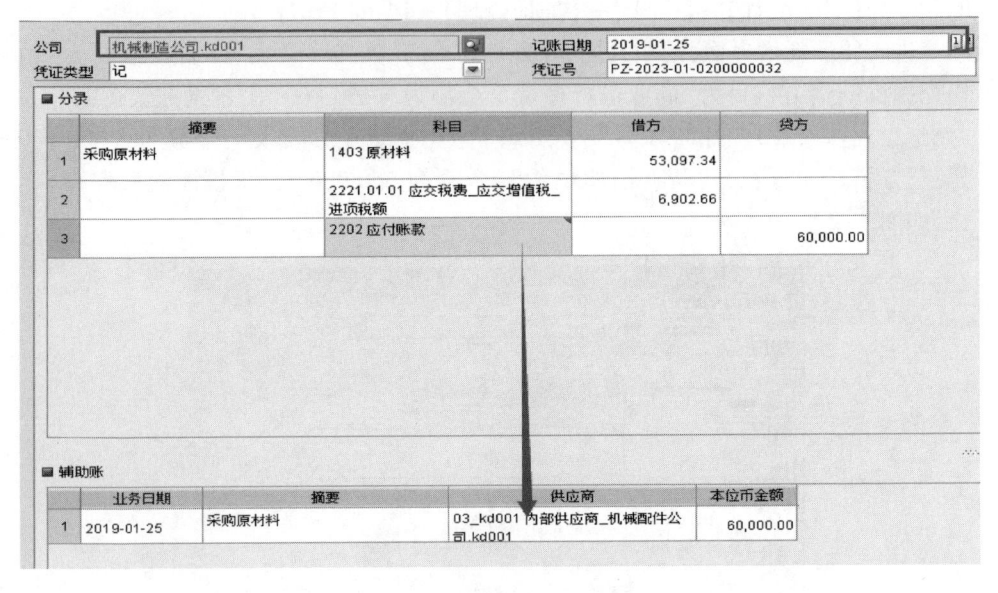

图9-4 业务(2)——采购

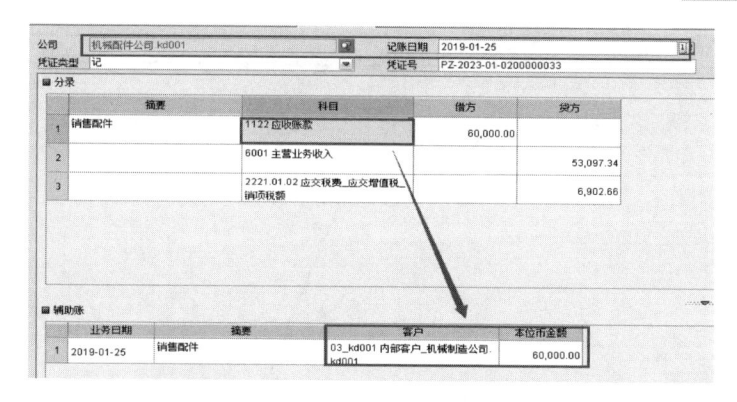

图 9-5　业务(2)——确认销售

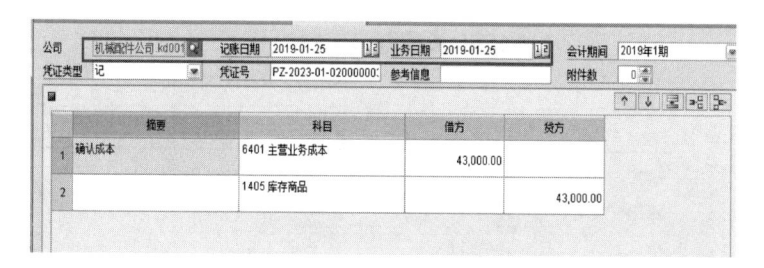

图 9-6　业务(2)——结转成本

(3)业务(3)——采购、确认销售与结转成本。具体操作如图 9-7 至图 9-9 所示。

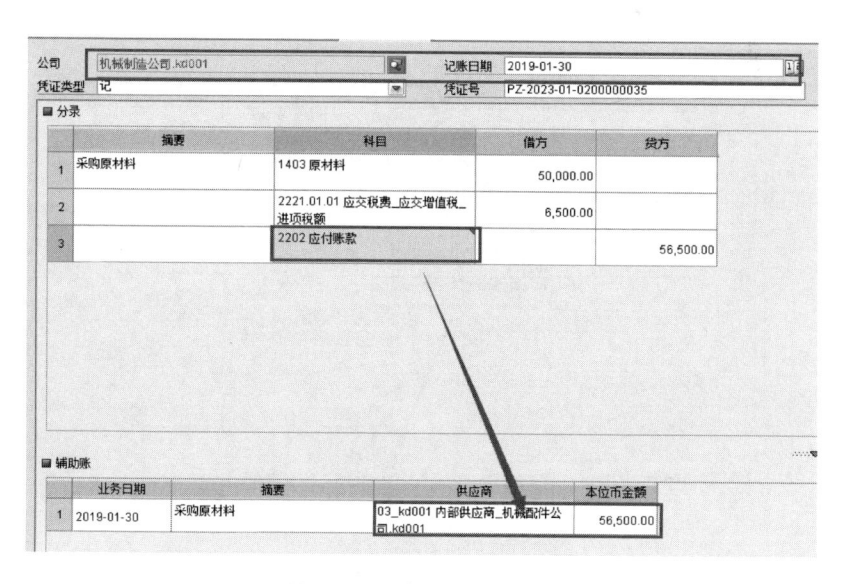

图 9-7　业务(3)——采购

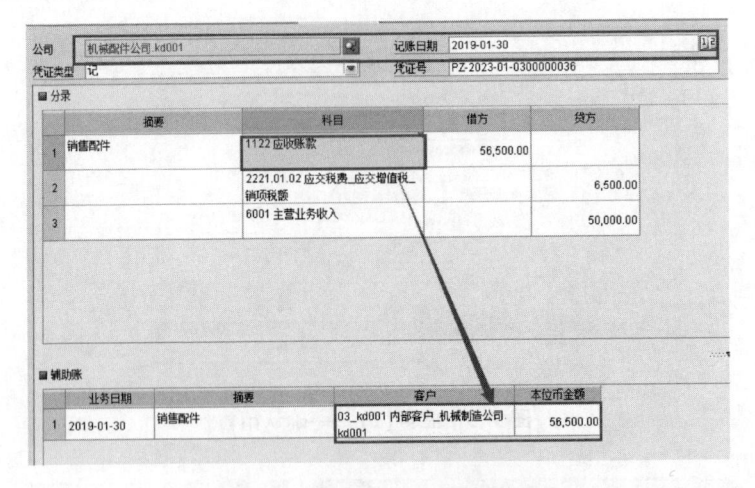

图 9-8　业务(3)——确认销售

图 9-9　业务(3)——结转成本

(4) 业务(4)。具体操作如图 9-10 所示。

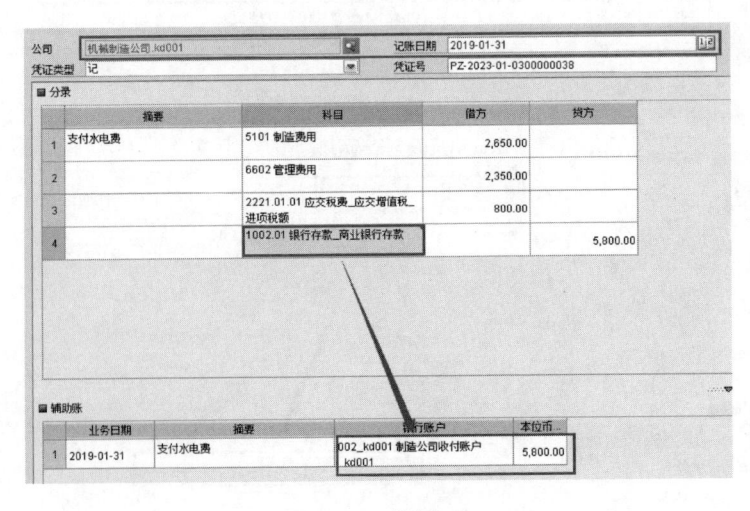

图 9-10　业务(4)

(5)业务(5)。具体操作如图9-11所示。

公司	机械制造公司.kd001		记账日期	2019-01-31	
凭证类型	记		凭证号	PZ-2023-01-0300000039	

■ 分录

	摘要	科目	借方	贷方
1	结转制造费用	5001.01 生产成本_基本生产成本	2,650.00	
2		5101 制造费用		2,650.00

图 9-11　业务(5)

(6)业务(6)。具体操作如图9-12所示。

公司	机械制造公司.kd001		记账日期	2019-01-31	
凭证类型	记		凭证号	PZ-2023-01-0300000040	

■ 分录

	摘要	科目	借方	贷方
1	完工品入库	1405 库存商品	30,000.00	
2		5001.01 生产成本_基本生产成本		30,000.00

图 9-12　业务(6)

(7)业务(7)。具体操作如图9-13所示。

公司	机械制造公司.kd001		记账日期	2019-01-31	
凭证类型	记		凭证号	PZ-2023-01-0300000041	

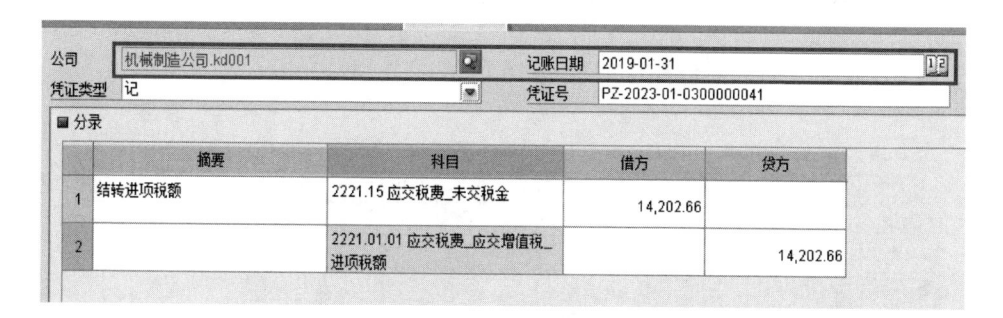

■ 分录

	摘要	科目	借方	贷方
1	结转进项税额	2221.15 应交税费_未交税金	14,202.66	
2		2221.01.01 应交税费_应交增值税_进项税额		14,202.66

图 9-13　业务(7)

(8)业务(8)。具体操作如图9-14所示。

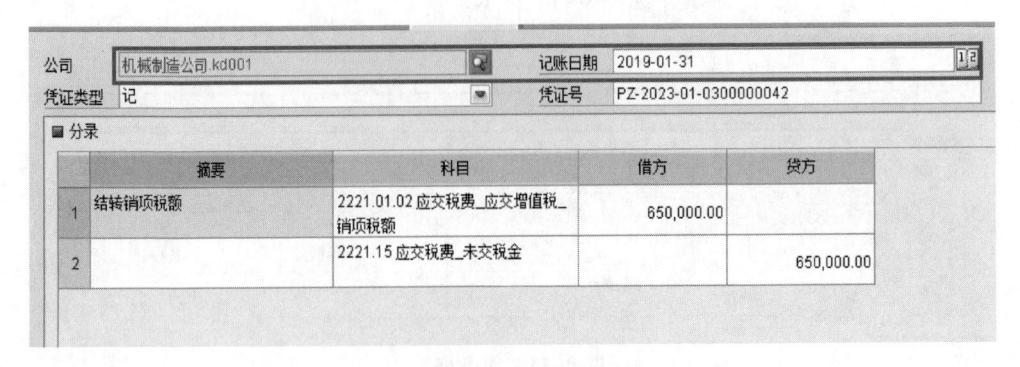

图 9-14　业务(8)

(9)业务(9)。具体操作如图 9-15 所示。

图 9-15　业务(9)

(10)业务(10)。具体操作如图 9-16 所示。

图 9-16　业务(10)

(11) 业务(11)。具体操作如图 9-17 所示。

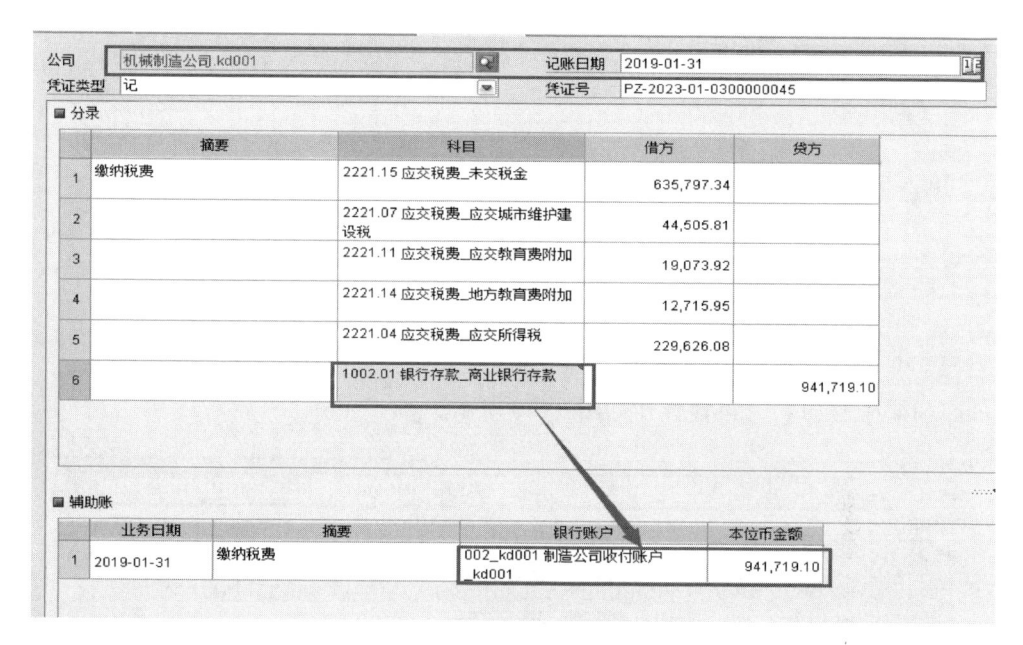

图 9-17　业务(11)

(12) 业务(12)。具体操作如图 9-18 所示。

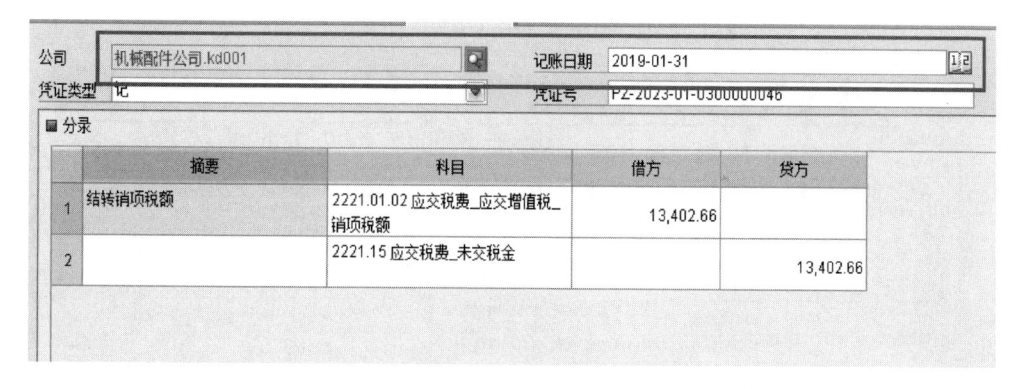

图 9-18　业务(12)

(13) 业务(13)。具体操作如图 9-19 所示。

公司 机械配件公司.kd001 记账日期 2019-01-31

凭证类型 记 凭证号 PZ-2023-01-0300000047

分录

	摘要	科目	借方	贷方
1	计提地税	6403 营业税金及附加	1,608.32	
2		2221.07 应交税费_应交城市维护建设税		938.19
3		2221.11 应交税费_应交教育费附加		402.08
4		2221.14 应交税费_地方教育费附加		268.05

图 9-19 业务(13)

(14)业务(14)。具体操作如图 9-20 所示。

公司 机械配件公司.kd001 记账日期 2019-01-31

凭证类型 记 凭证号 PZ-2023-01-0300000048

分录

	摘要	科目	借方	贷方
1	计提企业所得税	6801.01 所得税费用_当期所得税费用	3,697.80	
2		2221.04 应交税费_应交所得税		3,697.80

图 9-20 业务(14)

(15)业务(15)。具体操作如图 9-21 所示。

应用中心 消息中心 凭证序时簿 凭证 - 查看(2)

公司 机械配件公司.kd001 记账日期 2019-01-31

凭证类型 记 凭证号 PZ-2023-01-0300000049

分录

	摘要	科目	借方	贷方
1	缴纳税费	2221.15 应交税费_未交税金	13,402.66	
2		2221.07 应交税费_应交城市维护建设税	938.19	
3		2221.11 应交税费_应交教育费附加	402.08	
4		2221.14 应交税费_地方教育费附加	268.05	
5		2221.04 应交税费_应交所得税	3,697.80	
6		1002.01 银行存款_商业银行存款		18,708.78

辅助账

	业务日期	摘要	银行账户	本位币金额
1	2019-01-31	缴纳税费	003_kd001 配件公司收付账户 kd001	18,708.78

图 9-21 业务(15)

9.3.2 期末处理

9.3.2.1 任务描述(L063)

2019年1月31日,集团本部.用户账号的财务会计进行凭证过账、结转损益、期末结账处理;机械制造公司.用户账号的财务会计进行凭证过账、结转损益、期末结账处理;机械配件公司.用户账号的财务会计进行凭证过账、结转损益、期末结账处理;机械销售公司.用户账号的财务会计进行凭证过账、结转损益、期末结账处理。结转损益方案详细信息见表9-1。

表9-1 结转损益方案详细信息

对应组织	编码	名称	本年利润科目
集团本部.用户账号	001_用户账号	2019年1期结转损益	本年利润(4103)
机械制造公司.用户账号	002_用户账号	2019年1期结转损益	本年利润(4103)
机械配件公司.用户账号	003_用户账号	2019年1期结转损益	本年利润(4103)
机械销售公司.用户账号	004_用户账号	2019年1期结转损益	本年利润(4103)

【说明】集团本部.用户账号当期无损益类凭证。

9.3.2.2 任务要求

按照任务描述在EAS系统完成业务处理。

9.3.2.3 具体操作

【说明】期末处理操作以机械制造公司.用户账号为例进行说明,集团本部.用户账号、机械配件公司.用户账号、机械销售公司.用户账号的期末处理方法类似,不再赘述。

第一步:凭证过账。切换组织为机械制造公司.用户账号,进入凭证过账界面的路径为【财务会计】—【总账】—【凭证处理】—【凭证过账】。在凭证过账界面,凭证号不连续时,选择"继续过账",过账发生错误时,选择"停止过账",凭证范围为"全部未过账凭证",点击"开始过账"(见图9-22),可以看到过账结果,所有凭证过账成功后,点击"确定"完成过账,如图9-23所示。

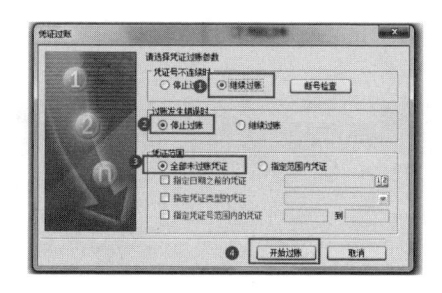

图9-22 凭证过账

图 9-23 过账结果

第二步：结转损益。凭证提交后，进行结转损益，进入路径为【财务会计】—【总账】—【期末处理】—【结转损益】。在结转损益条件查询界面，选择公司为"机械制造公司.用户账号"，点击"确定"，进入结算损益界面。

在结转损益界面，点击"新增"，进入结转损益方案新增界面，输入编码为"002_用户账号"，名称为"2019 年 1 期结转损益"，本年利润科目为"本年利润（4103）"，审核无误后点击保存，如图 9-24 所示。

返回结转损益界面，选中"选择"下的勾选框，点击"生成凭证"。生成凭证后，返回"凭证序时簿"，选中刚刚生成的凭证（结转损益），依次"提交""审核""过账"，完成凭证生成与审核，如图 9-25 和图 9-26 所示。

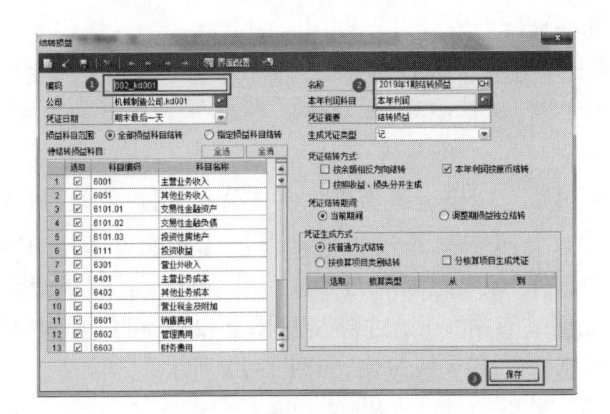

图 9-24 结转损益

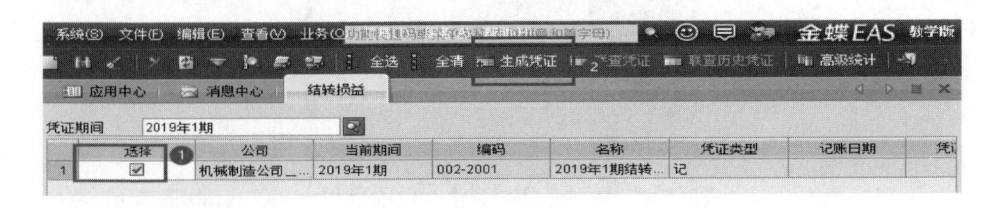

图 9-25 生成凭证

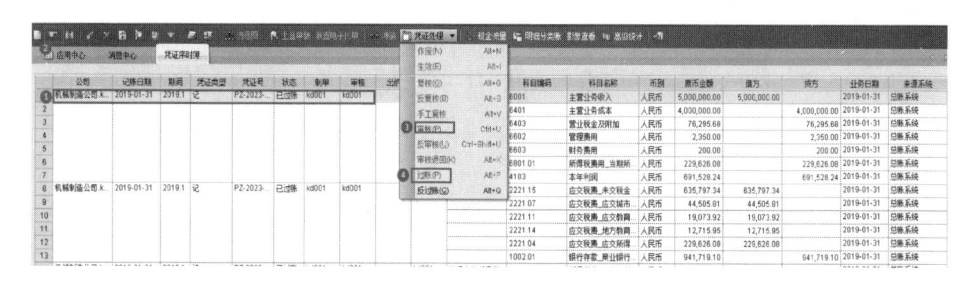

图 9-26　审核凭证

第三步：期末结账。凭证提交后，进行期末结账，进入路径为【财务会计】—【总账】—【期末处理】—【期末结账】。进入期末结账界面，选择"月结"，点击"开始"，允许在凭证断号的情况下进行结账，在信息提示界面点击"确定"，如图 9-27 所示。

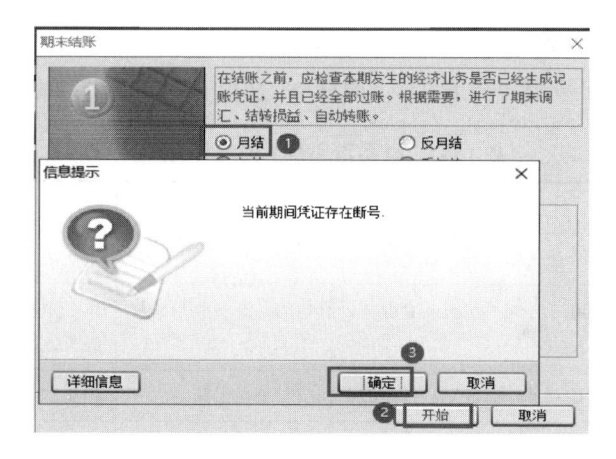

图 9-27　期末结账

可以看到结账结果为"当前期间：2019 年第 1 期您已成功，结账到期间：2019 年第 2 期"，点击"完成"。到此，期末处理业务完毕。

10 合并报表

10.1 合并报表概述

10.1.1 合并报表的概念

合并财务报表(以下简称"合并报表"),是指反映母公司和其全部子公司形成的企业集团整体财务状况、经营成果和现金流量的财务报表。合并财务报表是在对纳入合并范围的母公司和其全部子公司的个别财务报表的数据进行加总的基础上,在合并工作底稿中通过编制抵销分录将内部交易对合并财务报表的影响予以抵销,然后按照合并财务报表的项目要求合并个别财务报表的各项目的数据进行编制。

10.1.2 合并报表与个别报表的区别

合并报表与个别财务报表(以下简称"个别报表")的区别如表 10-1 所示。

表 10-1 合并报表与个别报表的区别

项目	合并报表	个别报表
反映对象	由若干个法人组成的会计主体	企业法人
反映内容	母公司和子公司所组成的企业集团整体的财务状况和经营成果	单个企业法人的财务状况和经营成果
编制主体	企业集团对其他有控制权的控股公司或母公司编制	独立的法人企业编制
编制基础	以纳入合并范围的企业个别报表为基础,根据其他有关资料,抵销有关会计事项	完整的会计核算方法体系
编制方法	在对纳入合并范围的个别报表的数据进行加工的基础上,通过调整,将企业集团内部的经济业务对个别报表的影响予以抵销,然后按照合并个别报表各项目的数据进行编制	自身固有的一套编制方法和程序

10.1.3 EAS 系统合并报表的特点

EAS 合并系统为企业集团及其下属子公司提供了编制合并报表的全面解决方案,主要包括:

第一,严谨及系统的合并编制流程。

第二,支持根据用户自定义的需求编制汇总报表的流程。

第三,支持多种类型报表的编制(自定义报表)。

第四,提供项目数据分析功能(表格和图形分析功能)。

10.1.4 相关专业术语

(1)合并范围:根据股权关系或管理内容,确定报表合并、汇总的公司范围。

(2)项目类型:项目类型主要是对报表项目的分类。

(3)报表项目:报表项目是指每张会计报表上具体的项目,类似于会计科目,但又不同于会计科目。报表项目是合并报表系统的关键基础资料之一。

(4)个别报表:指单体公司的财务报表,它是编制合并报表的基础。

(5)汇总报表:汇总报表是在集团下面,各子公司的个别财务报表数据的简单加总。

(6)工作底稿:工作底稿是为编制合并会计报表而事先编制的草稿。在工作底稿中,需要对母公司和纳入合并范围的子公司的个别会计报表各项目的数据进行列报、汇总和抵销处理,最终计算得出合并会计报表各项目的合并数。

(7)勾稽关系:勾稽关系可作为一个工具来检查报表数据的准确性与合理性。

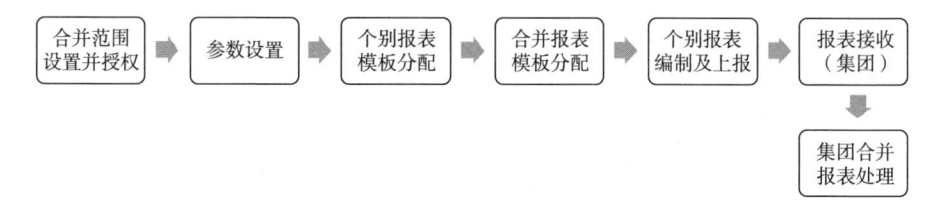

10.2 合并报表实验整体流程

合并报表实验整体流程如图 10-1 所示。

合并范围设置并授权 → 参数设置 → 个别报表模板分配 → 合并报表模板分配 → 个别报表编制及上报 → 报表接收(集团) → 集团合并报表处理

图 10-1 合并报表实验整体流程

10.3 业务实操

10.3.1 合并范围设置并授权

合并范围是指纳入合并报表的公司范围,根据用户合并的需要定制合并的公司范围以及合并的顺序,集团根据需要可以确定一个或多个合并范围,各个合并范围的合并、汇总结果分别存放,相互独立、互不影响。

10.3.1.1 任务描述(L064)

2019 年 1 月 1 日,鑫弘机械集团.用户账号开始正式使用 EAS 法定合并模块进行合并报表处理,为保证系统的正常使用,集团财务会计进行各项基础设置。

10.3.1.2 任务要求

(1)确定合并范围。新增合并范围(合并范围详细信息见表 10-2),保存后新增合并单元,首先新增合并单元组:001_用户账号 集团合并,然后新增所有子公司,最后启用合并范围,启用日期为 2019 年 1 月 1 日。

表 10-2　合并范围详细信息

编码	名称	是否基本合并范围
001_用户账号	鑫弘机械集团合并_用户账号	否

【说明】合并范围和集团合并的编码一定按照表内数据和题目要求填写,001后的符号使用下划线"_",否则会导致财务分析报表无法计算。

(2)维护组织范围。打开用户管理模块,针对自己登录系统的用户来维护组织范围,增加组织:集团合并。

(3)分配权限。在角色管理模块,针对"财务主管"角色分配法定合并模块的权限并保存。

(4)分配用户。在角色管理模块,针对"财务主管"角色分配用户,组织选择集团合并,用户选择自己登录系统的用户进行分配。

10.3.1.3　具体操作

(1)确定合并范围(用户名:分配的用户账号)。

第一步:进入合并范围界面。切换组织为"鑫弘机械集团.用户账号",进入合并范围界面的路径为【企业建模】—【组织架构】—【合并范围】—【合并范围】。

第二步:新增合并范围。进入合并范围界面后,点击"新增",进入合并范围新增界面,录入相关信息,审核无误后保存,如图 10-2 所示。

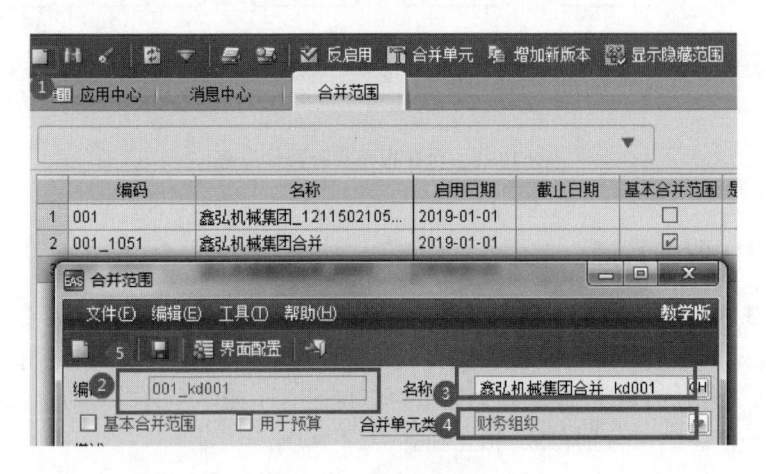

图 10-2　新增合并范围

第三步:新增合并单元。返回合并范围界面,选中刚刚保存的合并范围,点击"合并单元"。进入合并单元界面,点击左侧的"新增合并单元组",输入编码为"001_用户账号",名称为"集团合并",最后保存,如图 10-3 所示。

第四步:新增财务组织。返回合并单元界面,选中左侧刚刚保存的合并单元组"集团合并",点击左上角的"新增",进入财务组织界面,选中左侧的鑫弘机械集

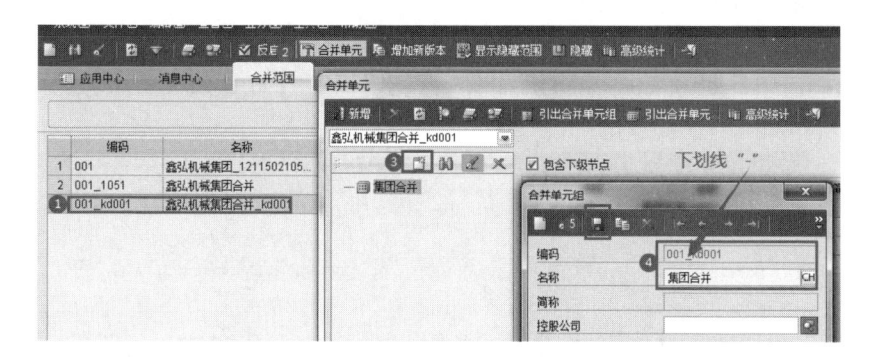

图 10-3 新增合并单元

团.用户账号,将右侧的组织全加入已选列表,在已选列表可以看到四个分公司,点击"确定",如图 10-4 所示。

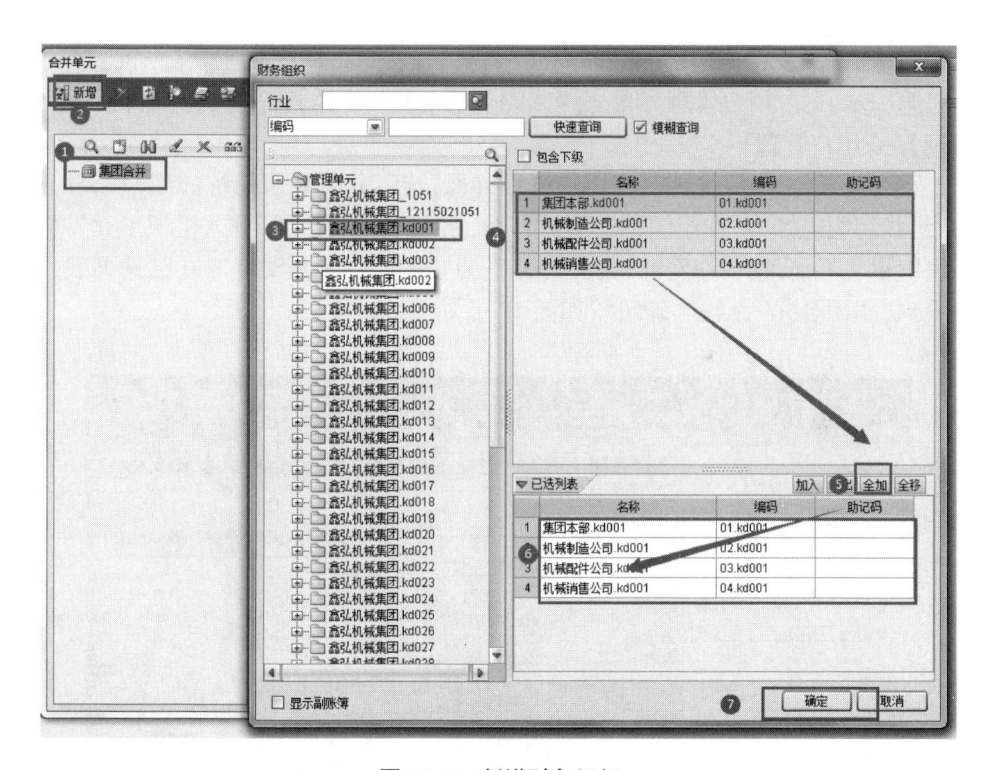

图 10-4 新增财务组织

返回合并单元界面,可以看到合并单元界面添加的四个财务组织,退出返回合并范围界面。

【说明】在合并单元组中引入公司时,一个实体公司只能被引入一次,即使不

239

同的合并单元组也不能重复引入相同公司。

第五步:启用合并范围。在合并范围界面,选中之前保存的合并范围,点击"启用",选择启用日期为"2019年1月1日",点击"确定",如图10-5所示。

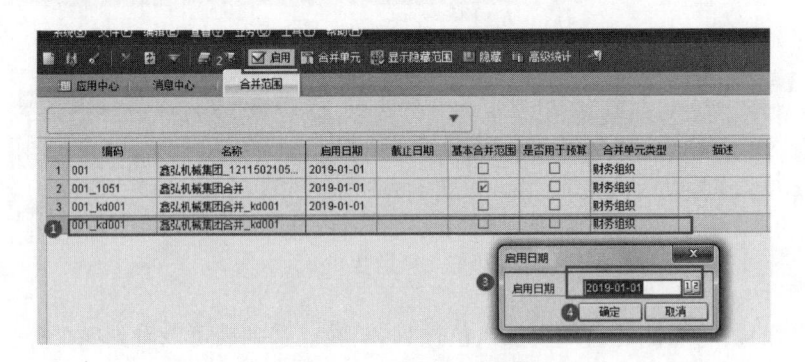

图 10-5　启用合并范围

(2)维护组织范围(用户名:administrator,密码:kdadmin,重新登录系统)。

第一步:进入用户管理界面。进入路径为【企业建模】—【安全管理】—【权限管理】—【用户管理】。

第二步:维护组织范围。在用户管理界面,选中分配登录系统的用户账号,点击"维护组织范围"。在组织范围维护界面,点击"增加组织",进入组织单元界面。在组织单元界面,选中左侧的"集团合并",点击"加入(或全加)",在已选列表,可以看到"集团合并",点击"确定",如图10-6所示。

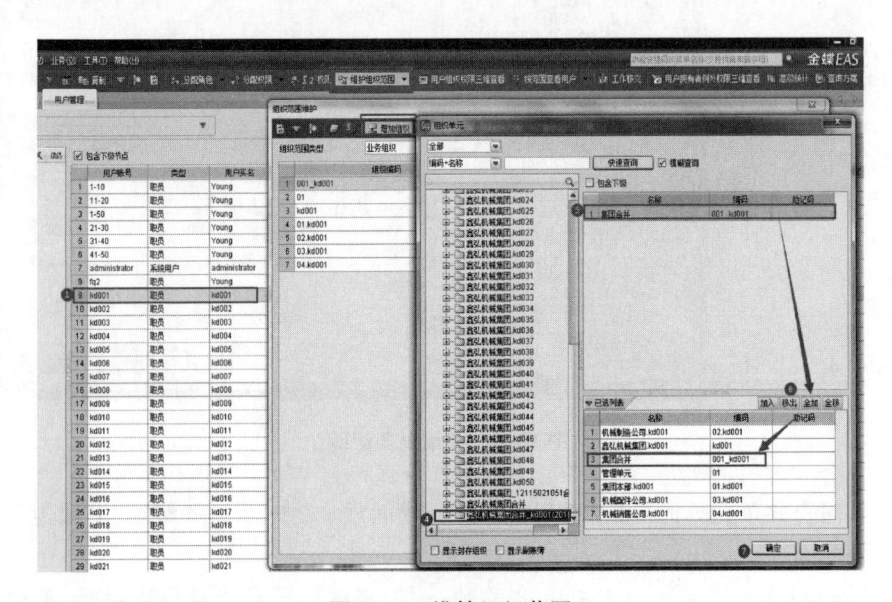

图 10-6　维护组织范围

返回组织范围维护界面,可以看到"集团合并"组织,如图10-7所示,确认后退出。

图10-7 确认维护组织范围

(3)分配权限(用户名:administrator,密码:kdadmin)。

第一步:进入角色管理界面。进入路径为【企业建模】—【安全管理】—【权限管理】—【角色管理】。

第二步:对"财务主管"角色分配权限。进入角色管理界面后,选中"财务主管"角色,点击"分配权限",进入分配权限-财务主管界面,将可授权的模块全选入已分配,最后保存,如图10-8所示。

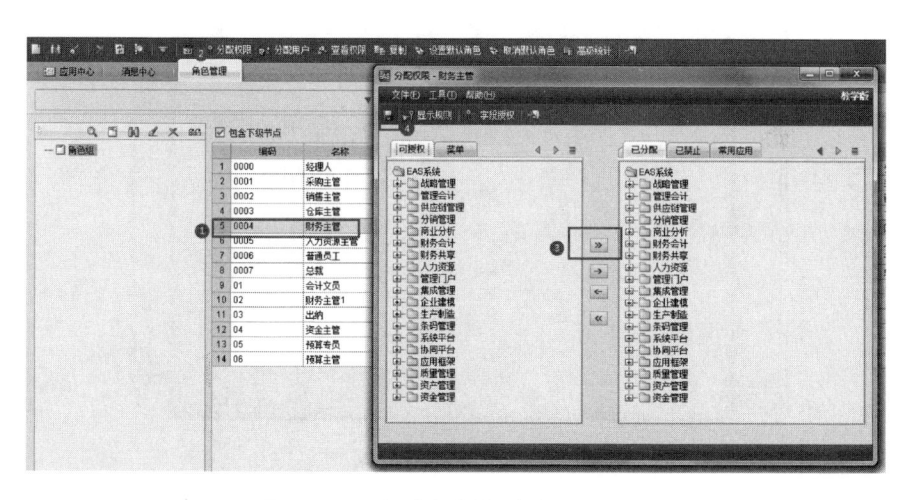

图10-8 对"财务主管"角色分配权限

(4)分配用户。

第一步:在角色管理界面,选中财务主管角色,点击"分配用户",进入分配用户界面,选择组织为"集团合并",如图10-9所示。

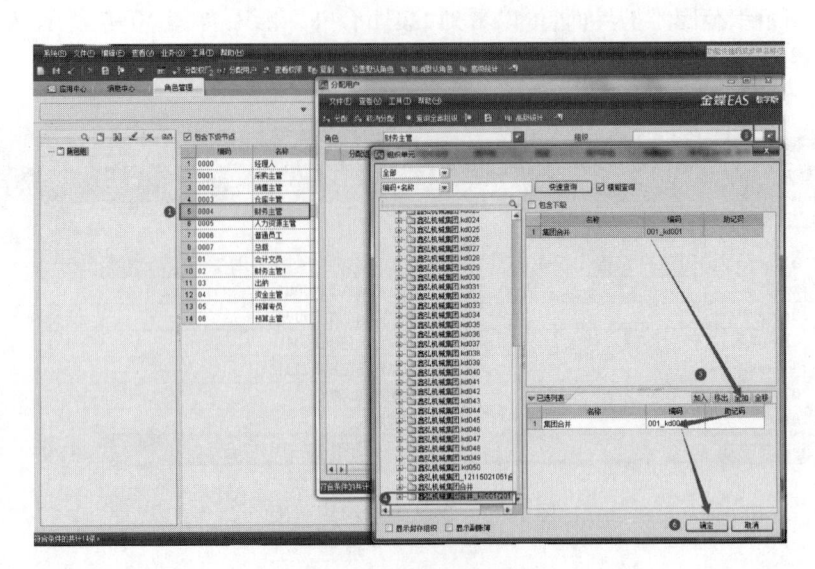

图 10-9　选择组织单元

第二步:分配用户。确认组织单元后,点击"分配",选中以用户账号为用户名的用户,点击"确定",如图 10-10 所示。

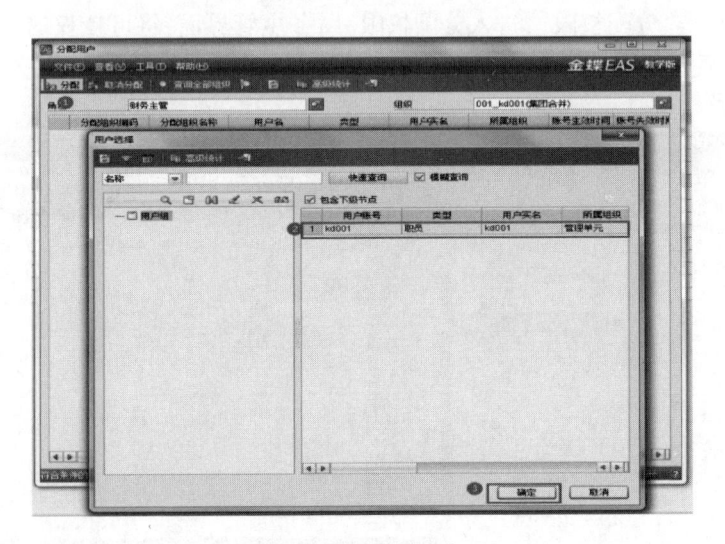

图 10-10　分配用户

第三步:确认合并范围设置并授权成功(用户名:分配的用户账号)。切换组织单元为"鑫弘机械集团.用户账号",进入合并范围选择界面的路径为【战略管理】—【法定合并】—【合并范围】—【合并范围选择】。在合并范围选择界面,选择报表日期为"2019 年 1 月 31 日",合并单元为"集团合并",点击"确认",验证合并范围设置成功,如图 10-11 所示。

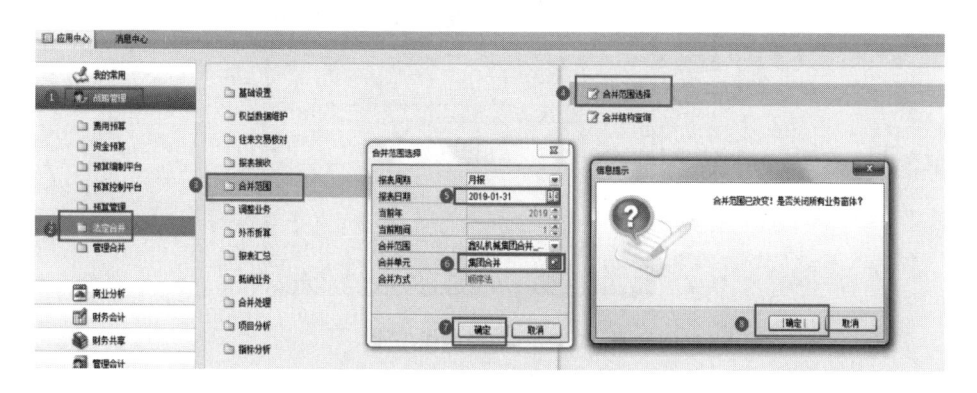

图 10-11　验证合并范围设置成功

10.3.2　参数设置

10.3.2.1　任务描述(L065)

根据鑫弘集团的组织架构,确定使用平行法来编制合并报表,鑫弘集团.用户账号财务会计需要修改参数设置。

10.3.2.2　任务要求

(1)在参数设置模块,选择战略管理下的合并报表,组织单元选择"鑫弘集团合并"。

(2)修改参数编码为 GR_CSL_MERGETYPE_004,参数名称为"合并汇总方式"的参数值为"平行法"。

(3)修改参数编码为 GR_CSL_SupportCrossMerger,参数名称为"支持跨组织合并"的参数值为"是"。

10.3.2.3　具体操作

此操作中的用户名为分配的用户账号。

第一步:进入参数设置界面。切换组织为鑫弘机械集团.用户账号,进入参数设置界面的路径为【系统平台】—【系统工具】—【系统配置】—【参数设置】。

第二步:选择组织单元。进入参数设置界面后,在左侧依次双击"战略管理""合并报表",选择组织单元为"鑫弘机械集团合并.用户账号",点击"确定",如图 10-12 所示。

第三步:修改参数 GR_CSL_MERGETYPE_004。在参数列表中选中参数名称为"合并汇总方式"的参数,点击"修改",修改参数值为"平行法",点击"确定"保存,如图 10-13 所示。

第四步:修改参数 GR_CSL_SupportCrossMerger。返回参数列表,选中参数名称为"支持跨组织合并"的参数,点击"修改",修改参数值为"是",点击"确定"保存。

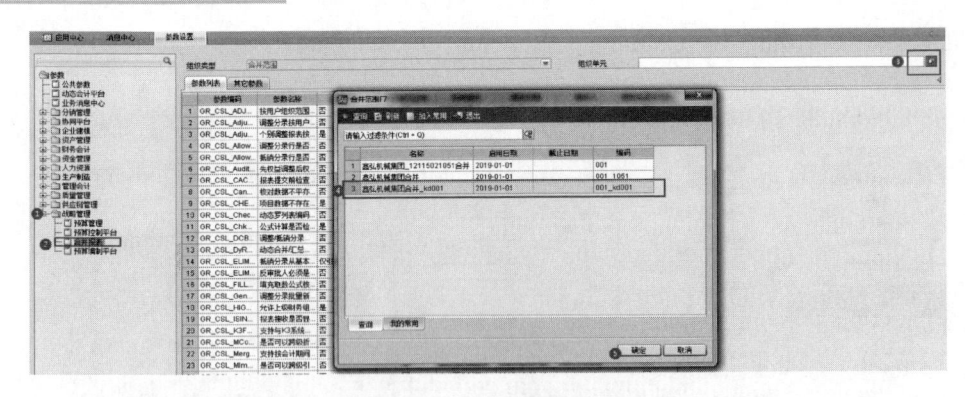

图 10-12　选择组织单元

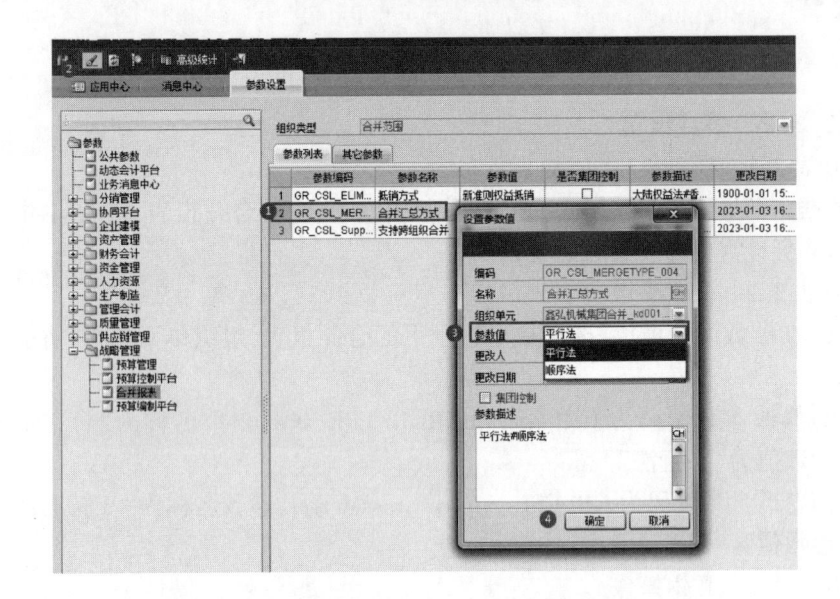

图 10-13　修改参数 GR_CSL_MERGETYPE_004

10.3.3　个别报表模板分配

报表模板是集团进行报表数据接收、汇总、合并的基础,集团要实现报表的汇总合并,首先需要制作各类报表模板。EAS 系统主要提供个别报表模板和合并报表模板。

个别报表模板体现了母公司对子公司上报报表的各种要求,由母公司制定统一的报表模板,子公司根据报表模板来编制个别报表并上报母公司。

在合并报表模板里涉及五种模板类型:汇总报表模板、工作底稿、合并报表模板、动态罗列汇总表模板、动态罗列合并表模板。合并报表的模板一般与个别报表模板是一致的,所以合并报表模板可以根据向导生成,不用手工编制。合并报表模板不需要定义取数公式,它根据项目公式自动取数。

10.3.3.1 任务描述（L066）

2019年1月1日，鑫弘集团财务会计将管理单元下提前内置好的资产负债表和利润表的个别报表模板分别分配给集团本部.用户账号、机械制造公司.用户账号、机械配件公司.用户账号、机械销售公司.用户账号。

10.3.3.2 具体操作

以个别资产负债表模板分配为例（用户名:分配的用户账号）进行说明。

第一步：进入个别报表模板界面。切换组织为"管理单元"，进入个别报表模板界面的路径为【战略管理】—【法定合并】—【基础设置】—【个别报表模板】。在个别报表模板条件查询界面，选择周期和类型均为"全部"，点击"确定"。

第二步：选择合并范围。进入个别报表模板界面后，选中模板名称为"鑫弘统一资产负债表"的个别报表模板，点击"模板分配"，在个别报表模板分配界面选择合并范围为"001_用户账号鑫弘机械集团合并"，点击"确定"，如图10-14所示。

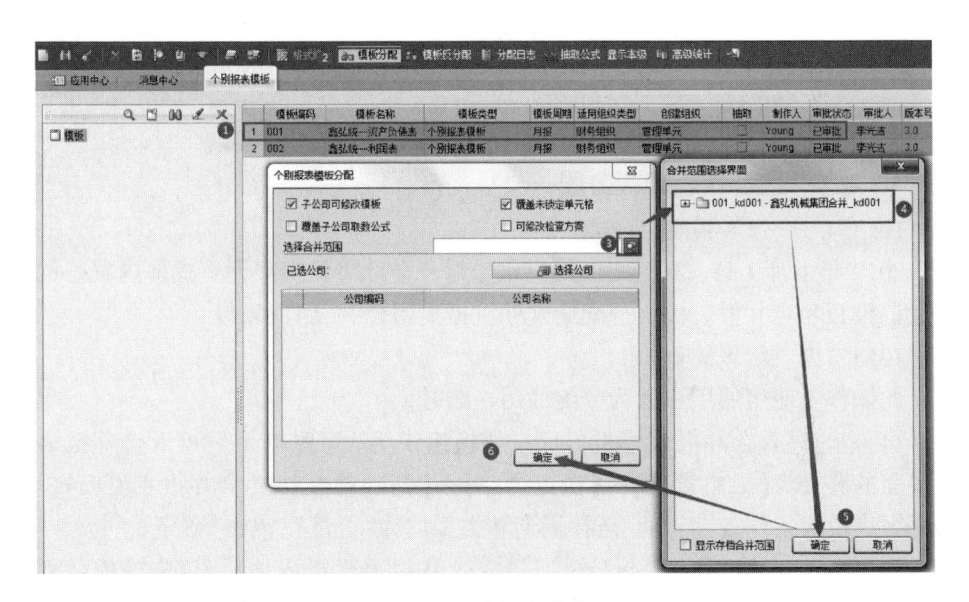

图10-14 选择合并范围

第三步：选择公司。合并范围选择完毕后，选择公司为集团本部.用户账号、机械制造公司.用户账号、机械配件公司.用户账号、机械销售公司.用户账号，如图10-15所示。

返回个别报表模板分配界面，检查合并范围和公司是否有误，确定无误后，点击"确定"，可以看到左下角显示"模板全部分配成功"。

【说明】个别利润表模板分配操作步骤与个别资产负债表模板分配的操作步骤类似，此处不再重复介绍。

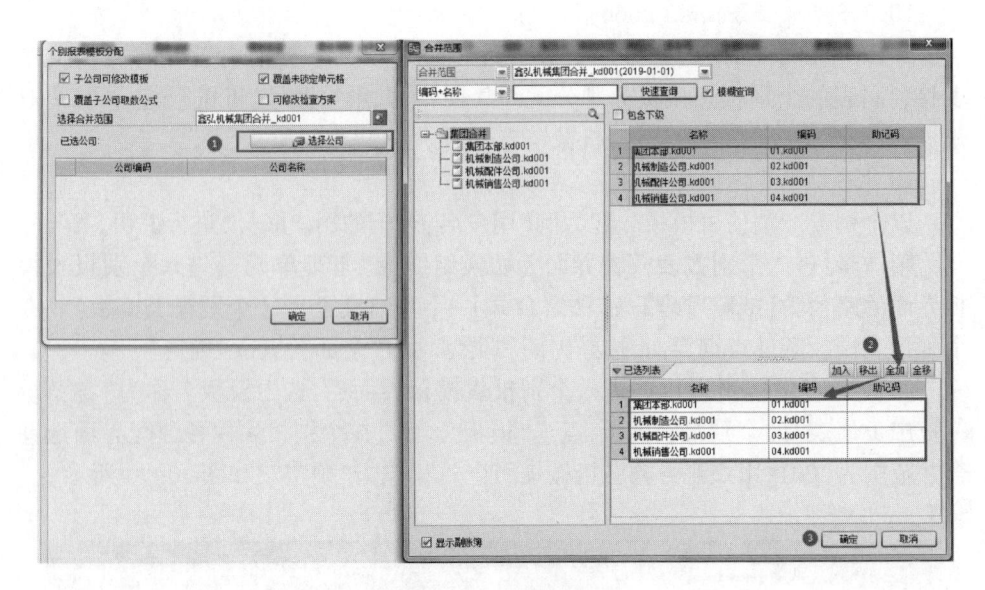

图 10-15　选择公司

10.3.4　合并报表模板分配

10.3.4.1　任务描述（L067）

2019年1月1日，鑫弘集团.用户账号财务会计将管理单元下提前内置好的工作底稿模板和合并报表模板分配给鑫弘机械集团合并_用户账号。

10.3.4.2　具体操作

此操作中使用的用户名为分配的用户账号。

第一步：进入合并报表模板界面。切换组织为"管理单元"，进入合并报表模板界面的路径为【战略管理】—【法定合并】—【基础设置】—【合并报表模板】。在合并报表模板条件查询界面，选择周期和类型均为"全部"，点击"确定"。

第二步："工作底稿"模板分配。进入合并报表模板界面后，选中模板名称为"工作底稿"的合并报表模板，点击"模板分配"，在集团报表模板分配界面选择合并范围为"001_用户账号-鑫弘机械集团合并_用户账号"，点击"确定"。合并范围选择完后，选择合并单元组为"集团合并"。返回集团报表模板分配界面，检查合并范围和合并单元组是否有误，确定无误后，点击"确定"，完成"工作底稿"模板分配，如图10-16所示。

第三步："合并报表"模板分配。"合并报表"模板分配的操作方法和"工作底稿"模版的分配方法类似，此处不再重复介绍。

10.3.5　个别报表编制及上报

10.3.5.1　任务描述（L068）

2019年1月31日，集团本部.用户账号、机械制造公司.用户账号、机械配件公

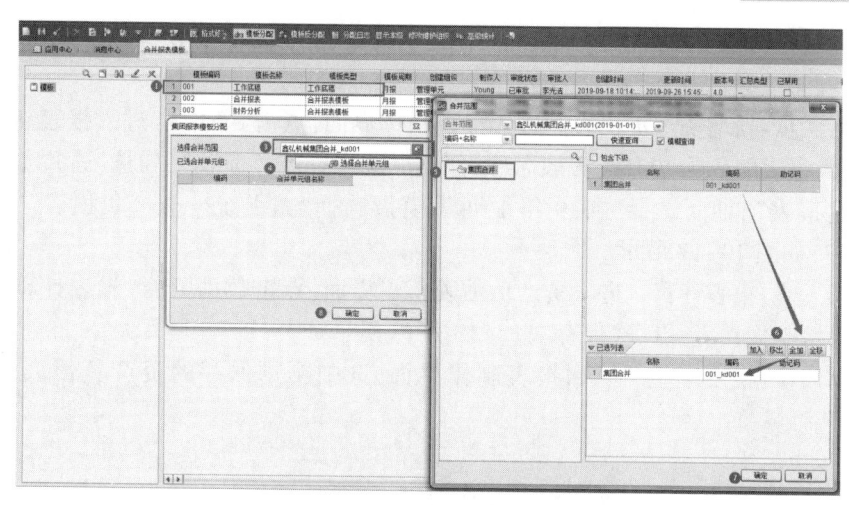

图 10-16 "工作底稿"模板分配

司.用户账号、机械销售公司.用户账号的财务会计,分别根据集团下发的模板,编制资产负债表和利润表,并上报至鑫弘机械集团。新建个别报表详细信息见表 10-3。

表 10-3 新建个别报表详细信息

公司	报表编号	报表名称	选用集团模板创建报表	创建期间	模板
集团本部_学号	001	鑫弘统一资产负债表	是	2019 年 1 期	鑫弘统一资产负债表
	002	鑫弘统一利润表	是	2019 年 1 期	鑫弘统一利润表
机械制造公司_学号	001	鑫弘统一资产负债表	是	2019 年 1 期	鑫弘统一资产负债表
	002	鑫弘统一利润表	是	2019 年 1 期	鑫弘统一利润表
机械配件公司_学号	001	鑫弘统一资产负债表	是	2019 年 1 期	鑫弘统一资产负债表
	002	鑫弘统一利润表	是	2019 年 1 期	鑫弘统一利润表
机械销售公司_学号	001	鑫弘统一资产负债表	是	2019 年 1 期	鑫弘统一资产负债表
	002	鑫弘统一利润表	是	2019 年 1 期	鑫弘统一利润表

10.3.5.2 具体操作

以下操作以机械销售公司.用户账号为例,进行个别报表编制及上报说明,集团本部.用户账号、机械制造公司.用户账号、机械配件公司.用户账号的个别报表编制及上报方法类似,不再赘述,由学生自行完成。

(1) 个别报表编制。

①资产负债表编制。

第一步:进入报表制作界面。切换当前组织为"机械销售公司.用户账号",进入报表制作界面的路径为【财务会计】—【报表管理】—【报表编制】—【报表制作】。在报表条件查询界面,点击"确定"。

第二步:新增资产负债表。进入报表制作界面,点击"新增",进入报表新建界面,输入报表编码为"001",报表名称为"鑫弘统一资产负债表",勾选"选用集团模板创建报表",期间选择"2019 年 1 期",模板选择"鑫弘统一资产负债表",点击"确定",如图 10-17 所示。

第三步:报表计算。进入资产负债表新建界面,点击数据下的"报表计算",计算结果检查无误后,点击"保存",如图 10-18 所示。

第四步:报表审批。返回报表制作界面,选中刚刚保存的资产负债表,点击"审批"。

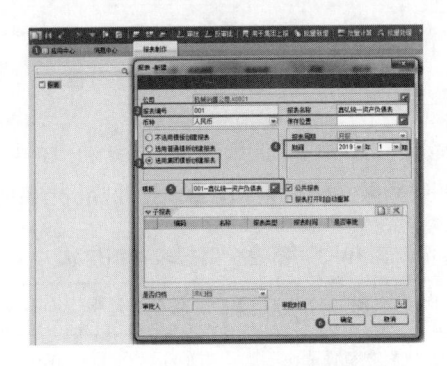

图 10-17　新增资产负债表

图 10-18　资产负债表计算

②利润表编制。

利润表编制的操作步骤参考资产负债表编制，其结果如图 10-19 和图 10-20 所示。

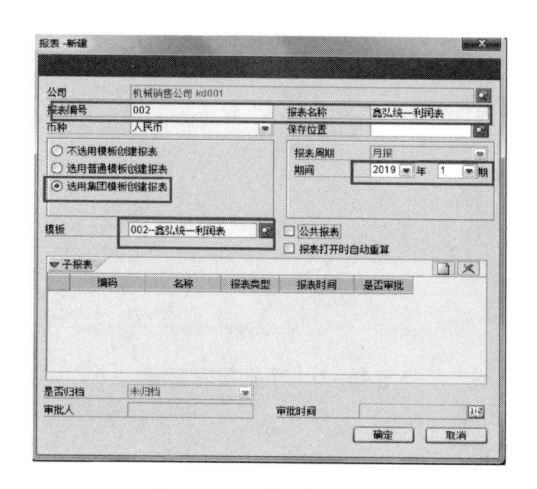

图 10-19　新增利润表

利润表

会企02表

公司名称：机械销售公司.kd001　　报表日期：2019年1月31日　　单位：元

项目	本期金额	本年累计金额
一、营业收入	0.00	0.00
其中：主营业务收入	0.00	0.00
其他业务收入	0.00	0.00
减：营业成本	0.00	0.00
其中：主营业务成本	0.00	0.00
其他业务成本	0.00	0.00
营业税金及附加	0.00	0.00
销售费用	4800.00	4800.00
管理费用	0.00	0.00
财务费用	0.00	0.00
资产减值损失	0.00	0.00
加：公允价值变动收益（损失以"-"号填列）	0.00	0.00
投资收益（损失以"-"号填列）	0.00	0.00
二、营业利润（亏损以"-"号填列）	-4800.00	-4800.00
加：营业外收入	0.00	0.00
减：营业外支出	0.00	0.00
三、利润总额（亏损总额以"-"号填列）	-4800.00	-4800.00
减：所得税费用	0.00	0.00
四、净利润（净亏损以"-"号填列）	-4800.00	-4800.00

图 10-20　利润表计算

【说明】集团下发模板是由合并报表系统分配下发的，报表系统中自动接收的模板，在报表系统中不能新增为集团模板。如果集团模板参数允许下级公司修改，则可以在集团模板基础上进行取数公式或格式等调整。

(2) 个别报表上报。

在报表制作界面，按 Shift 键，同时选中刚刚审批通过的资产负债表和利润表，点击"批量上报",进行个别报表上报,如图10-21所示。

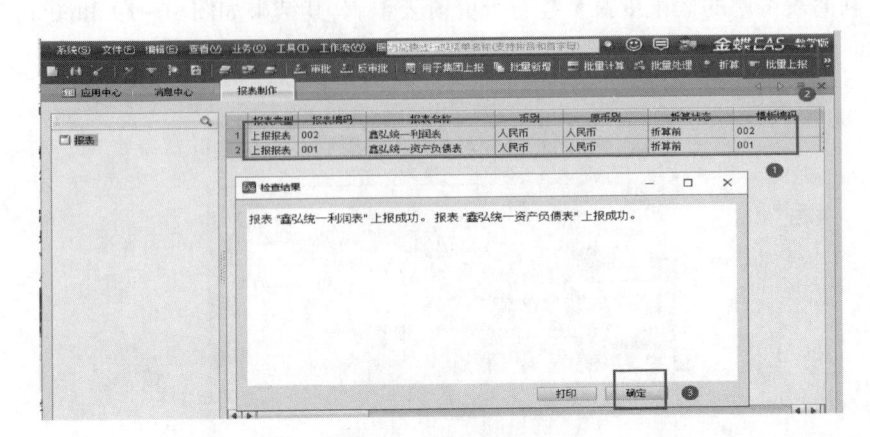

图10-21 个别报表上报

10.3.6 报表接收

10.3.6.1 任务描述(L069)

2019年1月31日,鑫弘集团财务会计接收集团本部.用户账号、机械制造公司.用户账号、机械配件公司.用户账号、机械销售公司.用户账号上报的会计报表。

10.3.6.2 具体操作

第一步:进入报表接收界面。切换当前组织为"鑫弘机械集团.用户账号",执行【战略管理】—【法定合并】—【报表接收】—【报表接收】命令。在报表接收条件查询界面,选择报表日期为"2019年1月31日",点击"确定"。

第二步:接收报表。进入报表接收界面,勾选"包含下级节点",按Shift键,同时选中集团本部.用户账号、机械制造公司.用户账号、机械配件公司.用户账号、机械销售公司.用户账号上报的资产负债表和利润表,共8张报表,点击"接收",然后"确定",如图10-22所示。

图10-22 接收报表

10.3.7 集团合并报表处理

在进行合并报表处理时,常用到工作底稿模板。

工作底稿模板,与汇总报表模板不同,其主要是通过定义表头和列头的项目属性实现的。工作底稿模板的生成方式也有两种定义方式:工作底稿向导和手工录入;工作底稿的计算实现了连续编制的处理,分别针对第一期编制、第一期分别为年度第一个会计期间和非第一个会计期间、连续编制、不同格式四大法定报表应用场景下,提供完整、严密的工作底稿关于期初数、年初数、本年累计数的抵销处理。

10.3.7.1 任务描述(L070)

2019年1月31日,鑫弘集团.用户账号财务会计根据接收的各子公司会计报表,进行集团合并报表的业务处理,生成工作底稿和集团合并报表。

10.3.7.2 具体操作

(1)生成工作底稿。

第一步:进入工作底稿界面。切换组织为鑫弘机械集团.用户账号,进入工作底稿界面的路径为【战略管理】—【法定合并】—【合并处理】—【工作底稿】,在合并范围选择界面,选择报表日期为"2019年01月31日",合并单元为"集团合并"。

第二步:新增工作底稿。在工作底稿界面,点击"新增",进入工作底稿-新增界面,选中名称为"工作底稿"的模板,点击"保存",工作底稿新建成功,如图10-23所示。

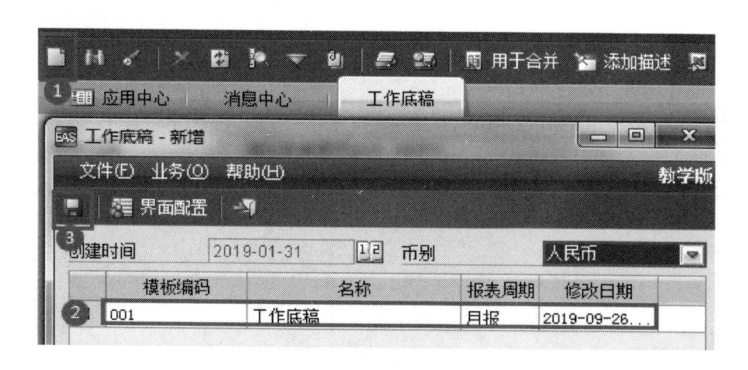

图10-23 新增工作底稿

第三步:计算数据。返回工作底稿界面,选中刚刚保存成功的工作底稿报表,点击"修改",进入工作底稿编辑界面。在工作底稿编辑界面,点击数据下的"计算当前表页",计算结果如图10-24所示。

(2)生成合并报表。

第一步:进入合并报表序时簿界面。切换组织为鑫弘机械集团.用户账号,进入合并报表序时簿界面的路径为【战略管理】—【法定合并】—【合并处理】—【合并报表】。

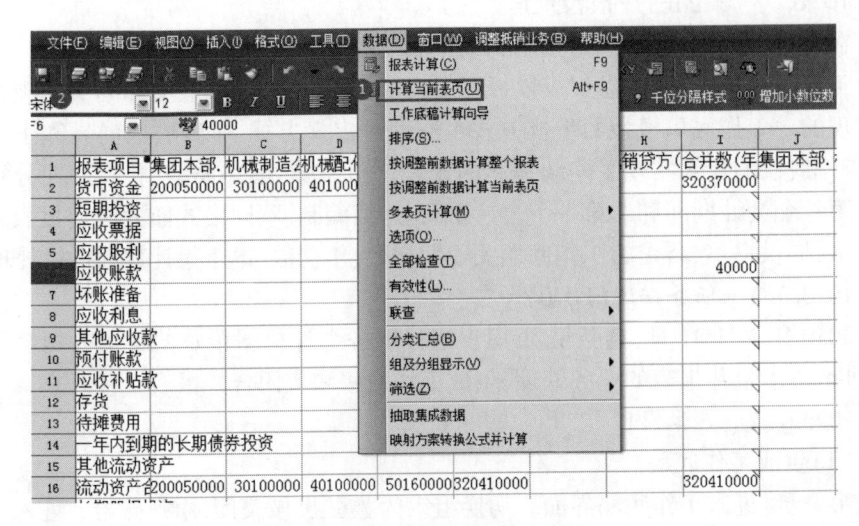

图10-24 工作底稿数据计算

第二步：生成合并报表。进入合并报表序时簿界面，点击"新增"，在合并报表新增界面，选中名称为"合并报表"的模板，最后保存。

返回合并报表序时簿界面，选中刚刚新建的合并报表，点击"修改"，在合并报表编辑界面，点击数据下的报表计算，进行合并报表的计算，其结果如图10-25和图10-26所示。

图10-25 合并资产负债表

利润表

公司名称：集团合并　　报表日期：2019年1月31日　　单位：元　　会企02表

项目	本期金额	本年累计金额
一、营业收入	5103097.34	5103097.34
其中：主营业务收入	5103097.34	5103097.34
其他业务收入	0.00	0.00
减：营业成本	4083000.00	4083000.00
其中：主营业务成本	4083000.00	4083000.00
其他业务成本	0.00	0.00
营业税金及附加	77904.00	77904.00
销售费用	4800.00	4800.00
管理费用	2350.00	2350.00
财务费用	200.00	200.00
资产减值损失	0.00	0.00
加：公允价值变动收益（损失以"-"号填列）	0.00	0.00
投资收益（损失以"-"号填列）	0.00	0.00
二、营业利润（亏损以"-"号填列）	934843.34	934843.34
加：营业外收入	0.00	0.00
减：营业外支出	0.00	0.00
三、利润总额（亏损总额以"-"号填列）	934843.34	934843.34
减：所得税费用	233323.88	233323.88
四、净利润（净亏损以"-"号填列）	701519.46	701519.46

图 10-26　合并利润表

数据核对无误后，点击保存。

11 财务分析

11.1 财务分析概述

财务分析是以企业的财务报告等会计资料为基础,对企业的财务状况、经营成果和现金流量进行分析和评价的一种方法。

11.1.1 财务分析的方法

(1)比率分析法是通过计算指标之间的比率来分析指标之间的关系,揭示经济规律的一种方法。它是财务分析中最常用的方法之一,分析的比率可分为相关比率、结构比率、效率比率。

(2)比较分析法是将多个经济内容相同的指标进行对比,从数量上确定其差异的一种分析方法。它是财务分析中最基本的方法,它将本期实际指标与不同标准值进行对比,揭示客观存在的差异,并进一步分析产生差异的原因。比较的标准有历史标准、先进标准、考核标准、主要竞争对手企业标准等。

11.1.2 财务分析的程序

第一,确定财务分析的范围,搜集有关经济资料。
第二,选择适当的分析方法,确定分析指标。
第三,进行因素分析,抓住主要矛盾。
第四,为作出经济决策提供各种建议。

11.1.3 财务能力分析

在 EAS 系统中,财务能力分析主要包括偿债能力分析、营运能力分析、盈利能力分析和发展能力分析。

11.1.3.1 偿债能力分析

(1)短期偿债能力分析,常用的指标是流动比率和速动比率。

(2)长期偿债能力分析,常用的指标是资产负债率、股东权益比率与权益乘数和产权比率。

11.1.3.2 营运能力分析

营运能力分析的常用指标主要有应收账款周转率、存货周转率、流动资产周转率和总资产周转率。

11.1.3.3 盈利能力分析

盈利能力分析的常用指标主要有资产报酬率、股东权益报酬率、成本费用净利率、销售毛利率与销售净利率。

11.1.3.4 发展能力分析

发展能力分析的常用指标主要有资产增长率和股权资本增长率。

11.2 财务分析实验整体流程

财务分析实验整体流程如图 11-1 所示。

财务分析模板分配 → 财务分析指标计算 → 出具财务分析报告

图 11-1 财务分析实验整体流程

11.3 业务实操

11.3.1 财务分析模板分配

11.3.1.1 任务描述(L071)

2019 年 1 月 31 日,集团财务会计合并报表后,需要根据财务分析模板的指标数据进行财务分析,现将财务分析模板分配至鑫弘机械集团合并_用户账号。

11.3.1.2 具体操作

第一步:进入合并报表模板界面。切换组织为管理单元,进入合并报表模板界面【战略管理】—【法定合并】—【基础设置】—【合并报表模板】。在合并报表模板条件查询界面,选择周期和类型均为"全部",点击"确定"。

第二步:"财务分析"模板分配。操作方法和"工作底稿"模板分配类似,此处不再重复介绍。

11.3.2 财务分析指标计算

11.3.2.1 任务描述

集团财务会计根据分配的财务分析模板,计算财务分析各项指标的数值。

11.3.2.2 具体操作

第一步:进入合并报表序时簿界面。切换组织为鑫弘机械集团.用户账号,进入合并报表序时簿界面的路径为【战略管理】—【法定合并】—【合并处理】—【合并报表】。

第二步:新增财务分析报表模板。进入合并报表序时簿界面,点击"新增",在合并报表新增界面,选择名称为财务分析的报表模板,点击"保存"。

第三步:修改偿债能力分析计算公式。返回合并报表序时簿界面,选中刚刚保存的财务分析报表,点击"修改"。进入报表编辑界面,在偿债能力分析页签下,点击编辑下的"替换"。在查找和替换框中输入查找内容为"001_123",替换为"001_用户账号",点击"替换全部"(见图 11-2)。选中指标名称下的单元格,可以看到公式中的 001_123 被成功替换成 001_用户账号。

【说明】营运能力分析、盈利能力分析、发展能力分析页签的指标计算公式替换方法类似,在此不再赘述。

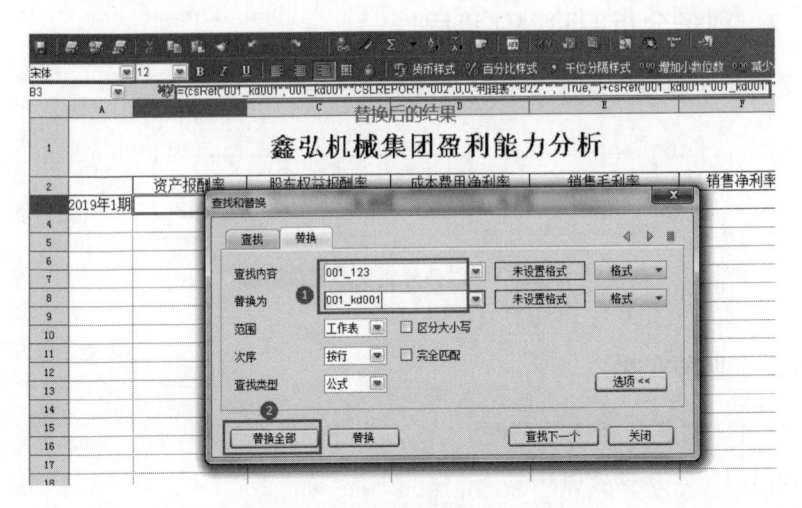

图 11-2 偿债能力计算公式替换

第四步:计算财务指标。四个页签公式中的 001_123 均替换成 001_用户账号后,在数据下点击"报表计算",四大能力分析的指标计算结果如图 11-3 至图 11-6 所示。

图 11-3 偿债能力分析结果

图 11-4 运营能力分析结果

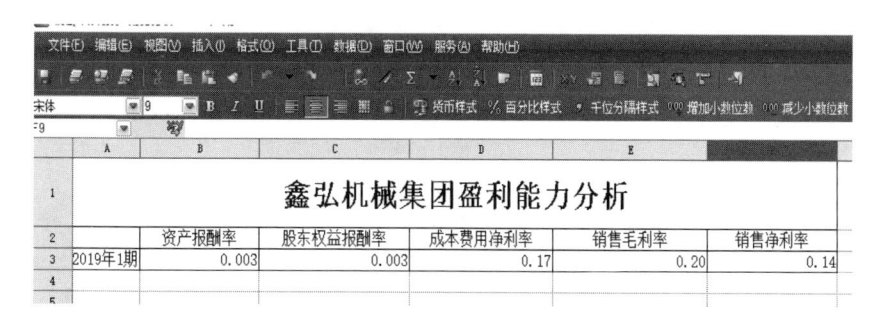

图 11-5　盈利能力分析结果

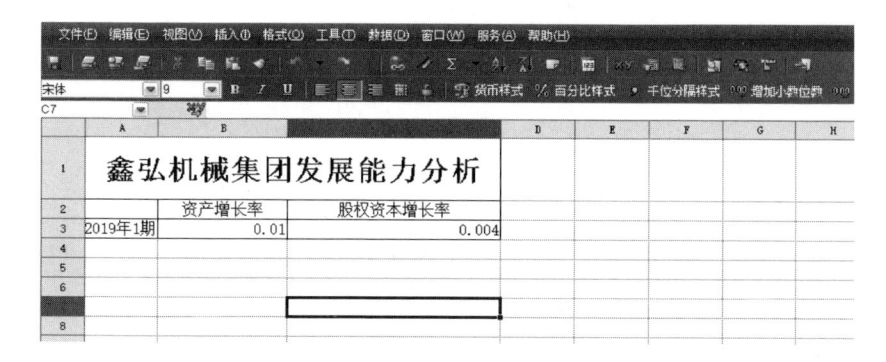

图 11-6　发展能力分析结果

核对数据无误后,点击"保存"。

11.3.3　财务分析报告

11.3.3.1　任务描述(L073)

根据鑫弘机械集团合并报表以及财务分析的四大能力指标数值,分析集团 2019 年 1 期的经营状况和财务状况,出具财务分析报告。

11.3.3.2　具体操作

上传分析报告,点击完成即可。

参考文献

[1] 傅素青,伍绍平.财务管理实验:基于金蝶EAS[M].上海:立信会计出版社,2021.

[2] 钟男,张娟.集团管控综合实践教程:基于金蝶EAS管理软件[M].成都:西南财经大学出版社,2020.

[3] 石丹丹.集团企业资金池管理模式的研究[J].财经界,2023(23):33-35.